雲南文庫

学术名家文丛

雲南文庫

学术名家文丛

农耕文化

——云南农具的源流及多样性研究

尹绍亭　著

雲南人民出版社
雲南大學出版社

作者简介

尹绍亭，男，1947年生，硕士研究生学历，教授、博士生导师，国务院特殊津贴专家。曾任云南民族博物馆副馆长、研究员，云南大学人类学系系主任，云南大学人类学博物馆馆长，云南省第八、九届政协委员，云南省文史馆馆员。

主要从事人类学、民族学、文化遗产保护教学研究。出版《人与森林——生态人类学视野中的刀耕火种》等中、英、日文专著及《生态人类学》等译著10余种，主编《当代中国人类学民族学文库》等丛书10余种，发表论文、译文近百篇；主持国际合作项目、国家和省级重大科研项目10余项；主持和参与领导建设了5个省、校、社区博物馆。获云南大学伍达观杰出教师奖。著作获国家民委社会科学优秀成果奖、教育部哲学社会科学优秀成果奖、中国图书奖、三个“一百”原创图书出版工程奖、云南省哲学社会科学优秀成果奖等多种奖项。

曾受聘为日本京都大学等多所大学和科研机构客座教授赴日工作数年；曾应邀访问欧洲、澳洲、东南亚等地进行学术交流；曾受聘为贵州民族学候鸟型专家、中央民族大学民族学与社会学学院特聘教授、全球重要农业文化遗产（GIAHS）中国项目专家委员会成员、云南省文物局专家组成员等；曾任中国民族学会第五、六届常务理事和中国影视人类学学会第三届副会长。

总　序

中共云南省委书记 李纪恒

“盖文章，经国之大业，不朽之盛事。”一部承载责任与使命的好作品，必将是一部千古不朽的立言典范，也必将是一部历久弥新的传世教科书。千百年来特别是明代以来，许多贤人君子和名人大家在广袤的云岭大地耕耘、思考和写作，留下了闪光的足迹和丰厚的作品，足以飨及后进，启迪晚辈。在搜集、遴选和整理云南明代以来学术大家、学术名家著作的基础上，由云南宣传部门牵头推出了《云南文库》，这一丛书的面世诚为云南学术研究和出版界之盛事。

编纂《云南文库》是传承云南地域文明、提高云南文化自觉的有益尝试。“七彩云南”这片神奇的土地孕育了对中国乃至世界文明都有重要影响的古人类，造就了云南文化的丰厚积淀，从而构成了博大精深的云南文化艺术宝库。作为中华文化圈、印度文化圈和东南亚文化圈的交汇地，云南自古以来都不缺乏学贯中西的大师和博古通今的大家，从来都不缺乏魅力四射的光辉著作和壮美奇绝的文化遗存。其中，许多学术作品都凝聚了深邃的思想和超凡的智慧，体现了鲜明的地域特色和民族特色，彰显了有云南自身特点的知识谱系和学术传统。今天，我们将历史长河中的明珠拾起，用心记载云南学术史上的灿烂篇章，正是为了守护云南优秀的地域文化，为了汲取进一步繁荣发展云南哲学社会科学的养分和动力，进而筑牢云南文化自信的根基。

编纂《云南文库》是树立云南文化品牌、增强云南文化影响力的重要举措。云南文化是中华文化的有机组成部分，其悠久的历史文化、多彩的民族文化、独特的生态文化、包容的宗教文化，已经成为文化百花园中一枝流光溢彩、香飘四海的奇葩。千百年来，云南学者中英奇瑰伟之士以及众多寓居云南的外省学者念兹在兹，深植于云南沃土，扎根于传统文化，不懈探索、勤奋撰述，留下了一批经得住历史和实践检验的珍贵成果。特别是抗战时期，随着西南联合大学和相关研究机构的到来，昆明一时风云际会，云集了大批我国现代学术史上开宗立派的学术大师和著名专家，云南成为当时中国学术中心之一，诞生了大批学术经典。新中国成立后，云南学术研究取得很大进展，研究队伍空前壮大，学科建设卓有成效，学术成果日益丰硕，推出了一批享誉国内外的学术精品。近年来，《云南史料丛刊》《云南丛书》等一批历史文献和地方文献丛书相继刊印，云南文化的影响力和竞争力不断增强。今天，我们隆重推出《云南文库》，就是要为更多的人了解云南、熟悉云南、研究云南搭建一个平台和载体，为云南的经济社会发展、文化建设、文史学术研究等提供有益的历史借鉴，为在更广领域传播云南文化、打造云南品牌、增强云南软实力创造更好条件。

编纂《云南文库》是保障人民群众的基本文化权益的有效途径。文化建设的根本就是要用健康高雅的艺术、用智慧明辨的思想、用善良温厚的德行启迪人、引导人。编纂《云南文库》一个重要目的是丰富人民群众的精神文化生活、增进人民群众的幸福感。此次收入《云南文库》的著作，涉及哲学、历史、文学、语言、艺术、民族、宗教、政治、军事、外交等诸多方面，包含着丰富的自然、社会和人生哲理知识，体现了高度的人文关怀。阅读这些著作，有助于培育读者自尊自信、理性平和、积极向上的心态，有助于引导人们去发现、享用、珍惜世界和人生之美，能使大众的精神世界得以滋养和美化、人格得以陶冶和熏陶、心灵得以安顿和抚慰、情感得以丰富和升华，从而更好地满足人民群众多层次、多方面、多样性的审美需求。

编纂《云南文库》是推动云南跨越发展的必然要求。云南早在1996年就提出了建设“民族文化大省”的目标，是全国最早提出建设民族文化大省的省份之一。2000年，我省正式确立了“建设绿色经济强省、民族文化大省和中国连接东南亚南亚的国际大通道”的三大目标，把文化事业和文化产业的发展纳入了全省经济社会发展战略的范畴。2009年召开的中共云南省委八届八次全委会，作出了把云南建设成为“绿色经济强省、民族文化强省、中国面向西南开放的桥头堡”的重大决策，把云南文化建设推向了一个新的阶段。2011年11月，云南省第九次党代会进一步明确了科学发展、和谐发展、跨越发展的发展主题，要求更加自觉、更加主动地推动文化大发展大繁荣。当前，云南人民正豪情满怀地沿着建设民族文化强省的道路阔步前行，具有云南特色的文化模式已经也必将进一步焕发动人而耀眼的光芒。我们将以打造《云南文库》等一批社科品牌和文化精品为契机，继承优良传统，发挥优势，突出特色，以面向现代化、面向世界、面向未来的宏大眼光，锐意进取，积极开展学术研究，努力创造出无愧于时代、无愧于人民、无愧于历史的优秀学术成果和文化产品，更好地弘扬以高远、开放、包容的高原情怀和坚定、担当、务实的大山品质为主要内容的云南精神。

《云南文库》最终得以发行，首先是众位先贤心血和智慧的结晶。在此，我们要对创造了云南学术精品并因此而为中华文化做出杰出贡献的学者们表示崇高的敬意！在《云南文库》的编纂过程中，相关编纂单位、出版单位和参加整理的学者，以高度的责任感和使命感，兢兢业业地做好编校和出版工作，正是有了他们的辛勤劳动和精心工作，才有如今的翰墨流芳。在此，我要诚恳地道一声，大家辛苦了！《云南文库》从构想走向现实，离不开众多读者和社会各界人士的支持，我也一并向你们表示诚挚的谢意！同时，衷心希望同志们一如既往地为云南文化建设献智献策，欢迎更多的同仁志士参与到云南文化建设的伟大事业中来！

谨为序。

目　录
Contents

绪论　农耕文化研究的意义、理论和方法

云南文库·学术名家文丛

中国农业历史长达万年，农业文明灿烂辉煌。中国至今仍然是农业大国，而且是世界上农业人口最多的国家。研究中国文化，不能不研究农耕文化，它在中国文化中的地位，就像黄河长江在中国河流中的地位，源远流长，汇集百川，泽润大地，千姿百态，奔流不息。

所谓农耕文化，是一个内涵极其丰富、宽广的概念，涉及自然科学和社会科学的众多研究领域，诸如地理学、生态学、农学、遗传学、植物学、考古学、历史学、民族学、民俗学以及博物馆事业和文化遗产研究等等，都与之关系密切，均视其为不可或缺的十分重要的研究对象。面对这样一个复杂的研究对象，每一个学科都有其独特的切入点，不过也都有其局限性。理想的研究，是跨学科的研究，运用多种学科的视角、观点和方法，取长补短、融会贯通、比较甄别、去伪存真，是可能获得较为新颖独到的成果的。出于笔者特殊的治学经历，本研究从一开始便交叉在几个学科之中：笔者本身学的是民族学，因研究刀耕火种并翻译稻作起源著作一度客串于农史学界，同时从事博物馆建设而研究文化遗产。在此三个学科领域中，农耕文化研究成果不少，然而缺憾和不足尚多。兹就存在的问题分别论述于下：

首先说民族学。农业作为许多民族和人类集团的主要生计，亦即作为人类文化中的一类重要的食物获取知识技术或称物质文化，历来是民族学的重要研究内容。反思我国民族学界对于传统农耕的研究，感到存在几个问题：第一，20世纪80年代以前的研究，多依据古典进化论，这种观点至今仍有影响，特别是对少数民族传统农耕的看法。第二，我国民族学研究存在重制度和精神文化研究而轻物质文化研究的状况，这显然不利于民族学的平衡及整体的发展。第三，民族学大多选择个案研究，很少进行宏观比较。第四，以往民族学的物质文化和农耕文化的研究，田野作业大都不深入，不细致，且不太注意方法论的探索。

其次是农史学。世界各国的农业史，皆以农具和农业技术为其研究的核心，我国的农史学研究也不例外，问题在于：第一，我国农史学对古代和现实农业及农具多样性的解释，长期沿袭单线进化论，这种理论宏观地看有一定合理性，然而其局限和错误也是显而易见的。第二，农史学者传统的研究方法，是依据历史文献古籍复现和解释历史，这样的研究无可非议，然而如果认为只有古籍记载的原始社会和古代社会的农具和技术才有价值、才值得研究，那就失之偏颇了。唯古籍、古人是尊，言必贾氏《齐民要术》，书必王祯《农书》，对田野中鲜活的资料视而不见，不能不说是我国当代农具和技术研究的缺憾。第三，某些农史学者也涉足田野，也收集农具技术资料，其目的，一是以今证古，即以现实资料考释古代遗存，二是放入博物馆作为社会形态和农业进化的佐证，至于它们所承载的现实的社会文化及科学技术价值，就很少有人去关注了。

再次是文化遗产。农业遗产是文化遗产的重要组成部分，在我国，这份遗产特别厚重，然而却没有得到应有的尊重。表现如下：第一，许多农业遗产，尤其是少数民族和边疆地区的农业遗产，往往被认为原始落后而遭蔑视和替代。第二，说到文化遗产，多数人的头脑里只有文物古迹；近年来出现了非物质文化遗产热，然而热衷的则是唱歌跳舞和民间艺术技艺，农业遗产依然不受重视。第三，某些农业遗产具备现实商业价值，便特别受青睐，宣传、炒作、包装、开发、利用不遗余力，至于如何整理、发掘、研究、保护、传承和可持续发展，因为是冷寂和长期的工作，难以获得立竿见影的效益，所以遭受冷遇，长期提不上议事日程。

见于上述种种问题和不足，本研究在理论观点上有几点思考：

第一，本研究将参照进化论，但不是单线进化论，而是一般进化论，而且不唯进化论。

上面说过，我国学术界对传统农耕文化的研究，主要集中在农史学、考古学、科技史和民族学等领域，在这几个领域，虽然并未形成解释传统农耕文化多样性的明确而系统的理论体系，然而进化论的主导和影响却是显而易见的。我们知道，在文化人类学里曾经盛行一时的古典进化论，由于缺乏民族志的实证而受到批评并被冷落了，人们只有在重温那一学科的发展史的时候，才会给予其应有的尊重。然而就宏观的技术发展史研究而言，一般进化论依然是适用的。例如人类从制造使用木石工具进化到制造使用青铜器工具，继而再进化到制造使用铁器，这样的进化可谓普遍规律，尽管史学家对于人类发展史上是否普遍存在过青铜时代尚存争议，然而木石工具和金属工具是前后进化的两个阶段或称两个时代，却是无可置疑的。不仅如此，诸如生产工具的驱动力从人力向畜力、风力、水力进而到利用机械能、电能和核能的进化，工具结构从简单的竹木棒向具有杠杆、辘轳、齿轮等机械装置的进化等，都从不同侧面有力地支持了一般进化论的成立。

然而，需要再次强调的是，上面说的进化是属于一般进化论，而非古典进化论或称单线进化论。迄今为止的经验说明，任何文化理论对于事物的解释都有局限性，进化论也同样。如果我们将进化论绝对化和扩大化，认为进化论所讲的单线发展阶段是“放之四海皆准”的规律的话，那么就会陷入到主观臆想的泥沼之中。农耕文化进化论者常犯的错误，酷似文化人类学中的“文化中心主义”或称“民族中心主义”。他们总是自觉或不自觉地以某发达地区或某现代民族的农耕文化为中心，而将其它地区或其它民族的农耕文化作为其“发展的前阶段”，从而编造出一种自认为是“规律性”的单线进化模式。例如如果我们按照这种模式把所有的农具种类都排列成前后进化的“发展系列”的话，那就显得有些滑稽可笑了。这样的操作其实也是无法进行的。在种类极多的刀具之间，你能排列出一个进化系列吗？譬如在同为碎土工具的钉耙、踩耙、人字耙、一字耙、耖、碌碡之间，你能杜撰出谁是谁的“前阶段”，谁是谁的“后阶段”吗？再如不同民族不同地域的犁具、背具、收割工具以及脱粒工具等，又有谁能给他们贴上系列进化的标签呢？打一个通俗的比喻，就说人们熟悉的餐具，既有中国式的以竹子制作的极为简单的筷子，也有西洋式的用金属制作的比较复杂的刀叉，餐具史家敢说筷子就是“原始餐具”、“餐具活化石”或“刀叉发展前阶段”，而断言其一定要向刀叉进化吗？对此大概是不会有人同意的。因此，研究农具及其使用技术，参照一般进化论的观点没错，然而僵化的单线进化论却是不可取的。

第二，生态人类学的文化适应理论，是本研究考察分析的重要理论根据。

解释农具及技术的多样性，应该具有文化适应的观点。关于人类与自然环境的关系，过去在很大程度上受到人本主义的支配，即认为人类是自然的主宰，人类的生存史，便是与大自然斗争并征服自然的历史。所以，长期以来，生产工具一直被人们当作与大自然斗争的武器和人类征服自然能力的尺度和标志。然而，随着人类活动对自然环境所产生的负面效果的不断显现，面对人类日益严重地陷入自掘的生态泥沼而不能自拔的状况，人本主义的自然观开始受到怀疑和反省。人类不得不正视其主宰意识的谬误和危害，从而觉悟到大自然并非是可以为所欲为的“奴隶”，人类只有尊重和爱护自然，才能保证自身的存在和幸福。既然如此，生产工具“武器论”也就使人感到不那么妥当了。

农具是农民的用具，了解农民的看法，对我们认识农具和技术是会有所帮助的。对于农民来说，生产工具就是在生产活动中使用的器具，人们怎么去定义它们并不重要，重要的是必须适用，即每一个地区的农具，都必须适宜当地的自然条件、劳动条件和技术选择。这就是生态人类学所主张的生境塑造文化、文化形态（尤其是物质文化和生计文化）是生境适应结果的观点。事实正是如此，为了很好地从事食物生产，人们总是根据不同的生态环境条件选择生计方式并制作与之配套的生产工具。这也就是我们在旱地农业和水田农业中、在山区和平原、在热带和寒带等能够看到不同农具和生产技术的一个重要原因。令人遗憾的是，如此简单朴素的道理竟然往往不被人们认同，而非要给不同的器物贴上“发展阶段”的标签。仅以云南一些少数民族使用的小手锄为例，那本来是一种适宜在山坡旱地和园地播种、种菜和除草的小巧方便的农具，然而不幸的是，它们总是被视作“原始手锄”和“原始工具残余”而蒙受“不白之冤”。究其症结，那是因为在一些人的头脑中早已存储了先入为主的观点，即认为从小到大、从落后到先进乃是不容置疑的规律，所以一旦见到少数民族使用这种小锄头，便情不自禁地把它当作“考古新发现”了。其实，锄头的大小不过是“小有小的派用、大有大的用场”，是因地置宜的产物。因其小便断言其原始，因其大便认为其先进，那是有悖事实的。所以，在农耕文化研究中多一点生态适应的观点，对于开阔研究的视野，对于提高研究的科学性，都是十分有益的。

第三，农耕文化的多样性，除了可以运用上述两种理论加以解释之外，还应有文化传播的观点。世界上民族的分化迁徙，不同地域不同民族之间的相互影响、渗透、交流、融合以及同化等，都可能导致文化的传播。由于文化传播的原因，在同一个地区或同一个民族之中会产生出不同的文化要素，也会使不同的地区和民族具有某些相同的文化特质。在农具和技术的研究中，这种情况是屡见不鲜的。在云南，总的来看，南方和北方的农具和技术不同，东部和西部也不一样，地域和民族的差异都是十分显著的。然而也有和上面所述的情况不同的一些有趣的现象。以犁具为例，如滇西北香格里拉县山区彝族制作的小三角框架宽犁身短辕犁，与紧邻藏族和纳西族的四角框架长直辕二牛抬杠犁差别很大，然而在千里之外的滇东南地区，却有与之完全相同的犁型。滇西北藏族和纳西族的犁，与滇中滇南的犁型相去甚远，然而却与黄河中上游汉晋时代的古犁如出一辙。同样令人惊奇的是，泸沽湖畔摩梭人使用的大四角框架二牛牵引曲辕犁，与香格里拉和丽江的纳西犁又不一样，然而却与滇池地区的汉族犁相类似。这种犁不是普通的犁，乃是唐代形成于长江下游的著名的“江东犁”。以上现象乍看起来是不可思议的，单线进化论者对此肯定会感到莫名其妙。其实只要稍具历史知识，便能理解这种情况并不神秘。滇西北的很多民族，本来就与古代甘青高原的氐羌族群有着渊源关系；从汉朝开始，汉族便陆续移民滇中；彝族最早生活在滇西北及川藏交界一带，后来扩散到了滇中和滇东南等地。民族迁移以及随之产生的文化传播，便是解释上述犁具南北东西异同之谜的答案。

下面说本研究的调查研究方法。

本研究分为四个步骤：第一步，确定研究对象；第二步，选择确定调查研究地域；第三步，进行田野调查，收集资料；第四步，进行分析比较研究。

本研究拟将农具和技术作为主要研究对象，原因一是农具乃为农耕文化的重要载体，通过其形制、组合和使用，可以清晰、直观地了解各种农耕形态和农耕技术。二是农具乃是人类生计文化和物质文化中最基本、最重要的组成部分，重视并致力于农具及技术的研究，是对我国民族学薄弱环节的一个补充。三是如前文所述，我国的农具研究，基本上是对古人和古籍的研究，如果我们全热衷于古代，而把今天作为空白留给后代，那么不仅羞对先人，而且将会愧对子孙了。四是农具的田野研究急需加强，综观我们的调查研究，多为走马观花，浅尝辄止，粗线条，大而空，相比日本、韩国、欧洲，差距实在太大，需要有人扎扎实实认真细致地去做工作。五是目前社会文化变化太快，尤其在农村，化学化、机械化、杂交稻化、商品化，几化齐头并进，传统农耕文化急剧萎缩、变态甚至消亡，皮之不存毛之焉在，传统农具和技术的状况可想而知，抓紧调查记录研究，留下一个时代、一个地域的农具和技术全书，于历史、于民族、于文化、于子孙，也许是功德无量的。六是就理论而言，前面说了，以往的农具和技术研究只有进化论，这种状况既落伍而又不合时宜，文化适应论、传播论虽然普通，并不新奇，不过以跨学科的视角综合运用，也算是对农具和技术研究理论的一种促进吧。

选择云南作为当代农具和技术考察研究的地域，也许最理想不过了。首先，云南南北跨度较大，地貌高低相差悬殊，自然条件极为复杂。这样的自然环境，必然孕育出丰富多彩的人类生计形态和农具技术形态。其次，云南是我国民族种类最多的地区，无论何种农具和技术，都可能打上不同民族历史文化的印记，从而使该区的农具和技术表现出更多的文化内涵。再次，云南紧邻东南亚和南亚，相互之间的交流和影响在农耕文化中也有明显的表现。而云南自古以来便深受祖国内地农耕文化的影响，目前源自内地的很多农具和技术在云南仍然随处可见，而在内地反倒稀罕甚至消亡了。因此，我们可以这样说，研究云南农具和技术，就是在开掘一座农耕文化的宝库。

一个以农具这一特定的物质文化为对象和以实证方法进行考察研究的课题，其研究的深度和广度以及学术价值的高低，关键取决于资料。所以本研究把田野调查工作放在首位，不管进行区域调查还是分类调查，都力求获取全面、系统、细致的资料。具体操作，采取三种方法。一是点面结合。每调查一个民族或一个地区的农具，必先选择传统文化保存较多的一个村庄。入村之后，寻求农具比较齐全的一两户农家为对象，对其所有的农具进行记录，以获取“点”上的详细的资料。在此基础上再进行村庄内若干农户乃至相近村落的比较考察，以补充点上资料的不足，达到对一个区域资料的总体把握。二是动静结合。所谓“静”，即在农户家中对静置的农具进行测量、画图和拍照；所谓“动”，即光有静的纪录还不够，还应到田间参与、观察、体验劳动过程，访问农民，以真切地了解各种农具的使用方法、功能和特性等等。三是比较调查研究。在获取一个地域的资料的基础上，持续开展对其他地域的调查，为此笔者断断续续花了十余个年头，坚持完成了云南全境的田野调查和比较研究。

分析比较研究，需要做以下几方面的工作。首先，应该搞清楚每类器物的基本结构、形制、部件名称、功能和使用方法。其次，根据结构和形态等的差异，在每类器物中划分出不同的类型。再次，考察并确定各类及各型器物的地理分布。最后，结合考古学、农史学、民族史以及民族学的资料，探索各种类别和各种类型器物的历史渊源、传播途径、演变的过程和发展的趋势。

最后介绍本研究调查和研究的经历。

笔者从20世纪80年代初期开始调查研究刀耕火种，已留心观察、记录山地民族的农具及其制造和使用技术。后来参与筹建云南民族博物馆，期间频繁进行民族文物的调查和征集，农具自然也包括在其中。1988年，日本东海大学渡部武教授和日本东京外国语大学亚洲非洲语言文化研究所唐立教授组织研究小组对中国西南进行物质文化和科技史的调查研究，历时七年；无独有偶，1990年日本京都大学东南亚研究中心古川久雄教授组织的研究班子也赴云南进行中国农耕文化的调查研究。近十年间，笔者应邀参与了上述两个课题的大部分田野调查，顺带补充完成了农具资料的收集。拙著许多资料，可以说是中日学者共同调查的结果；日本学者田野作业的扎实、细致，研究的严谨、深入，对笔者影响至深。

1993年、1995年，笔者先后受聘日本京都大学东南亚研究中心和日本东京外国语大学亚洲非洲语言文化研究所客员教授赴日工作。在京大期间，抽时间对长期田野积累的云南农耕资料进行了整理分析研究，写出了书稿，后在东外大又对书稿进行了修改。1994年回国邂逅时任云南教育出版社社长的何学惠编审，受其邀约，和她共同策划并主编《云南物质文化》丛书，本书即以《云南物质文化——农耕卷》为书名于1996年和2000年由云南教育出版社出版和重印。第一版问世之后，日本东京第一书房董事长村口一雄先生立即带翻译专程来昆与云南教育出版社和笔者洽谈翻译出版事宜。后历时两年，由李湲先生翻译、上江洲均教授担任监译和解题的拙著日文版以《云南农耕文化的起源——少数民族农耕具的研究》之名，于1999年5月在日本东京出版。此次拙著得以入选《云南文库·学术名家文丛》，由云南人民出版社再次出版，甚感高兴。现在看来，拙著许多方面是不尽如人意的，然而由于时间等原因，仅修改了书名和绪论，不可能再对全书进行修订。书中的缺点和浅陋，只好作为遗憾留给读者批评指正了。

第一章　刀斧的生态史

泰戈尔说："樵夫的斧头，向树要斧柄。树便给了他。"①树木森林，这一绿色之神，何其宽厚仁慈！其实，树木给予斧头的不只是斧柄，斧头本身的产生和存在、功能和价值、发达和兴荣，不也是树木给予的吗？

那么，斧头和它的"孪生兄弟"刀子，又给森林什么样的回报呢？只有砍伐。

森林是需要砍伐的。砍伐给苍莽的林海清腐除秽，为千年古藤万年老树释放能量，使大森林的古朴和原始得以升华，使大自然丰富的贮藏变成辉煌。森林，凭借自身的浩瀚和博大，仰赖了斧和刀的勤奋和追求，创造出光华四射的文明。

然而，森林又是最忌过度砍伐的。索之过急，求之过甚，取之过狠，便会乱其机理，伤其元气，断其血脉！愚钝鲁莽的刀斧似乎没有悟透这个道理。当它们为殚精竭虑所繁衍的芸芸众生而欣喜，为鞠躬尽瘁所造就的业绩而自豪的时候，殊不知已酿成了灾难，铸成了悲剧。蓦然回首，绿色顿消，满目荒凉，刀和斧这才感到了唇亡后的齿寒，皮损后的肌痛。于是，它们缺少了表演的舞台，再难找到尽兴的用武之地。它们愧对了森林，也坑害了自己。它们使森林趋于衰亡，也使自身走向了没落。

这就是刀和斧的生态史，一曲动人而苍凉的绿色咏叹调！笔者热爱森林，对刀斧亦情有独钟，于是在雪山之麓，峡谷之中，高原之上，江湖之滨寻觅采撷，欲以古今刀斧之遗存，去凭吊它们和森林共同孕育产生的已经或正在消失的文明。

第一节 原始刀耕火种的刀和斧

大约300万年前，在非洲中部的莽莽原始森林之中，出现了人类最早的打制砾石工具。而在170万年前，亚洲的云南高原也出现了人类及其打制石器。旧石器时代的石制生产工具，没有固定的规则形状，但是有锋刃，可作多种用途，因此被考古学者称之为砍砸器或刮削器。到了距今大约七八千年的新石器时代，人类制造的石器不仅在加工技术方面有了很大

①《泰戈尔作品集》2，《飞鸟集》，郑振铎译，人民文学出版社1988年版，第80页。

的进步，即从打制发展到磨制，而且器形也有了明显的分化，石斧、石锛、石刀等具有特定形式和特定用途的生产工具纷纷脱颖而出了。与此同时，人类在食物生产技术方面亦获得了重大的进展，经过漫长岁月的实践和探索，人类终于发明了农业，结束了单纯依赖采集、渔猎为生的野蛮时代。

人类最早的农业，是原始的刀耕火种农业。人们使用石斧等砍砸器，砍倒树木，晒干焚烧，以手脚或木竹棍拨土播种。雨季来临，种子发芽生长。秋天作物成熟，则以石刀收割或直接以手摘取谷物。谷物搬运回村，干燥之后，又以手脚搓揉谷穗脱粒，最后使用木臼、石磨盘等除壳加工，使之成为可食之粮食。

人类在新石器时代的漫长岁月中，就是依赖以石斧、石刀等原始刀具，以刀耕火种以及渔猎和采集为生的。大约在距今四五千年前，一项伟大的技术——青铜冶炼术发明了，于是历史翻开了崭新的一页，迎来了光辉灿烂的青铜时代。青铜器物，包括青铜生产工具的出现，是一个划时代的进步。尽管铜锡资源有限，青铜冶铸困难，所造生产工具数量不多，并不能取代石木工具，然而在原始刀耕火种农业之中，毕竟增加了青铜斧等新型农具。而一旦能够制造和使用青铜农具，那么距离铁器的诞生也便为时不远了。

人类使用石制和青铜所制的斧、刀，从事原始刀耕火种农业，在世界上早已绝迹。然而，历史却把众多的原始石器和为数不多的青铜农具保存下来。在云南这块古老的高原之上，迄今为止曾发现过数以百计的新石器时代遗址，出土了大量的石制生产工具。而在滇中地区则分布着晋宁石寨山、江川李家山、楚雄万家坝、祥云大波那等著名的青铜文化遗址。下面收录的资料，是该区新石器时代具有代表性的石斧、石刀和部分青铜斧类。通过这些考古材料，我们大致可以了解云南史前原始农业的面貌。

图1　祥云县清华洞出土的磨制光滑的条形石斧①

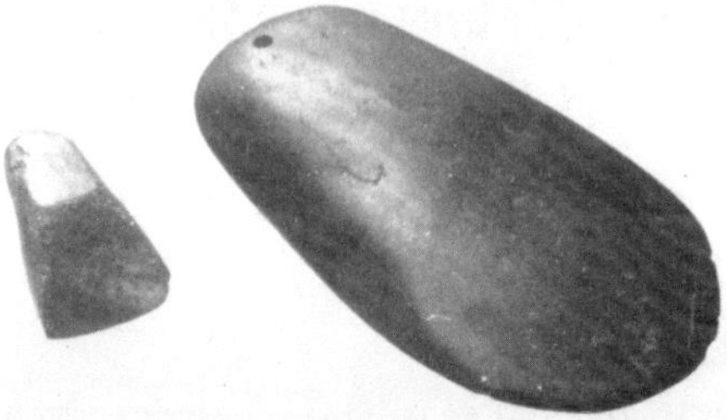

图2　云南西部出土的石斧和石锛②

图3
元谋县大墩子出土的石斧、石锛和石刀等③

① 云南省博物馆供稿。
② 云南省博物馆供稿。
③ 云南省博物馆供稿。

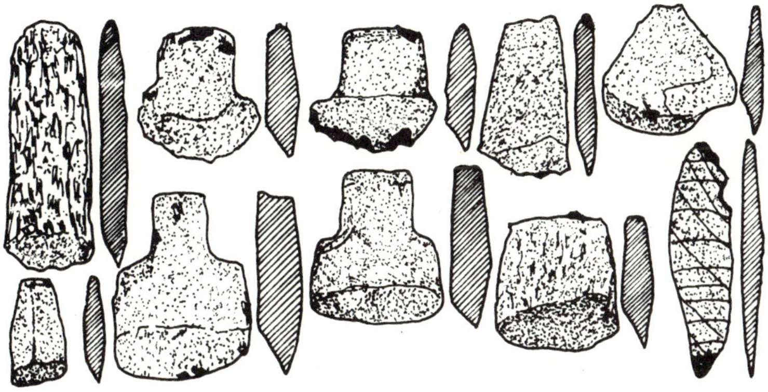

图4　麻栗坡县小河洞出土的石斧、石锛和石刀①

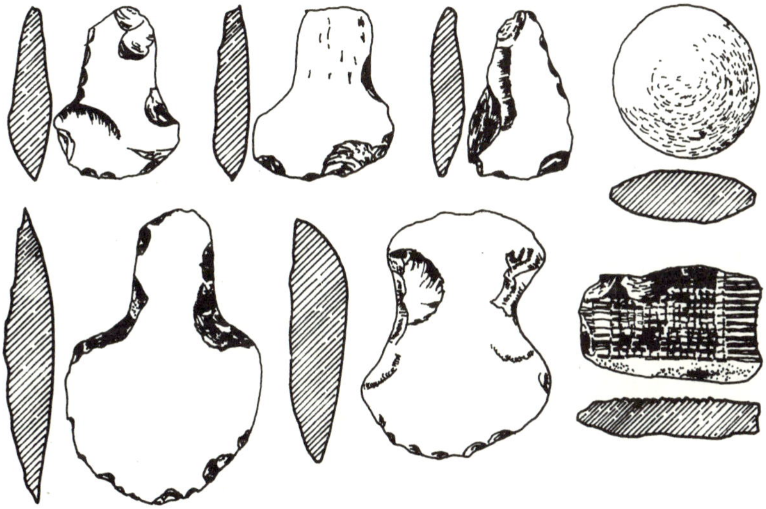

图5　云县忙怀出土的有肩石斧、网坠和印模等②

① 云南省博物馆文化工作队：《云南麻栗坡县小河洞新石器时代洞穴遗址》，《考古》1983年第12期，第1109页。

② 云南省博物馆文化工作队：《云南云县忙怀新石器时代遗址调查》，《考古》1977年第3期，第177页。

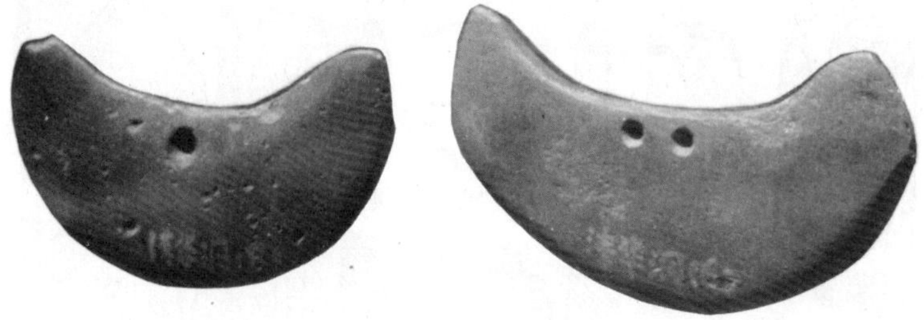

图6　祥云县清华洞出土的半月形穿孔石刀，距今3500—4000年（田怀清摄）。我国中原地区出土的半月形石刀，刃部开于凹面，穿孔接近刃部；而云南省西部祥云等地出土的半月形石刀，则刃部开在弓背，穿孔在其凹面。形制不同可能与用途不同有关，中原地区的半月形石刀似仅用于收割，而滇西石刀除用于收割外，还可用于切割、刮削等①

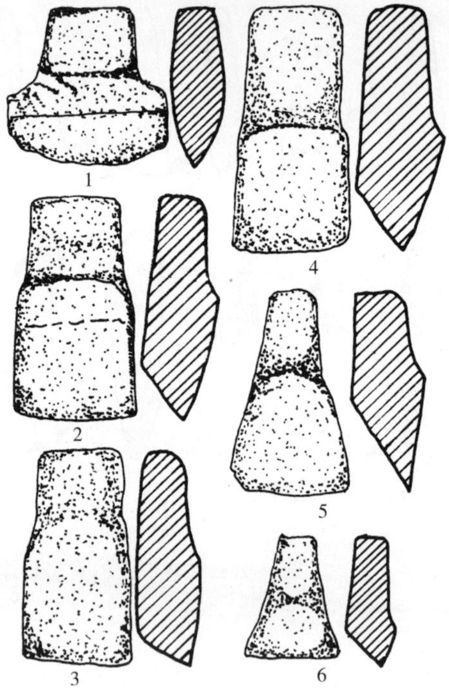

图7
江川县头咀山有肩有段石锛（1）和有段石锛（2、3），安宁市王家滩有段石锛（4），鲁甸马厂有段石锛（5），晋宁县石寨山有段石锛（6）②

① 冯晓秋：《半月形穿孔石刀》，《云南文物》（简报，6）1975年10月，第60—61页。
② 葛季芬：《云南发现的有段石锛》，《考古》1978年第1期，第68页。

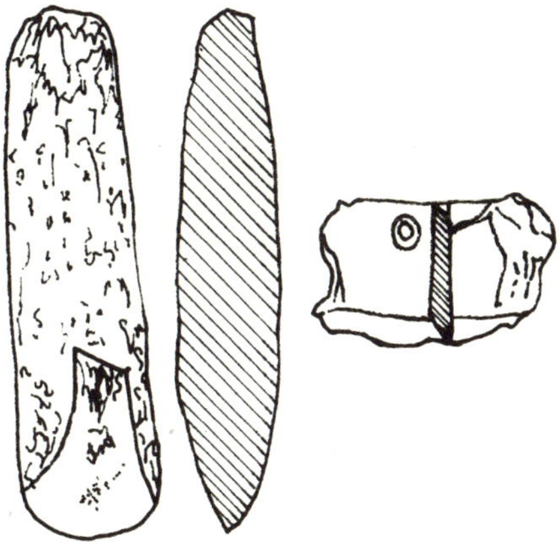

图8
维西县戈登出土的石斧、石刀[①]

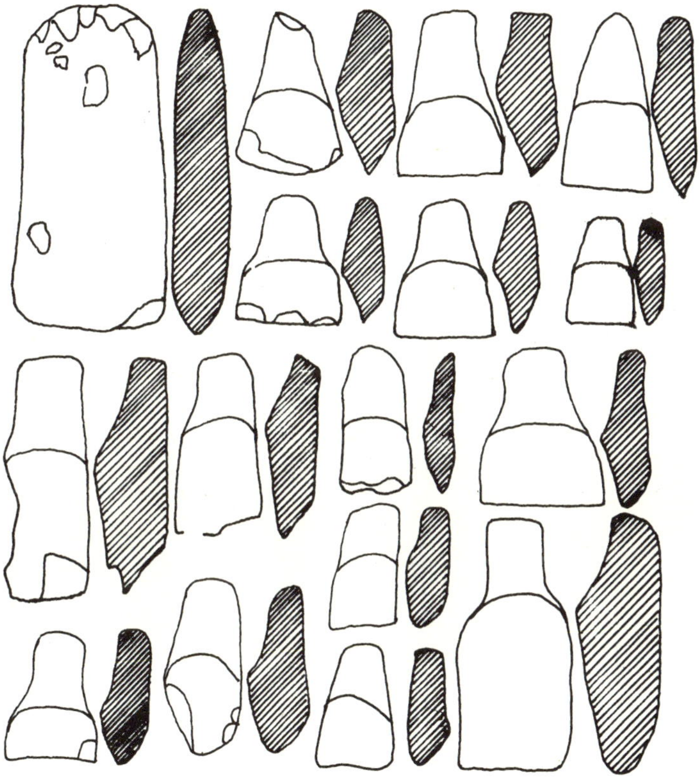

图9　禄丰县金山、兴仁出土的石斧和石锛[②]

① 熊瑛：《云南维西县发现新石器时代居住山洞》，《文物参考资料》1958年第10期，第73页。

② 王正举：《云南禄丰发现新石器时代遗址》，《考古》1991年第3期，第278页。

图10　鲁甸县马厂出土的石斧、石锛和石刀①

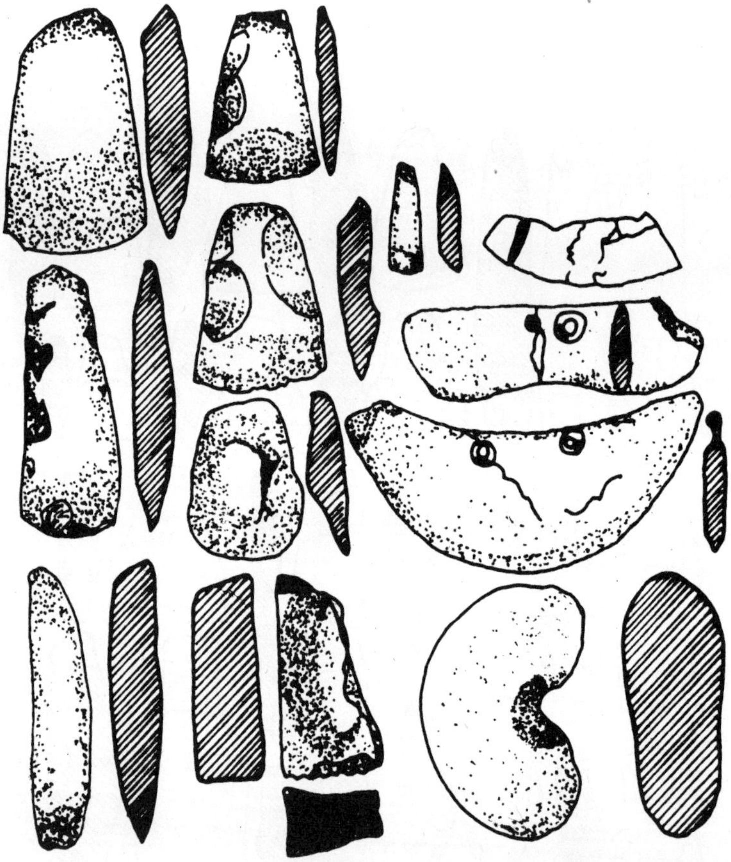

图11　宾川县白羊村出土的石斧、石刀等②

① 云南省博物馆文物工作队：《云南昭通马厂和闸心场遗址调查简报》，《考古》1962年第10期，第534页。

② 云南省博物馆：《云南宾川白羊村遗址》，《考古学报》1981年第3期，第356页。

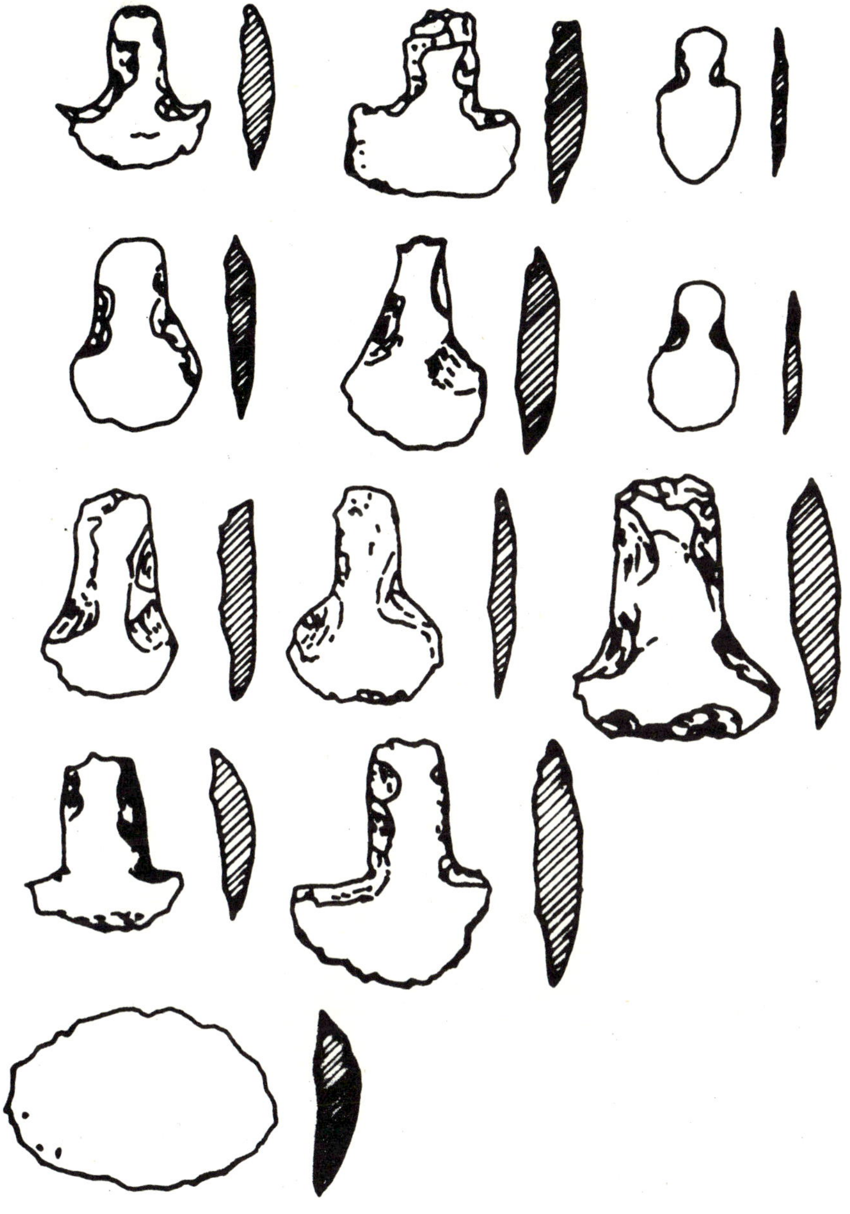

图12 龙陵县船口坝出土的有肩石斧[①]

① 云南省保山地区文物管理所、龙陵县文物管理所：《云南龙陵怒江流域新石器时代遗址调查》，《考古》1991年第6期，第499页。

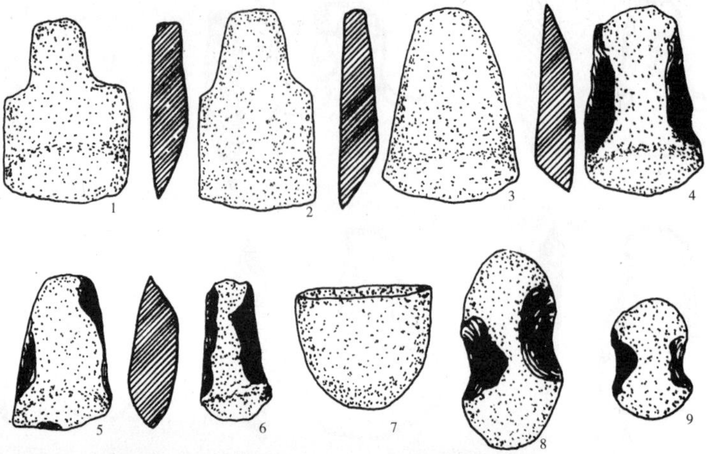

图13　景洪一带发现的石锛（1、2、3）、磨制石斧（4、5）、打制石斧（6）、圆形手斧（7）和网坠（8、9）[①]

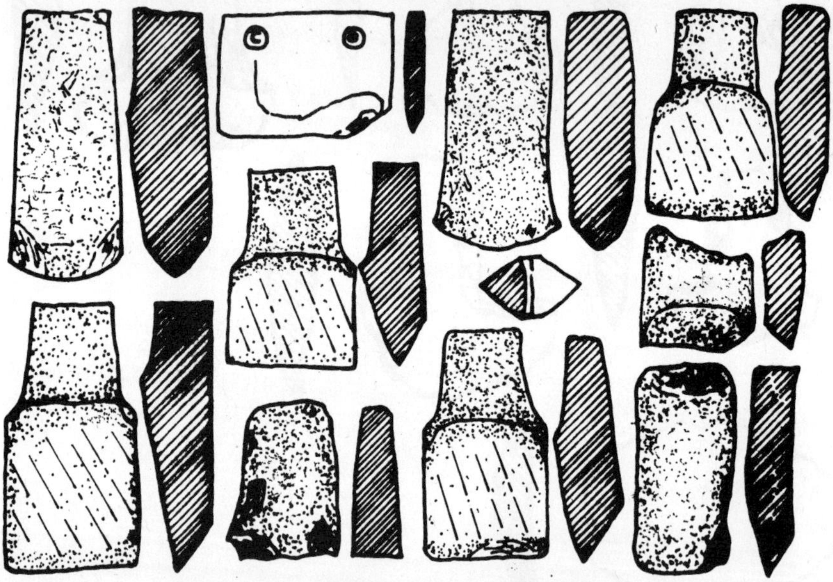

图14　宣威县尖角洞出土的石斧、石锛和石刀等[②]

① 邱宣充：《西双版纳考古拾零》，《云南民族文物调查》，云南人民出版社1988年版，第20页。

② 云南省曲靖地区文物管理所、云南省宣威县文物普查办公室：《云南宣威县尖角洞新石器遗址调查》，《考古》1986年第1期，第13页。

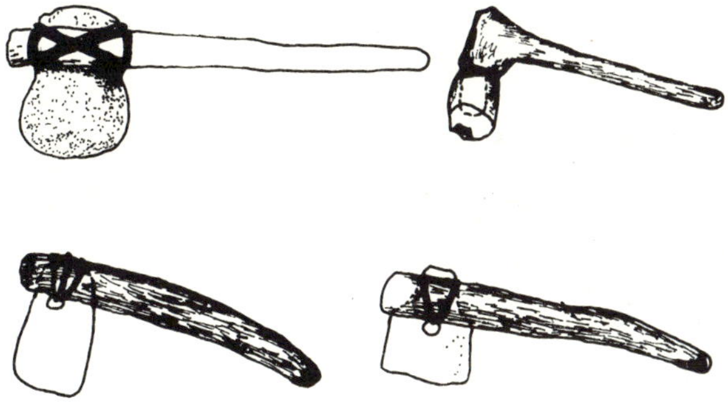

图15　不同形状石斧的装柄方式①

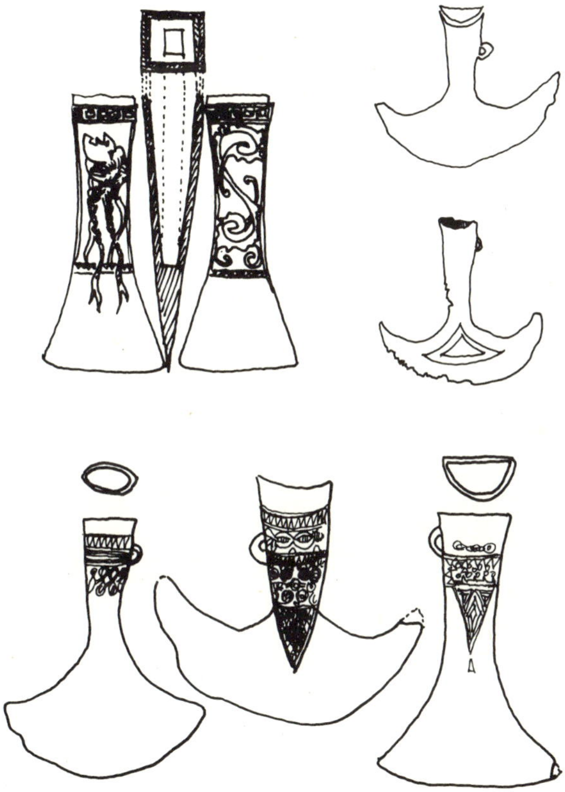

图16　晋宁县石寨山出土的铜斧和铜斧钺（云南省博物馆考古发掘组图，1956年）

① 中国农业博物馆农史研究室：《中国古代农业科技史图说》，农业出版社1989年版，第42页。

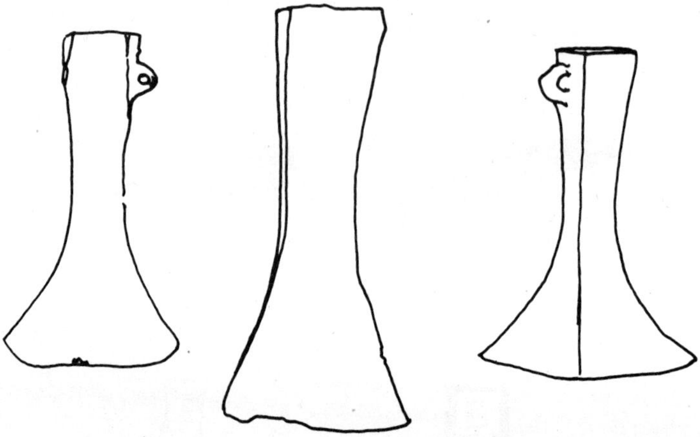

图17　晋宁县石寨山出土的铜斧和铜斧钺（云南省博物馆考古发掘组图，1956年）

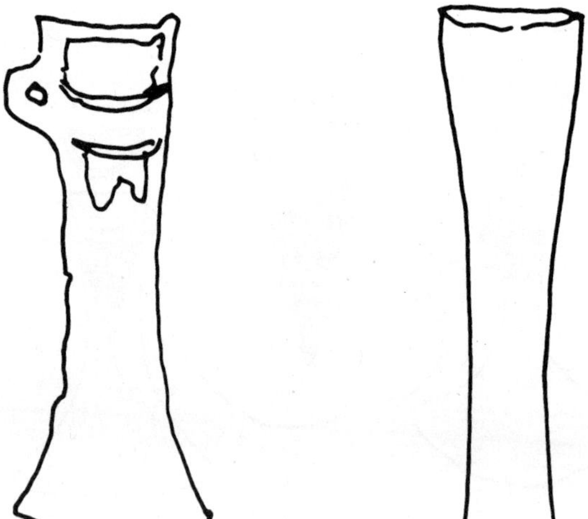

图18　晋宁县石寨山出土的铜斧钺和铜凿（云南省博物馆考古发掘组图，1956年）

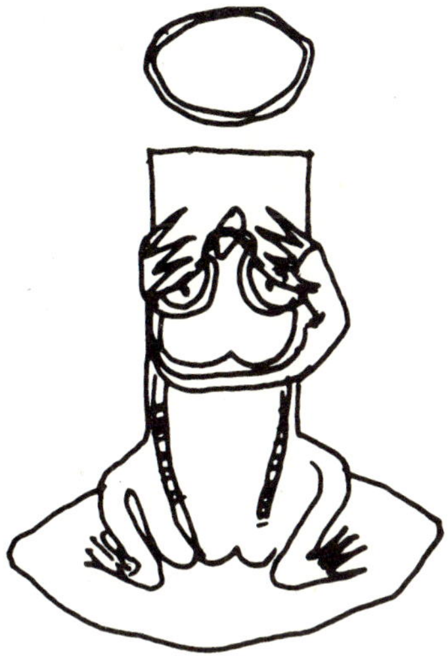

图19　安宁市太极山出土的铜钺（云南省文物工作队图，1965年）

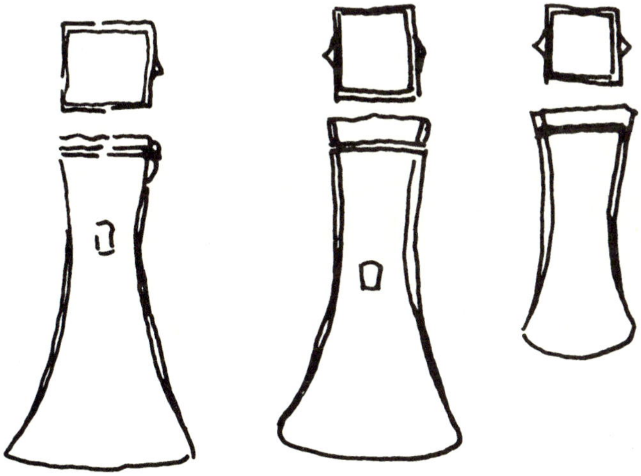

图20　安宁市太极山出土的铜斧（云南省文物工作队图，1965年）

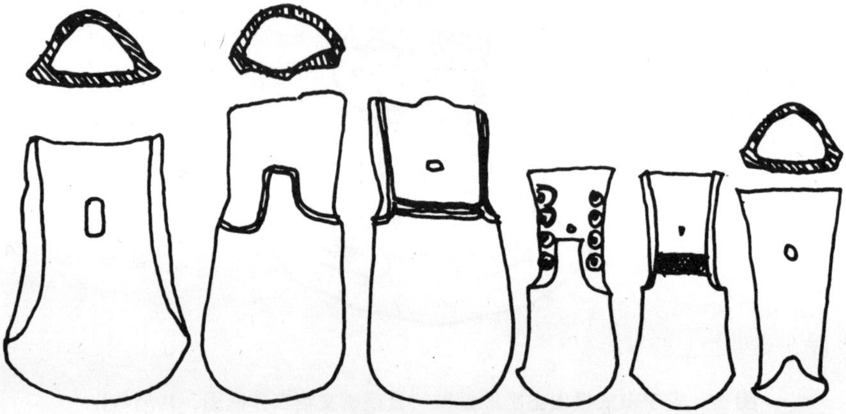

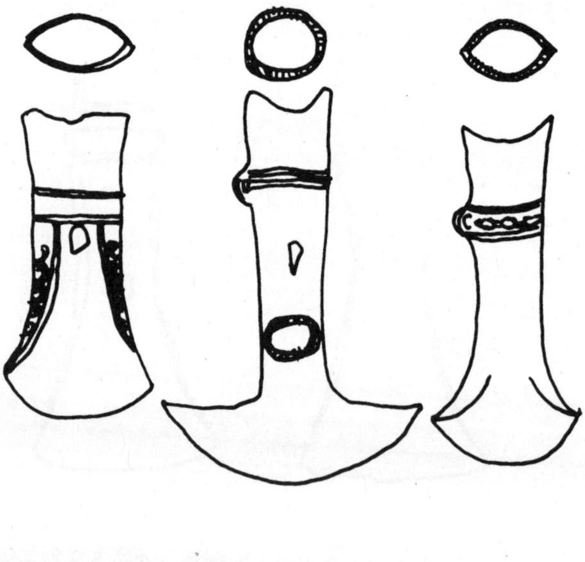

图21
楚雄市万家坝出土的铜斧和铜钺（云南省博物馆文物工作队图，1978年）

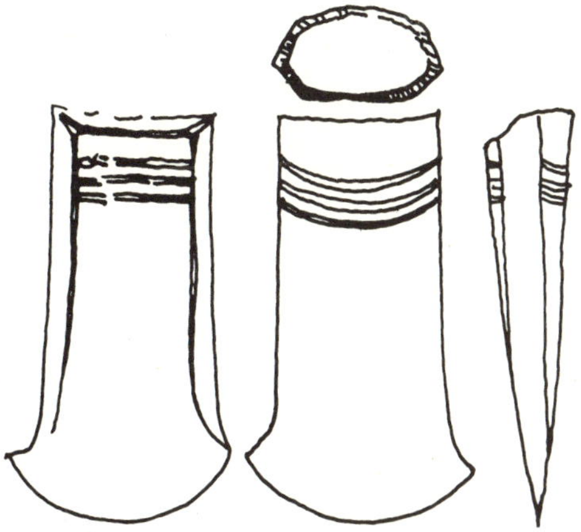

图22
鲁甸县马厂铜斧（王大道图，1977年）

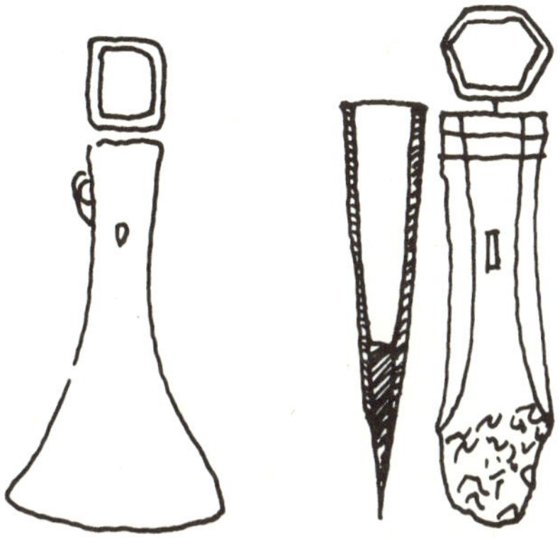

图23 江川县李家山铜斧和铜錾铜斧（李昆声图，1981年）

第二节 铁刀和铁斧

新石器时代，在世界各地延续的时间有很大的不同。在农业起源最早的西亚两河流域，大约在公元前3000年便发展到了青铜时代，继而在公元前1000年左右发明了冶铁技术。我国最早的铜器大约产生于夏代，春秋时期始有铁器，至战国便完成了从青铜器到铁器的过渡。云南进入金属时代的时间稍晚，青铜产生于春秋而兴盛于战国和西汉，铁器出现于战国而普及于东汉。铁器的应用和推广，在人类社会发展史上具有划时代的意义，它结束了原始农业的历史，把农业文明推到了一个崭新的阶段。

人们常把刀耕火种一概视为原始农业，殊不知铁器时代的刀耕火种与石器时代的原始刀耕火种是不可同日而语的，它们之间至少存在着以下几个重大的差别。首先，由于铁刀、铁斧的性能大大优于石、铜刀斧，故而可极大地提高劳动生产率。这样一来，刀耕火种的生产规模、生产管理以及粮食产量等，都远非原始刀耕火种农业可与之相比了。其次，生产的发展，势必促进人口的增长，人口增长，必然加重对于土地森林资源的压力，为了保护好土地森林资源，就必须进行规划和管理，于是能够有效保障刀耕火种良性循环的轮歇耕作制度和土地管理使用制度便应运而生了。第三，随着人地矛盾关系的加深，人们除了加强对土地的管理之外，又创造了刀耕火种的轮作技术。而要实现轮作，尤其是较长年头的轮作，就不能只进行刀耕，还必须引入锄耕甚至犁耕，而且需要具备有关农作物生态特性的丰富知识，这显然与原始刀耕火种农业相距甚远了。

如前所述，使用石、铜农具从事的原始刀耕火种，目前在世界上已经再难寻觅。然而，作为传统农业范畴的刀耕火种却依然存在，在云南西南部山地，从事刀耕火种的山地民族尚不在少数。随着商品经济的发展、生态恶化以及环境保护法的加强，云南的刀耕火种农业已经日益减少。可以预言，在不久的将来，人们要了解传统刀耕火种的实态，大概也只有像了解原始刀耕火种农业一样，除了依赖学者们收集保存下来的资料——包括本节收录的铁刀和铁斧——之外，大概别无他径了。

图24　勐腊县芒果树乡哈尼族和瑶族，尚盛行刀耕火种农业。他们初冬伐木，置二三月使之干燥，然后于农历二三月烧地

图25　盈江县卡场景颇族称刀耕火种地为“营旺”，每个村寨都将土地划分为若干个“营旺”，每年砍伐耕种一个“营旺”。图中砍伐的“营旺”，已经休闲了10余年，所以树木较大

图26 贡山县独龙江独龙族的刀耕火种地。独龙族具有实行粮林轮作的传统经验和技术，即在耕种后的土地上栽种速生的水冬瓜树，以保持刀耕火种农业生态系统的良性循环

图27 流经勐腊县境的南腊河两岸，分布着茂密的竹林。居住在那里的少数民族，常伐竹开荒，焚竹种地

图28　基诺族巴雅中寨的刀耕火种地。基诺族也和景颇族一样，把土地划分为若干区域，每年全村集中砍伐、焚烧、耕种一个区域

图29　盈江县卡场景颇族于农历三月烧地。烧地选晴朗日子，且要择属牛之日，因为牛性缓慢，喻烧火如牛行走，徐徐燃烧，树才烧得干净，地才烧得透彻

图30　基诺族寨烧地（许云华摄）。基诺族烧地，事先要在地周清理出隔火道；点火则从地边开始，使火从外向内蔓延，以防止火灾

图31　烧地之后，要"捡地"。即把未烧尽的树木捡拢，或用作柴薪，或用于拦土形成梯地，或将其砍短再次焚烧。图为佤族捡地

图32　纳西族象形文字中的“砍树”和“砍树烧山播种”。[①]这无疑是表现该民族在历史上盛行刀耕火种的生动资料。目前在纳西族中很难再看到“刀耕”的现象，然而“火耨”却依然存在。在丽江山区，人们每年都要收集大量的松叶运往地中焚烧，以除草去虫，松土肥地。这显然是刀耕火种的遗风

① 方国瑜撰，和志武参订：《纳西象形文字谱》，云南人民出版社1981年版，第235、293、532页。

图33　中甸县大中甸藏族妇女使用斧头围栏种青稞

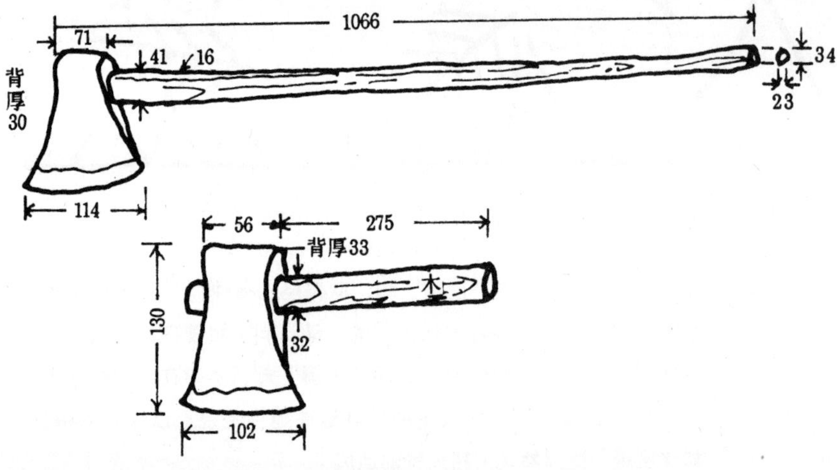

图34　景洪市安麻老寨拉祜族的斧头测绘图（渡部武图，1993年）

图35 景洪市曼播新寨克木人的长柄方形斧、短柄钺形斧和长柄条形斧

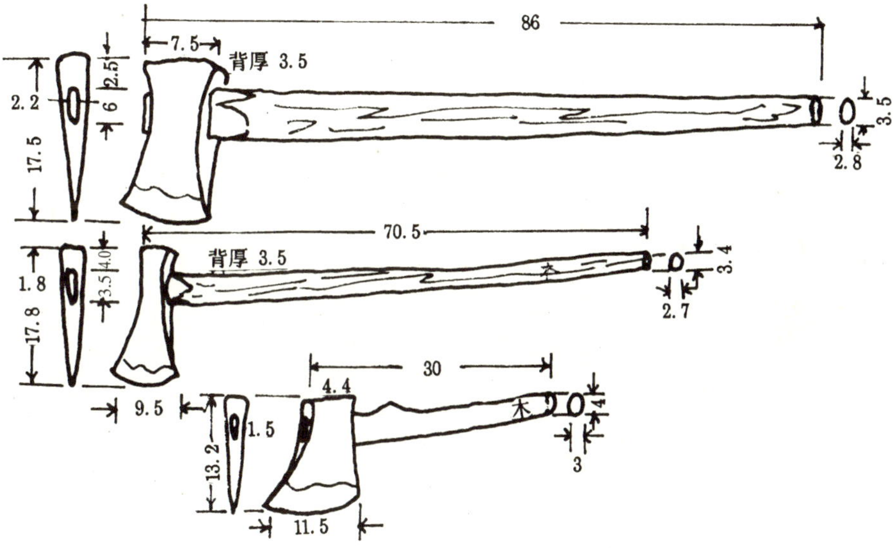

图36 景洪市曼播新寨克木人斧头的测绘图（渡部武图，1993年）

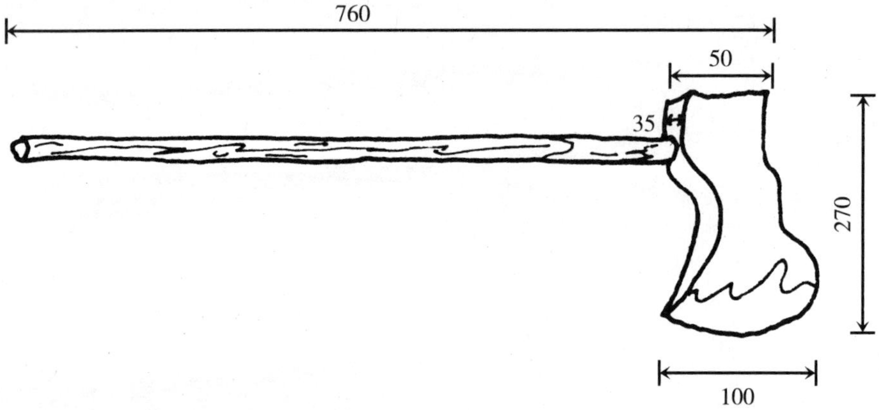

图37　勐海县格朗河帕沙寨哈尼族的钺形斧（尹绍亭草图，王焱清绘）

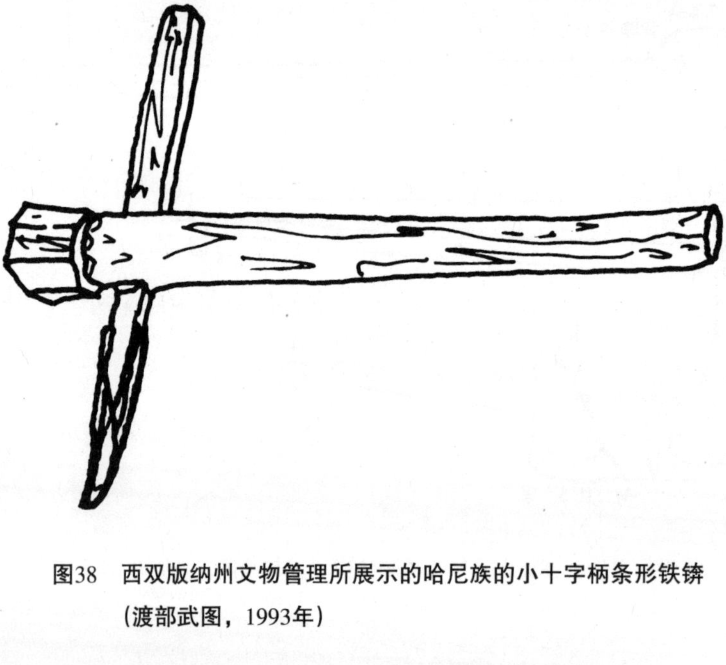

图38　西双版纳州文物管理所展示的哈尼族的小十字柄条形铁锛
（渡部武图，1993年）

图39

沧源县永和寨佤族的长十字柄铁斧。斧头竹柄直径32毫米、全长800毫米，横柄宽50毫米、厚26毫米、长710毫米（含铁斧长度），铁斧长170毫米、銎宽55毫米、斧刃宽125毫米

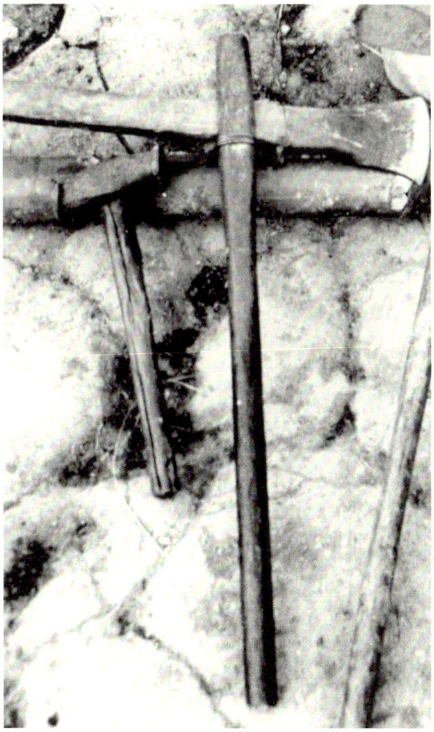

图40

澜沧县南段寨拉祜族的长十字柄斧

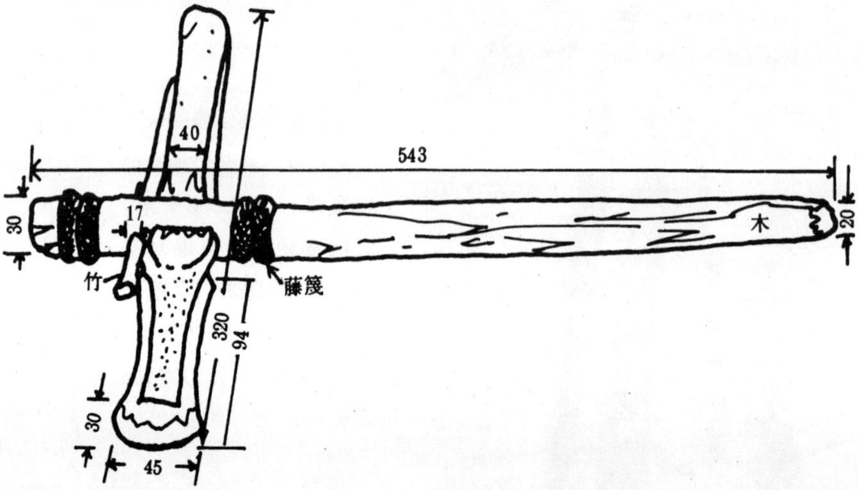

图41　景洪市哈尼族的十字柄斧（渡部武图，1993年）

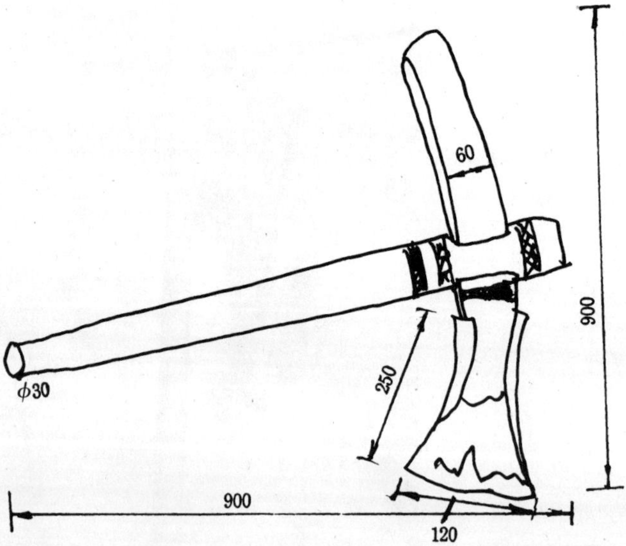

图42
西盟县打洛寨佤族的长十字柄斧（尹绍亭草图，王焱清绘）

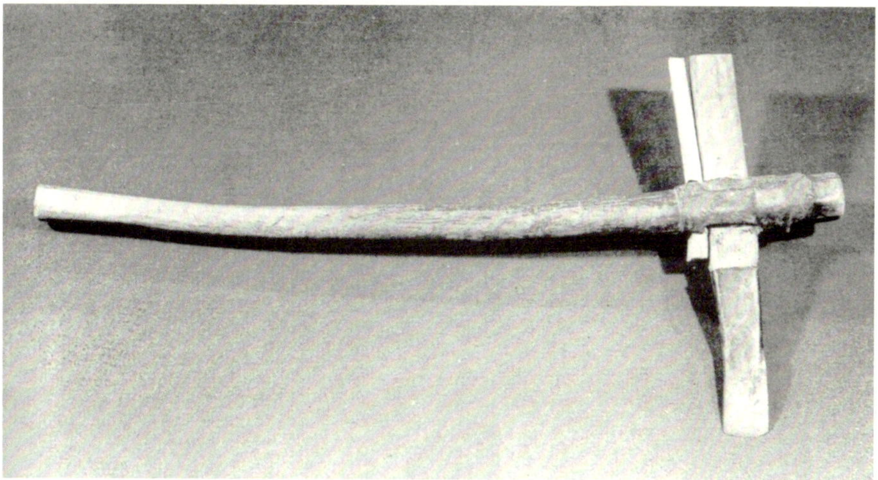

图43　德宏傣族的十字柄斧（罗钰摄）

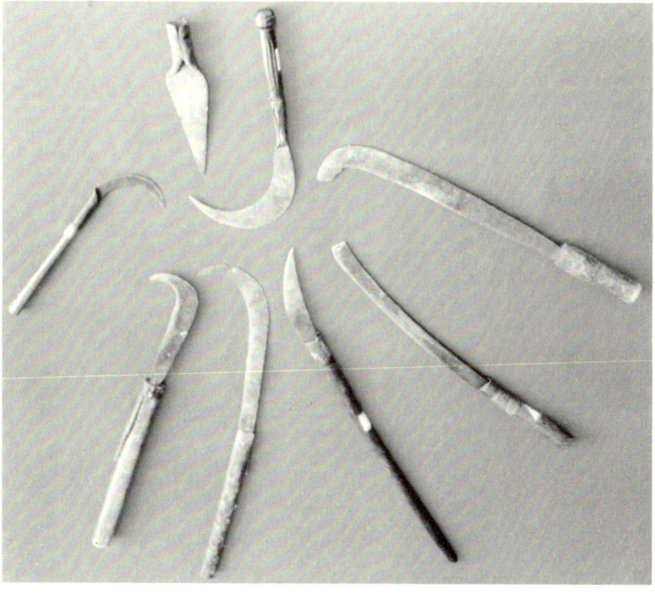

图44
云南民族博物馆收藏的部分少数民族刀具
（刘龙源摄）

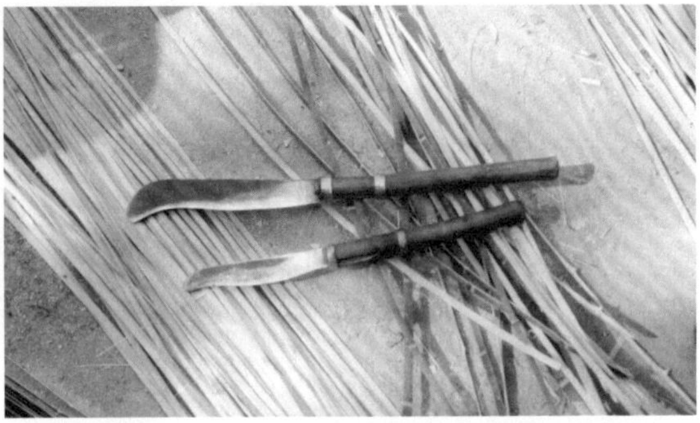

图45
建水县普古鲊村哈尼族的砍刀

图46
元阳县全福庄哈尼族的砍刀

图47 景洪市叭街哈尼族随身携带砍刀进山伐竹的情景

图48　元江流域哈尼族等的生产工具，具有显著的民族和地域特色。每年秋收之后的农闲时节，乡村铁匠便开炉打制农具。图为元阳县全福庄的铁匠房和乡村铁匠打铁情景

图49

昆明市西山区五松包村苗族的砍刀和铡刀

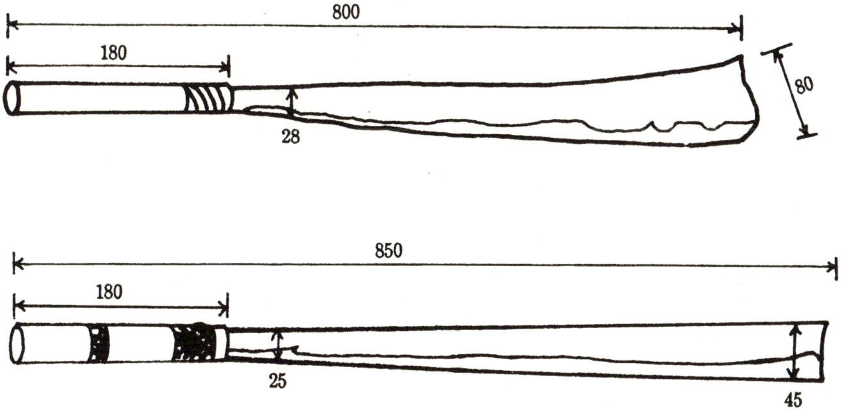

图50　盈江县卡场乡草坝寨景颇族的砍刀和长刀
(尹绍亭草图，王焱清绘)

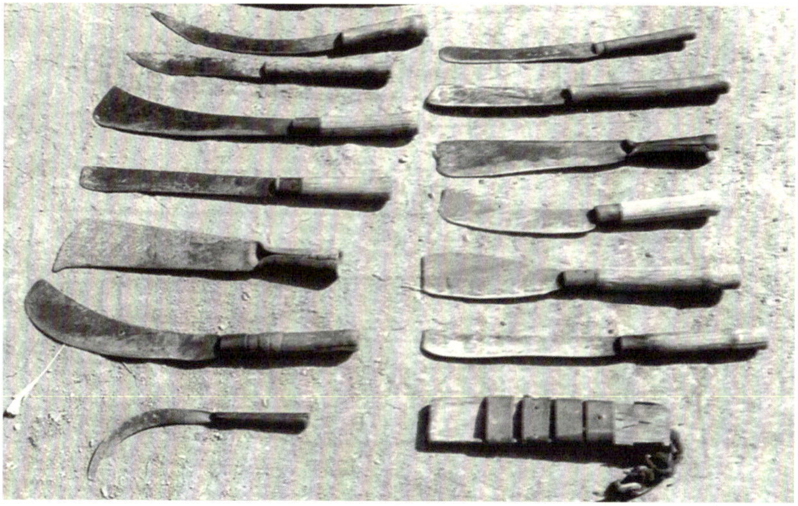

图51　景洪市曼播新寨克木人的各式刀具

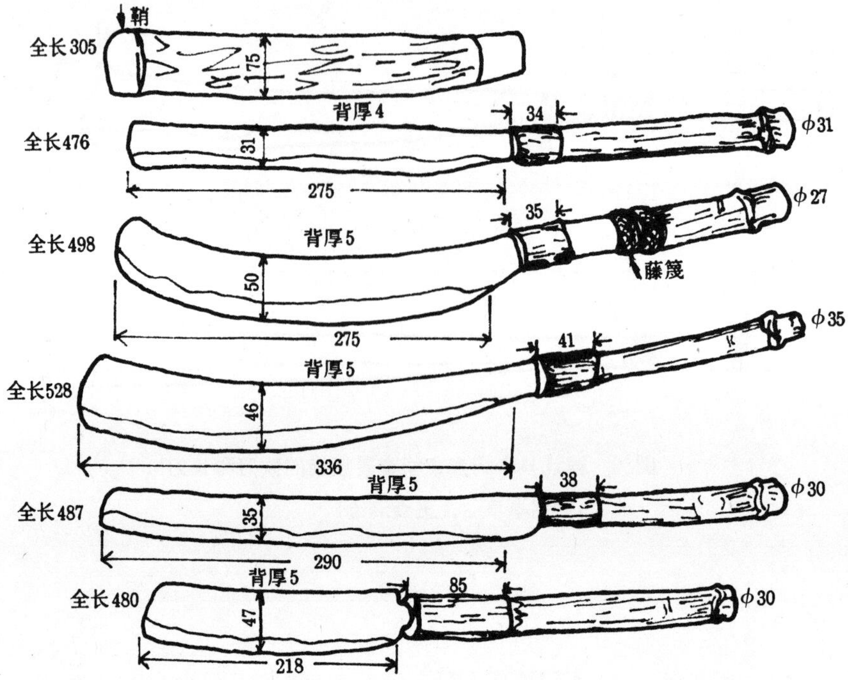
鞘
全长305
175
背厚4
34
φ31
全长476
31
275
35
φ27
背厚5
全长498
50
藤篾
275
41
φ35
背厚5
全长528
46
336
38
背厚5
φ30
全长487
35
290
背厚5
85
φ30
全长480
47
218

(A)

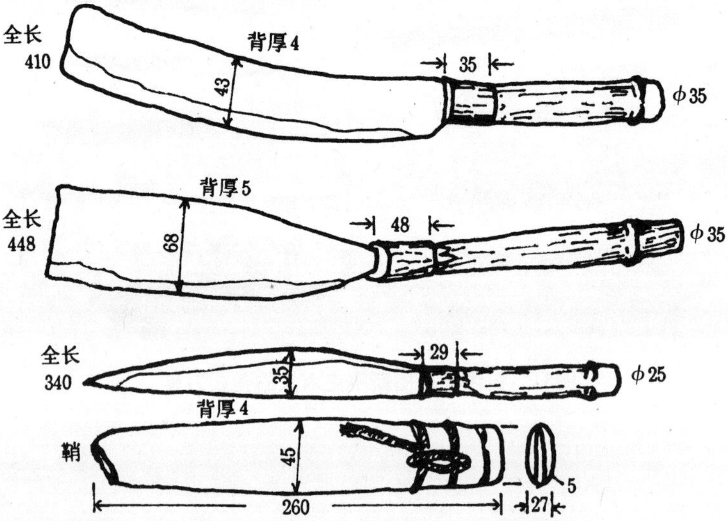
全长
410
背厚4
35
43
φ35
背厚5
全长
448
68
48
φ35
全长
340
29
35
φ25
背厚4
鞘
45
5
260
27

(B)

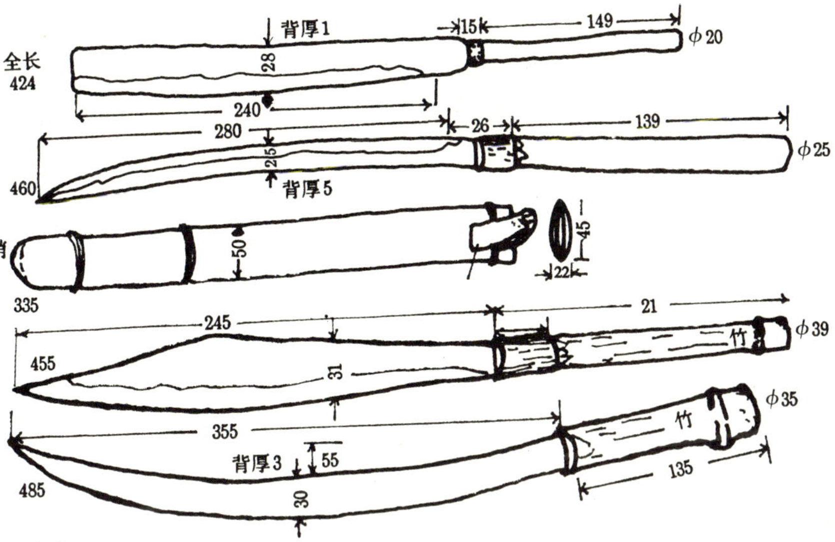

(C)

图52　景洪市曼播新寨克木人刀具测绘图（渡部武图，1993年）

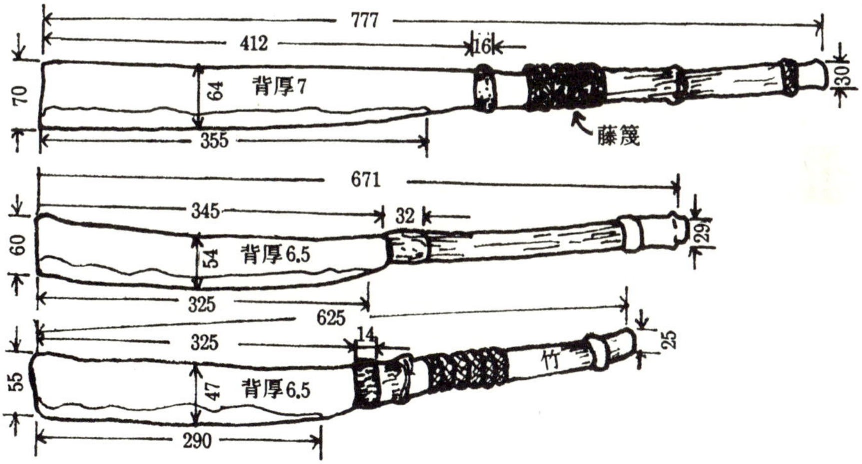

图53　基诺山巴坡寨基诺族的砍刀测绘图（渡部武图，1993年）

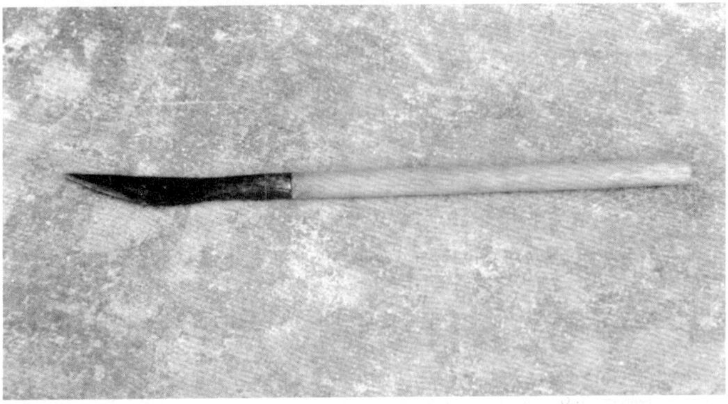

图54
基诺族的小尖刀，主要用于削竹篾等。全长约450毫米，铁刃长约100余毫米，刃宽仅20余毫米

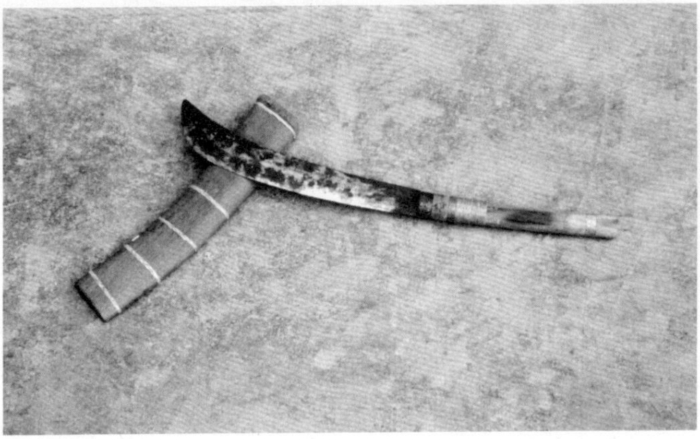

图55
基诺族少年男女使用的砍刀，全长500毫米左右，铁刃长约300毫米，刃最宽50余毫米

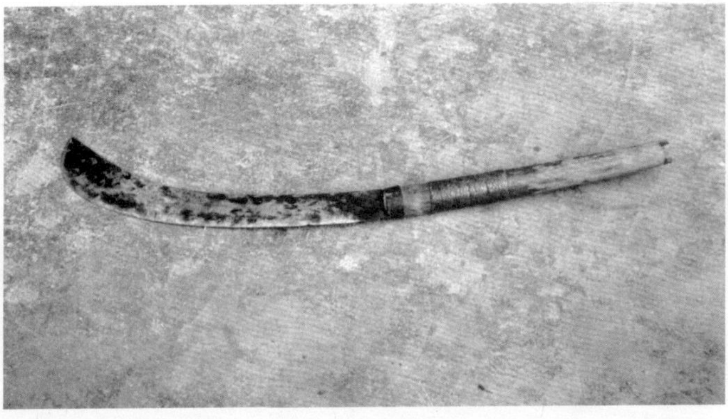

图56
基诺族的弯形长砍刀，全长600余毫米，铁刃长300余毫米，刃最宽60余毫米

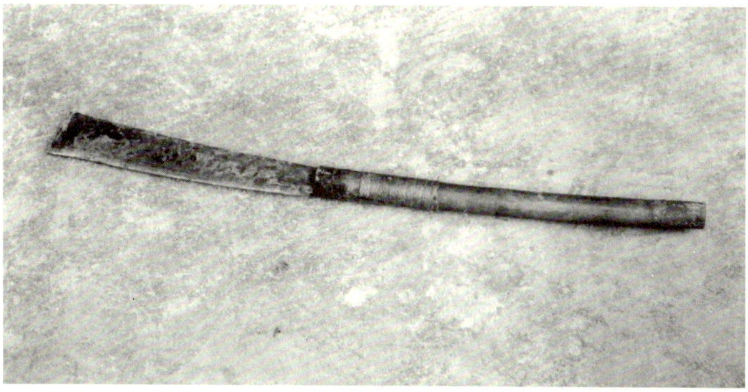

图57
基诺族的平头长砍刀，全长600毫米，铁刃长近300毫米，刃最宽60余毫米

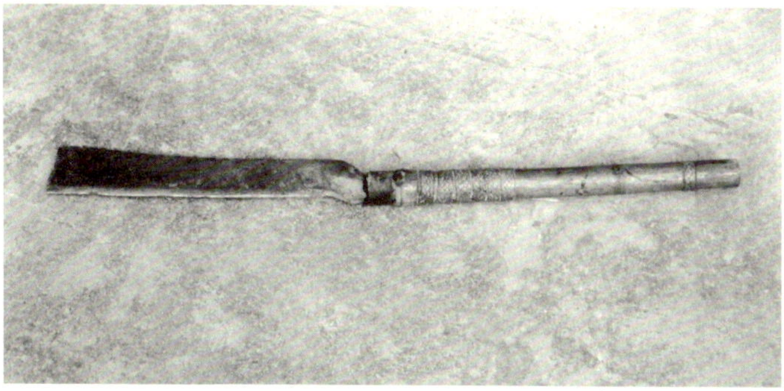

图58
基诺族的弯根刀，为中年妇女使用的刀子，全长近700毫米，铁刃长约300毫米，刃最宽约70毫米

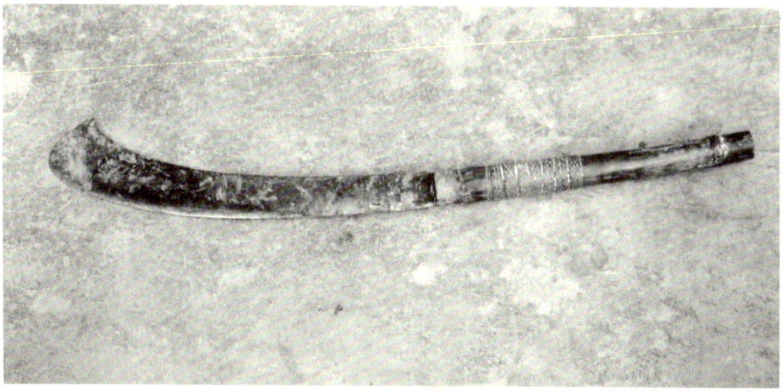

图59
基诺族的圆头长刀，全长约700毫米，铁刃长近400毫米，刃最宽约80毫米

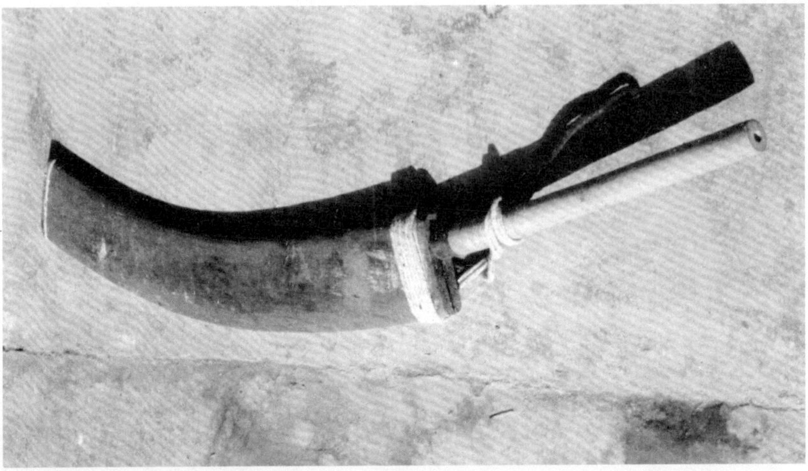

图60 基诺族的大劈刀，其宽厚的大刀鞘以木制成，刀柄以竹制成

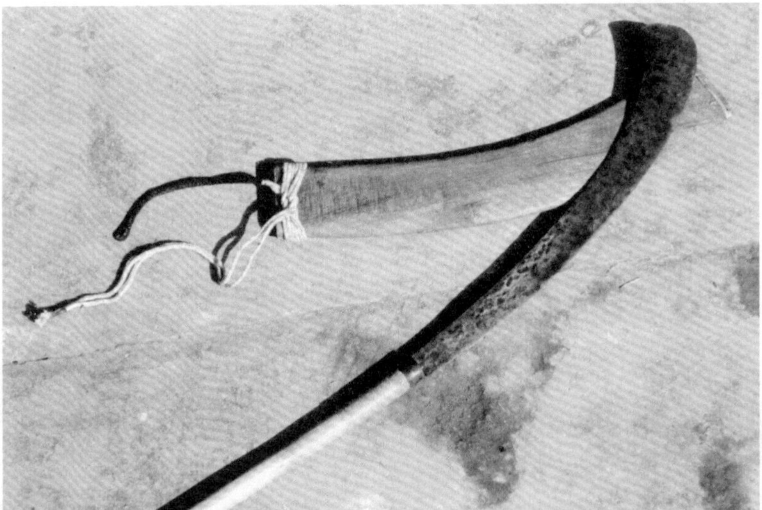

图61 大劈刀长约700毫米，刀刃比一般砍刀薄，用于修劈木材

图62

基诺族成人男子用的长砍刀，其形呈长条形，故称作“带刀”

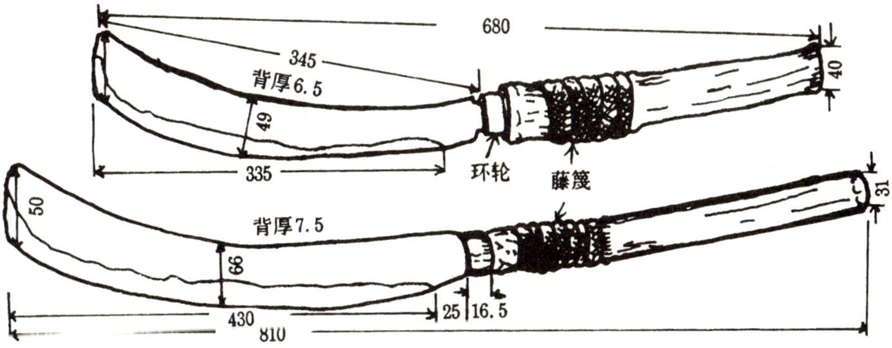

图63　基诺山巴坡寨的带刀测绘图（渡部武图，1993年）

图64
每年秋末冬初，是基诺族的农闲时间，为了做好来年刀耕火种的农事准备，各村寨的铁匠便开炉打铁，锻造和翻修农具

图65
基诺山巴坡寨的铁匠为村民打制、修整各种刀具

图66
新的铁刀打好后，用旧刀为其开刃口，再进行淬火

图67 基诺族有崇拜龙刀和铁匠的习俗。该族最隆重的传统节日于每年初春举行，名为“特莫克”，意为“打铁的节日”。节日期间有一系列活动，包括村民在长老的主持下选举任命新的铁匠，姑娘们为铁匠抬水洗脚，长者到铁匠房举行宗教仪式，铁匠与长老跳大鼓舞等。由此可见铁匠和农具在基诺族心目中占有何等重要的地位。本图为基诺山巴卡小寨庆祝“特莫克”打鼓跳舞

图68　基诺山巴卡小寨基诺族刀耕火种砍树之前所举行的“砍地仪式”

图69　福贡县傈僳族建造新房后，巫师手持长刀绕房而行，做驱鬼仪式

第三节 草地轮歇农耕的芟刀

前节所述的刀耕火种，是森林轮垦农业。从事刀耕火种的民族，通常都把属于本村或家庭的土地规划为若干区域，每年砍烧一个区域，其他区域则不得耕种，使之长期休闲以蓄养树木。如此严格执行的轮垦制度，可以有效地保护土地和森林。然而问题在于无论哪个民族或哪个地区，其拥有的土地面积都是有限的，是不可能随意扩大的，而且由于难以阻止的农林业的开发等等原因，人们能够利用的森林和土地只会越来越少。而另一方面，人口的增长却难以控制，尤其是随着经济的发展和卫生医疗条件的改善，人口问题会变得更为严峻。如此发展的结果，刀耕火种传统的轮垦制度便不可避免地陷于危机。由于土地日益不足，人们不得不缩短其休闲的年限，原来按传统规定抛荒的土地必须休闲10余年甚至20余年，现在有的仅能休闲7—8年，相当多的土地休闲期竟然降到了5年以下。这样一来，休闲地不可能再生长树木，于是杂草便乘势滋生蔓延，生机盎然的森林世界，渐渐变成了荒凉萧瑟的杂草王国。刀耕火种因失去了依存的基础而退出了历史舞台，代之而起的则是投入多产量低的草地轮歇农业。人类和自然，都陷入了难以自拔的困境。

森林消亡，刀耕火种衰落，曾经在农业史上活跃一时的刀和斧，亦随之失去了光辉，沦为可哀可叹的殉葬品了。然而，面对无孔不入、扩张凶猛，猖獗无度的草害，人类除了再度借助于刀和火的威力之外，似乎别无良策。于是在刀耕火种刀具的基础上，设计制造出专门对付杂草的长柄芟刀。山民们于每年8—9月份将休闲地中没过人顶的茂密的杂草芟倒，十天半月后一把火狠狠将其烧光，以求达到森林刀耕火种火耨的功效。然而草地毕竟不像森林地，土中草根密布，土壤板结坚硬，因此又必须使用锄头和犁翻耕土壤，拣除草根，压死草籽虫卵。尽管如此，作物栽种之后杂草仍然防不胜防、除不胜除，稍有懈怠，便将颗粒无收。到了这般境地，人们这才倍感森林的重要和珍贵！然而当人们觉悟并认识到这一点的时候，已经悔之晚矣。无数事实说明，要破坏自然生态是不用花费多少力气的，然而欲重建良好的生存环境就不那么容易了。本节记录的芟刀，表面看来不过是芟草的农具，无甚奇妙之处，而如果从人类生态的角度考察，它却是云南山地自然生态恶化的产物，是云南山地民族适应利用草地生境、与恶劣自然条件顽强抗争的历史见证。

图70　刀耕火种的抛荒地，如果休闲期不足，那么森林便将退化为草地。照片所摄为西盟县阿佤山佤族的草地轮歇地景观。由于照片中每块土地的休闲期仅有三四年，所以树木无法生长，休闲地均被密密麻麻的杂草所覆盖

图71　本图摄于澜沧县糯福拉祜族山区。其上部是森林，下部由于过度垦种，已明显向草地景观演变

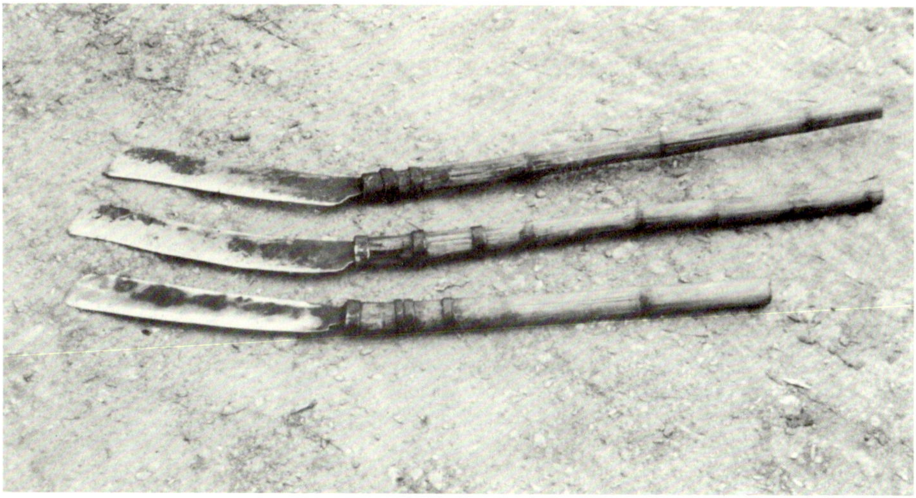

图72　基诺山巴夺寨基诺族的芟刀。芟刀柄长，刀叶向后倾斜，便于芟草

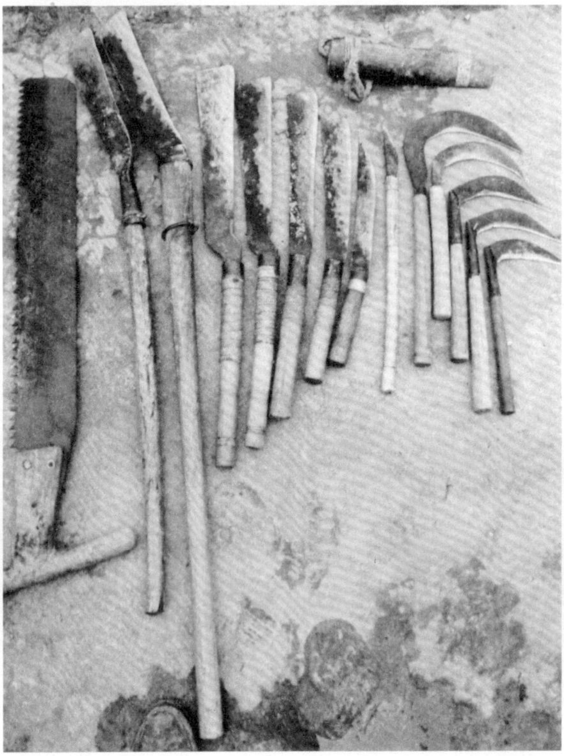

图73
基诺山巴卡小寨一个农户的镰刀、砍刀和芟刀

图74　基诺山巴坡寨基诺族的芟刀及其他生产工具

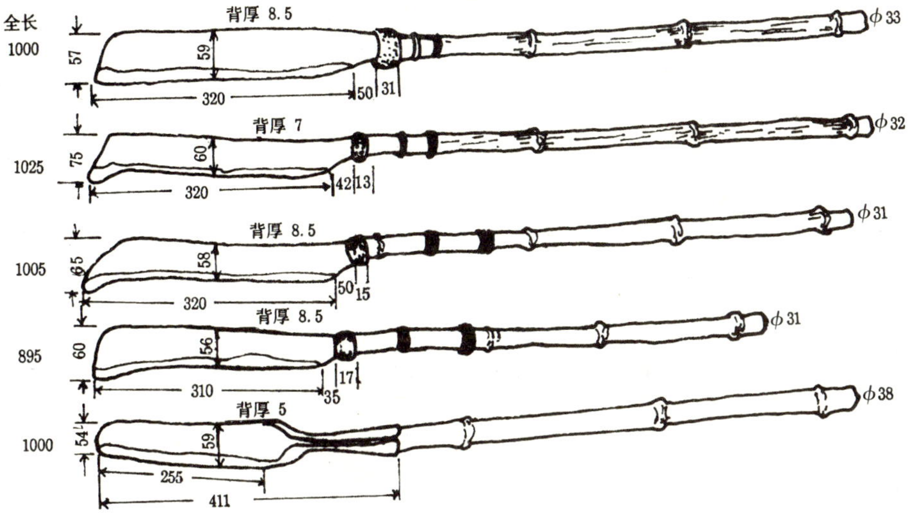

图75　基诺山巴坡寨基诺族芟刀的测绘图（渡部武图，1993年）

图76　基诺山巴夺寨基诺族姑娘上山芟地

图77
基诺山巴卡小寨基诺族妇女集体芟草的劳动场面

图78
照片中基诺族妇女所芟之草名为“飞机草”，因其秆茎形如飞机而得名

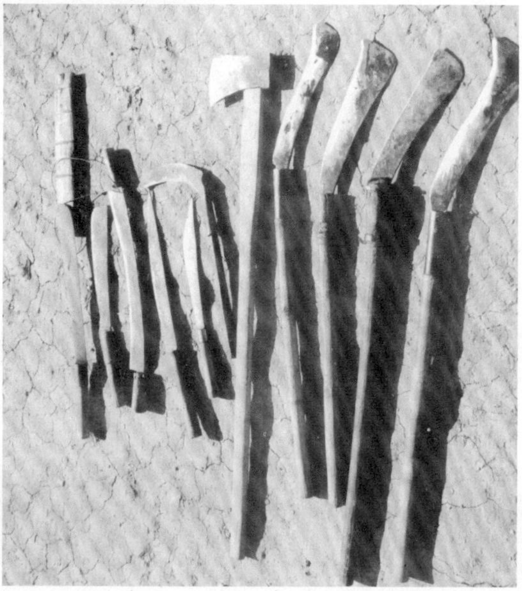

图79
景洪市安麻老寨拉祜族一个农户的砍刀、斧头和芟刀

图80
景洪市安麻老寨拉祜族男子磨芟刀。由于草盛，所以每次进山芟地都必须磨好几把刀，以备轮换使用

图81
景洪市安麻老寨拉祜族男子芟草情景。芟草不宜从高处往低处芟，也不宜从低处往高处芟，通常是沿横向操作

图82
勐海县格朗河帕沙寨哈尼族的砍刀和芟刀

图83　景洪市曼贺冬寨哈尼族的斧头、砍刀和芟刀

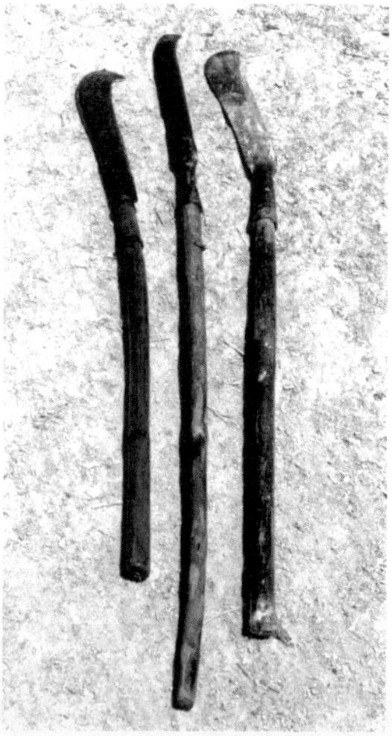

图84　绿春县大水沟寨哈尼族的芟刀

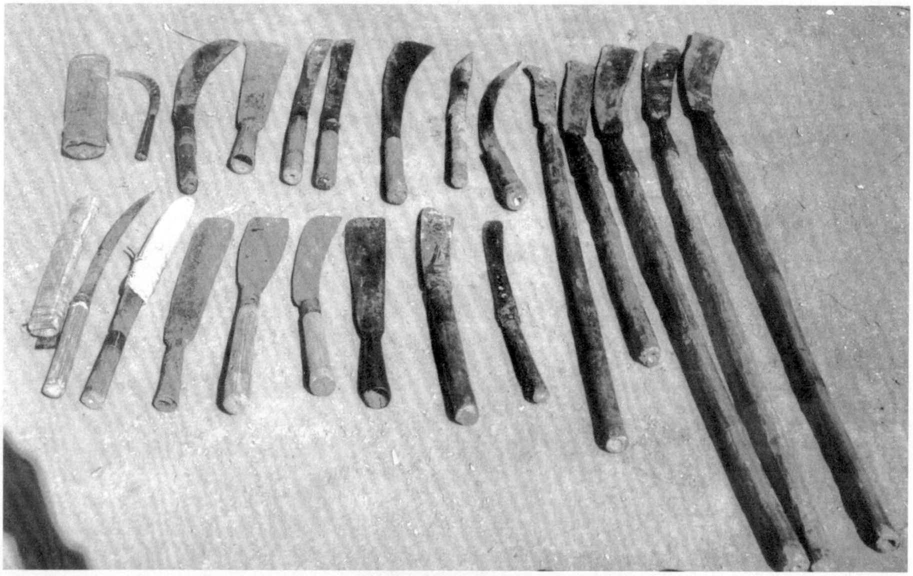

图85　景洪市曼播新寨克木人的各式砍刀和芟刀

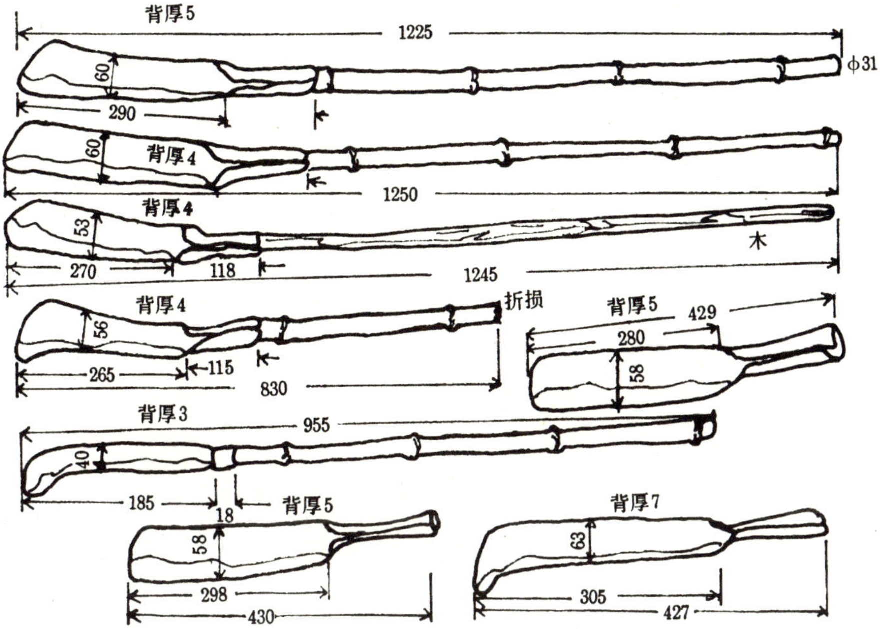

图86　曼播新寨克木人芟刀的测绘图（渡部武图，1993年）

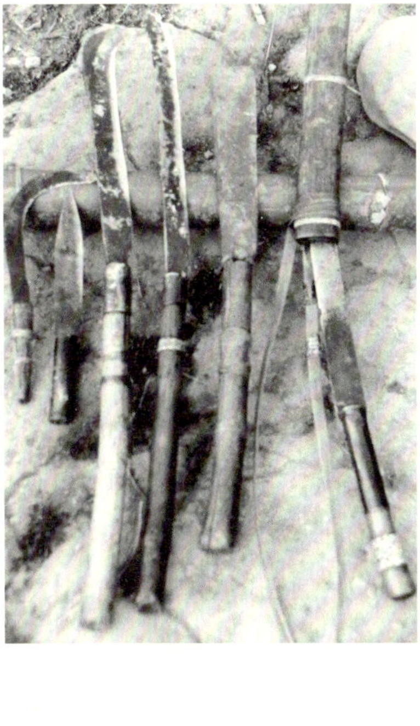

图87

澜沧县南段寨拉祜族的砍刀和芟刀。其芟刀有尖头和勾头两种，刀柄较短

图88　勐腊县芒果树乡瑶族的芟刀

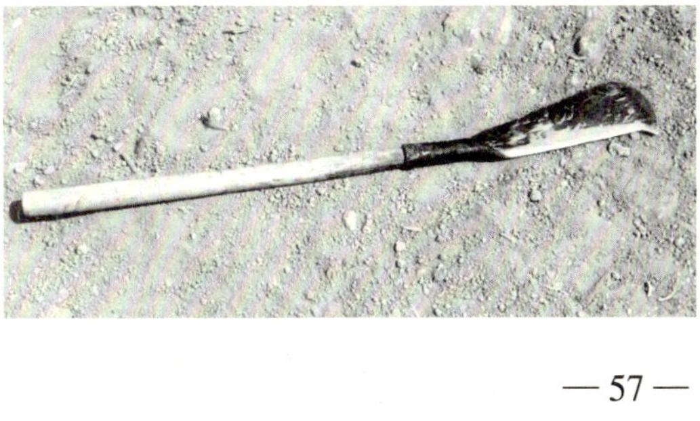

第四节　傣族的刀具

说到傣族，人们马上会想到热带河谷盆地美丽的风光，会想到傣家那如诗如画的田园，会想到竹林掩映中的幢幢竹楼，会想到绕村而过的静谧清澈的河流。但有没有人注意到傣族的刀？在傣族的物质文化中，刀具也应该占有一席之地。

如果我们对傣族的生产和生活稍加观察的话，那么就不难发现，在傣族的所有生产工具之中，刀具的使用率是最为频繁的。傣族擅于造刀用刀，对刀情有独钟，与刀有难解之缘，那是很容易理解的。傣族生存于热带低地，那里自古以来就是森林的世界。依存于森林，栽培和采集森林中的花果，开辟森林中的水田，营造森林中的伊甸园，这就是傣族以其勤劳和智慧以及刀具等生产工具创作的壮丽的生活史诗。不仅如此，在傣族分布地区的山地里，尚居住着许许多多刀耕火种民族。各民族长期杂居，相互影响交流，共建森林的文明，共创发达的刀具，自是不足为奇了。

傣族的刀具，大小、长短、曲直应有尽有，其式样之多，亦不在山地民族之下。目前，刀耕火种农业在傣族之中自然是极为罕见了，然而伐木采薪、砍竹破篾、围田拦地仍是极为普通和常见的活计，而将刀具引入水田稻作农业之中，制造出适用于水田农事的刀式，以刀削埂除草，砍芟谷茬等，却是傣族的独特发明，它们是傣族农耕文化中很有特色的部分。

图89
耿马县孟定坝子竹林掩映的傣族村寨。竹林深处有傣家，傣家处处有竹林。竹林不仅可以美化和改善傣族的生存环境，而且是其衣、食、住、行不可缺少的重要资源。竹子丰富且应用广泛，刀具的作用也便可想而知了

图90　耿马县孟定江尾傣族的竹楼，可谓传统的真正的竹楼，墙壁、椽子、地板、栏杆等，皆为竹子所制

图91　在房前房后、路旁田边栽种黑心树（亦称铁刀木）作为柴薪，是傣族村落景观的一大特色，是傣族生存的一大智慧，是他们保护生态环境的一大优良传统。黑心树含油量多，易于燃烧，生长又极为迅速，而且越砍越发，越砍枝越多，因此被傣族选作人工栽种的薪炭树种。在西双版纳和孟定等地，通常每个傣族家庭都要栽种三五十株黑心树。人们可于每年冬季农闲之时将其老枝全部砍下，剁短堆架起来以备烧用，春天一到，老树不甘秃顶，便又怒发新枝。黑心树除作柴薪之外，其粗大的树干又是建房的优质木材。傣族善于栽种和利用黑心树，为刀具提供了又一个重要的用武之地

图92
傣族的生产工具，多为本族铁匠打制。图为景洪市曼脑寨的铁匠房

图93
傣族虽是水田稻作民族，但男女出门劳作亦必带刀具。图中妇女以锄柄担箩，刀则置于箩内

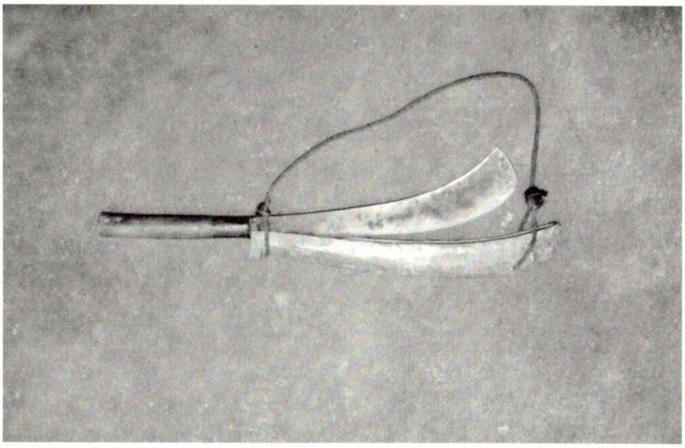

图94　景洪市大勐龙曼嘎寨傣族的刀和鞘

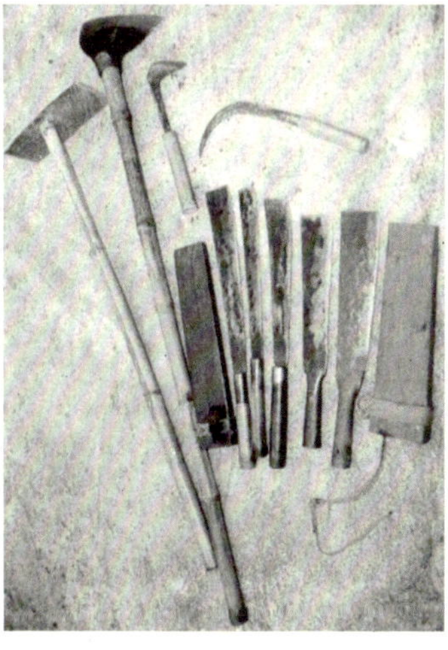

图95
曼嘎寨傣族的铁柄和竹木柄砍刀

图96
景洪市曼斗寨傣族的尖刀、长刀和切削芭蕉树的双柄切刀

图97
景洪市大勐龙曼档寨的各式砍刀

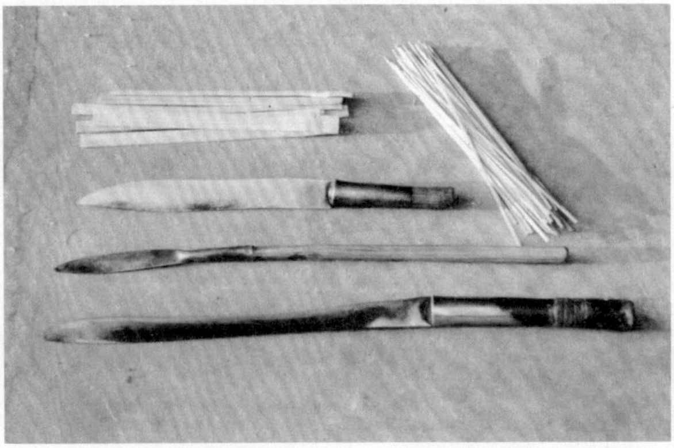

图98
孟连县那允寨傣族的小尖刀、尖刀和长刀

图99　景洪市曼勐寨傣族的刀具

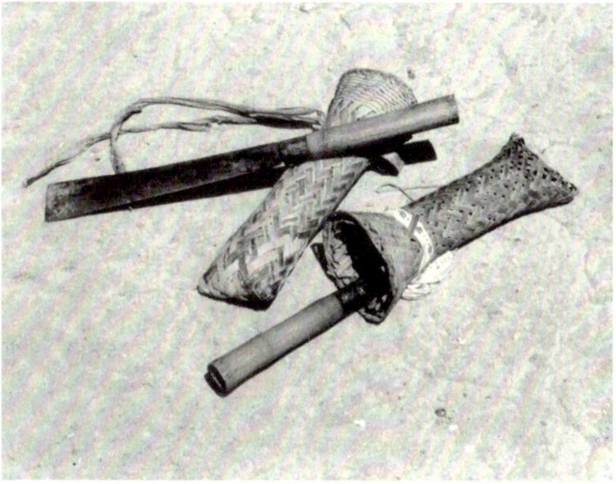

图100　景洪市曼浓干寨傣族的砍刀和竹编背刀箩

图101　景洪市曼浓干寨背刀傣族妇女

图102（上）、103（中）
劳作完毕，顺便砍竹而归的曼浓干寨的傣族男女

图104
景洪市曼浓干寨傣族砍竹建房

图105
景洪市曼斗寨
傣族破竹盖房

图106
傣族妇女也善于使刀破竹（云南民族博物馆供稿）

图107
耿马县孟定允冒寨傣族的砍刀

图108
允冒寨傣族妇女用刀砍除谷茬

图109
允冒寨傣族妇女用短刀砍除田埂的杂草

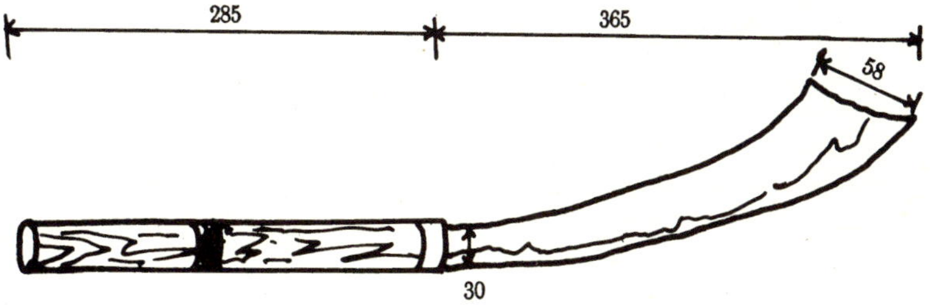

图110　允冒寨傣族的劈刀（尹绍亭草图，王焱清绘）

图111

长柄芟刀，是山地刀耕火种民族不可缺少的生产工具，这种独特的刀具，在坝区傣族中亦不鲜见。图为景洪市曼斗寨傣族用于田埂除草的长刀和芟刀

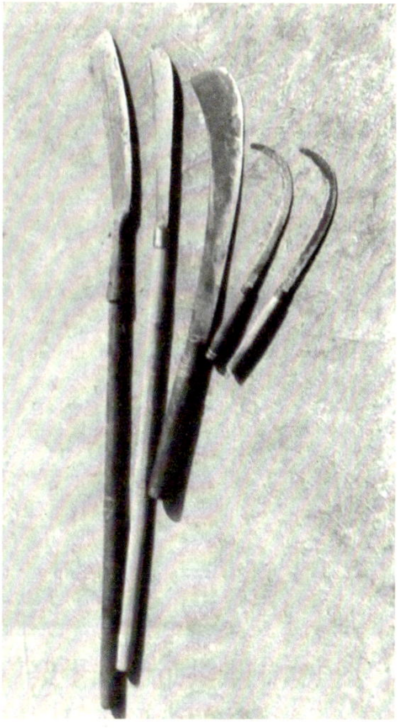

图112

景洪市曼档寨傣族的刀具，其芟刀长者达715毫米，刀叶长约270毫米，宽约75毫米

图113
景洪市曼龙宽寨傣族的芟刀，刀叶稍弯，便于芟草

图114　景洪市曼浓干寨傣族的尖形芟刀

图115　耿马县允冒寨傣族的弯月形芟刀

图116（左）

孟定傣族的芟刀与西双版纳傣族的芟刀不同，其刀叶很窄，且向内弯，木柄也较细，甚为小巧

图117（右）

使用芟刀芟除稻秆，在其他水田稻作民族中是看不到的，可谓孟定傣族之绝活

图118　衣着艳丽的傣族少女在空旷的田野中挥刀芟草，犹如一幅优美的油画

图119

孟定傣族不仅在水田中使用形式独特的砍刀和芰刀，而且还发明了照片中姑娘所持的锄刀。何谓锄刀？即其形状似条锄，但其右侧为刀刃，既是锄又是刀，故称锄刀

图120

锄刀可以作锄使用，松土、种菜、种豆皆宜

图121

锄刀设计新奇，用法亦奇。操刀者按顺时针方向轮转锄刀，刀刃落地，靠惯性可轻松铲除谷茬。此刀此法，仅见于孟定傣族之中，大概也只有傣族，才想得出如此奇妙的刀法

第二章　从竹木锄到铁锄

农史学家认为，人类最早的农耕或者说原始农耕是刀耕，由于长期生产实践丰富了对于土壤和栽培作物的知识，促使耕作技术发生变化，所以才从刀耕进化而为锄耕。事实也许不完全是这样，因为早在农耕起源的新石器时代，很多地方不仅使用石斧、石锛和石刀，而且亦同时使用石、骨的锄、铲、耜和犁了。自然，从刀耕到锄耕的演变例证也是有的，然而如果从生态的角度看，这种演变与其说是进化，倒不如说是退化更为恰当。

从上一章刀斧小史我们知道，当大地绿色盎然，森林如海之时，人类深受其恩宠，是不会在食饱饭足之余去想象要如何努力从刀耕向锄耕进化的。只有在生态环境严重恶化，面对满目的荒芜，无法再继续原有的生存方式之时，人类才被迫放下斧刀，不得不去寻求和创造新的生存方式和与之相适应的生产工具。于是，锄头便应运而生，或者说锄头这才从原来次要角色的位置登上了农耕的正堂。

“江山代有人才出，各领风骚数百年”，此句用来表现生产工具也很生动贴切。目前，云南的刀耕火种已经势微，而锄头的耕作尚盛行不衰。而且，云南之锄也和云南之刀斧一样，颇富民族和地方的特色，展示其风姿，对于农耕文化研究者和爱好者来说，兴许是会感到新奇和有意味的。

第一节　云南古代的青铜锄

从滇池到洱海一带，是云南农业历史最为悠久的地区之一，迄今为止所知云南最早的一些新石器时代的农业遗址，便分布在这个范围之内。而自春秋之后数百年间，那里又兴起了绚丽多彩的青铜文化，其中以青铜制造的锄头等生产工具，十分引人瞩目。自20世纪50年代以来，考古工作者在晋宁石寨山、江川李家山、安宁太极山、楚雄万家坝、祥云大波那以及洱海周围等地相继发掘出土了近300件青铜锄。[①]这些青铜锄，从形式看，

① 王涵：《云南古代的青铜锄》，《云南省博物馆建馆30周年纪念文集》，1981年8月，第112页。

有宽叶形、窄叶形、钺形、方形、长条形等；按用途分类，有制作精美、锄面镌刻着孔雀、牛头和其他几何图案的祭祀用礼器和殉葬所用的明器，但大多数则是形制朴素的实用性生产工具。《史记·西南夷列传》记载："西南夷君长以什数，夜郎最大；其西靡莫之属以什数，滇最大；……此皆魋结，耕田，有邑聚。"又载："蹻至滇池，方三百里，旁平地，肥饶数千里……"西汉时滇池及其周围地区如此富庶繁荣，与其具有发达的青铜锄耕农业是密切相关的。

云南青铜锄的大量发现，在我国尚属罕见。它丰富了我国青铜文化的内容，为我国青铜时代是否大量制造和使用过青铜生产工具这一颇有争议的学术讨论提供了部分明确而有力的证据。它们作为我国青铜文化、滇文化以及农耕文化的瑰宝，理所当然受到人们的珍视。

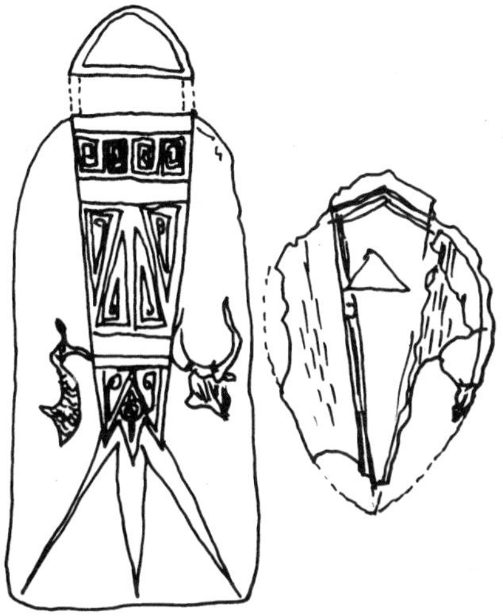

图122　晋宁县石寨山青铜锄[①]

① 云南省博物馆考古发掘工作组：《云南晋宁石寨山古遗址及墓葬》，《考古学报》1956年第1期，第48页。左图原文释为"铜铲"："作长方形，甚薄，中间有半圆形銎，銎上有花纹，铲面左右相对浅刻阴线鸟头及牛头各一，极为细致生动。长18.4，宽9.9厘米。"右图原文释为"铜犁"，言"已残破，仍可看出为尖叶形，前锋聚成锐角，后锋构成圆形，中间突起半圆形銎，通长26厘米。"

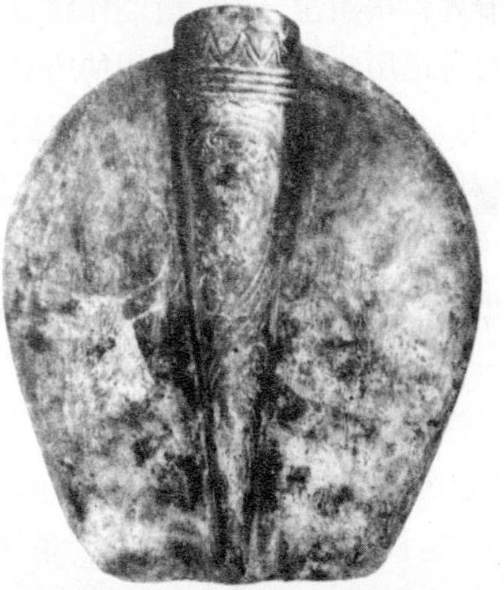

图123 石寨山宽叶平刃青铜锄
(李昆声提供)

图124 石寨山宽叶平刃青铜锄，实物长21.7厘米，宽20厘米（王大道图，1977年）

图125 石寨山宽叶形青铜锄
(李昆声提供)

图126 石寨山动物饰銎尖叶形青铜锄
(罗钰提供)

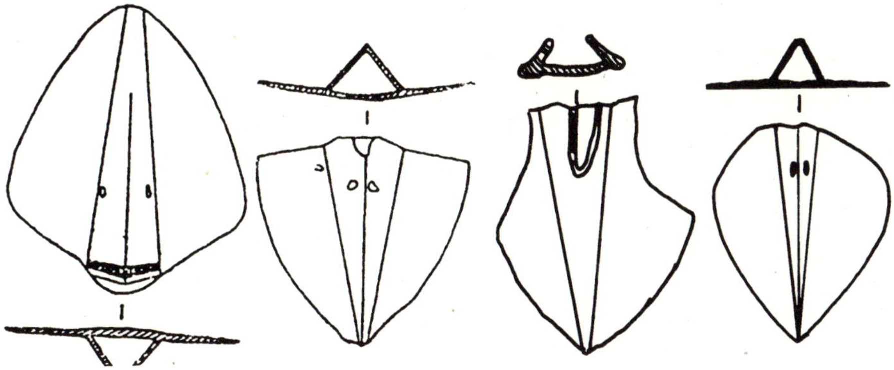

图127　石寨山尖叶形青铜锄（王涵图，1981年）

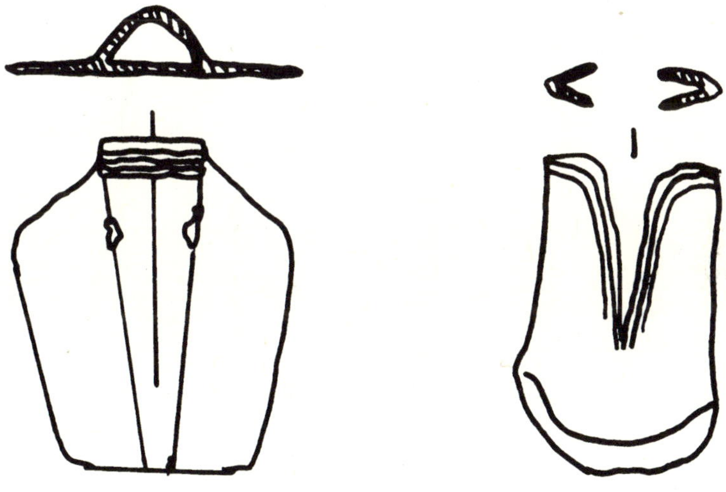

图128　石寨山方形青铜锄（王涵图，1981年）

图129
石寨山条形青铜锄（王涵图，1981年）

图130
石寨山半筒形青铜锄（王涵图，1981年）

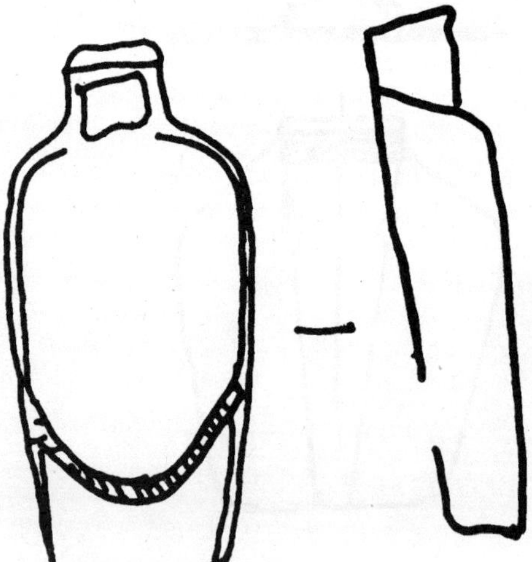

图131　石寨山青铜器图像“播种图”中的荷锄妇女（李昆声提供）

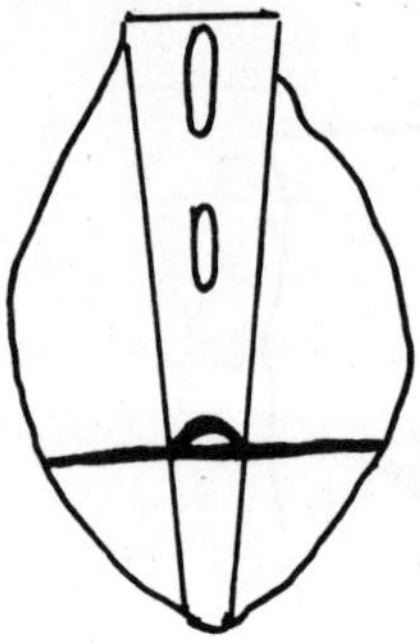

图132　安宁市太极山尖叶形青铜锄[1]

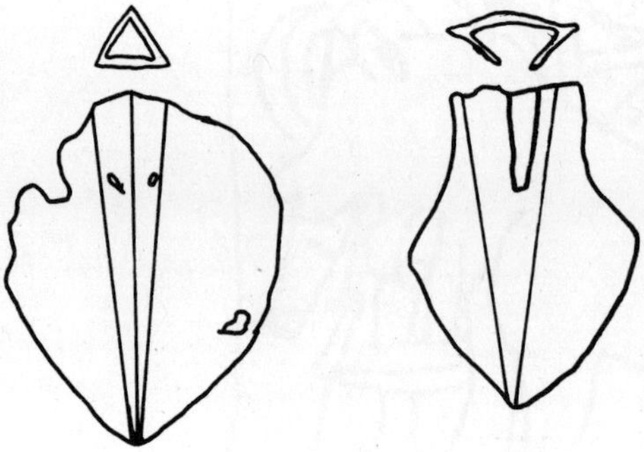

图133　安宁市太极山尖叶形青铜锄（云南省文物工作队图，1965年）

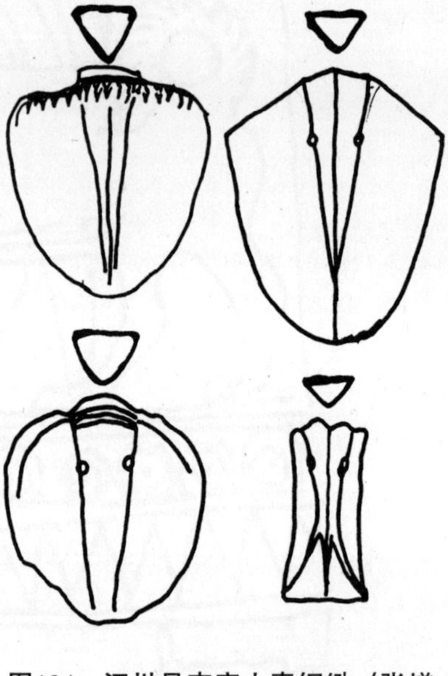

图134　江川县李家山青铜锄（张增祺图，1978年）

① 云南省文物工作队：《云南安宁太极山古墓葬清理报告》，《考古》1965年第9期，第451—458页。原文称为“铜犁”，解释为“实叶形，前锋呈锐角，后锋呈椭圆形，有长方钉孔三个；銎口不与犁顶齐平，向外略微延伸，无纹饰。1件（指左图）通长31厘米、身宽21厘米、銎径5.4厘米，另一件（指右图）通长23.7厘米、身宽18厘米、銎径4.8厘米”。

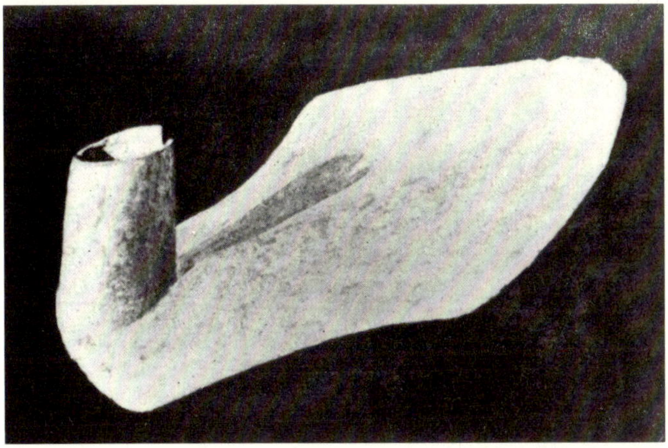

图135
澄江县万家营青铜锄
(李昆声提供)

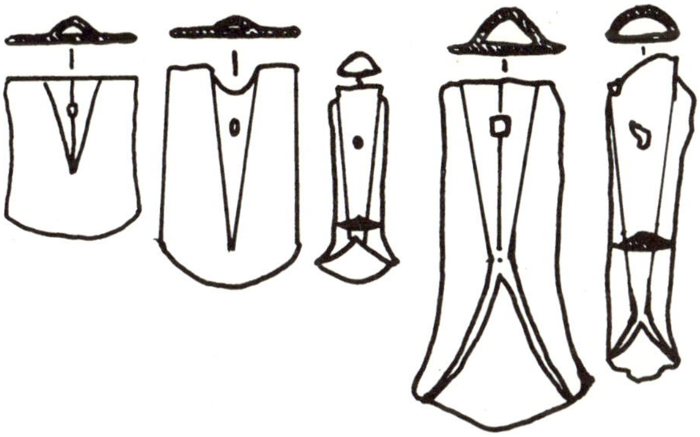

图136
楚雄市万家坝青铜锄（云南省博物馆文物工作队图，1978年）

图137
祥云县大波那青铜条锄（田怀清摄）

图138　祥云县大波那青铜尖叶锄（田怀清摄）

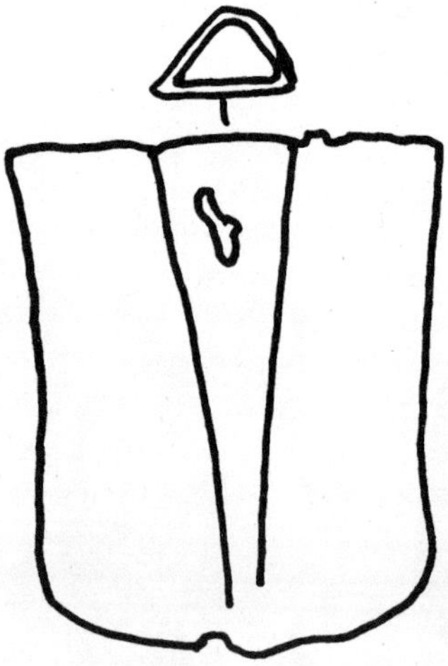

图139　牟定县琅井青铜锄，锄长19厘米、刃宽15厘米（王大道图，1977年）

图140　西畴县青铜锄（王涵图，1981年）

第二节　原始竹木锄

滇池洱海地区，在距今2000多年前，便能够大量制造青铜生产工具了。而在云南的一些边远的地区，直到20世纪50年代，却还使用着一些原始的竹木制造的锄具。

锄和刀、斧等工具一样，起源于石器时代。在我国内地，曾经出土过不少石锄、石铲和石骨耜，而在云南，这类石器的出土却比较少见。云南石锄类出土少，而另一方面，一些少数民族至今却仍然制造使用着简陋的竹木锄，这很容易使我们把两个现象联系在一起。竹木是不宜作为砍砸器的，而用于制作挖掘工具，却适用而便利，这大概就是云南新石器时代挖掘类石制生产工具很少的原因吧。

云南使用竹木锄的民族，有滇西北的藏族、独龙族、怒族、傈僳族，滇西的景颇族，滇西南的佤族、拉祜族和滇南的哈尼族以及苦聪人等。50年代以后，随着社会经济文化的发展和交通条件的改善，铁制的锄头在偏远之地得到推广，竹木锄于是渐渐减少了。目前，有的民族还使用着一些竹木锄具，那是因为方便和习惯的缘故，已非原始意义的竹木锄。然而，由于其体现着锄头最简单的形态和最简单的制造技术，人们依据它们的存在可以去探索和感知人类童年时代所发明和制造的锄具的雏形，因而这类竹木锄便有了所谓“活化石”的意义了。

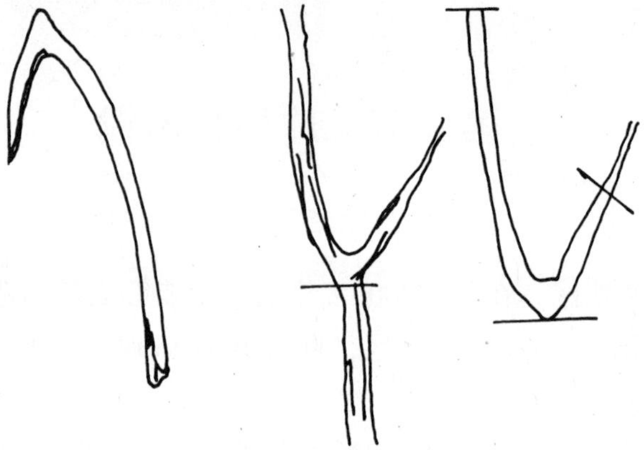

图141　独龙族的原始木锄及制作方法之一

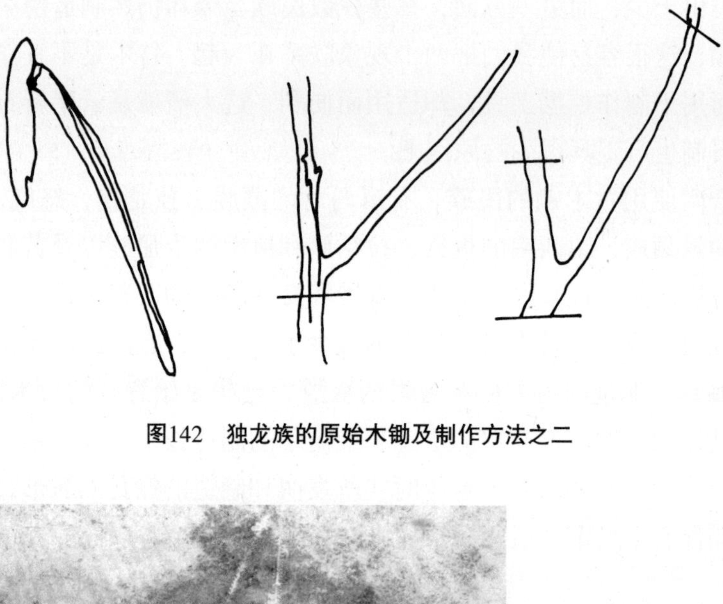

图142　独龙族的原始木锄及制作方法之二

图143
独龙族用火烘烤弯
曲树枝制成的木锄

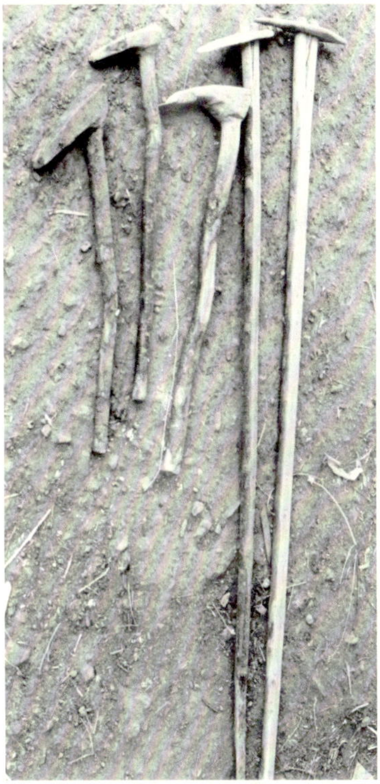

图144（上）
德钦县巨水村藏族的木锄和木啄，左边两把与独龙族原始木锄相同，用于掘土和敲打土块。中间之木锄与左边两把基本相同，只是鹤嘴之上套有小段铁刃。右边两把长柄木啄结构不同，是引水灌溉的啄土工具

图145　景颇族的原始竹锄（罗钰提供）

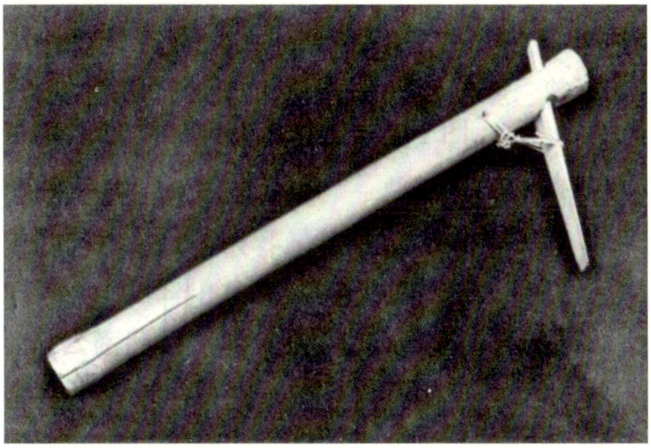

图146　景颇族使用原始竹锄锄地（罗钰摄）

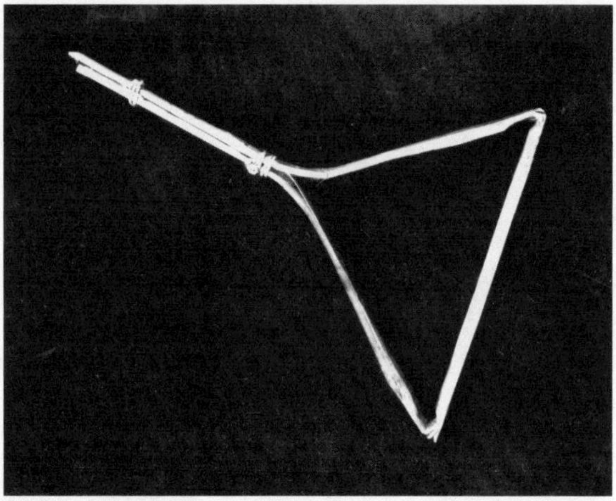

图147　景颇族的竹制除草器（罗钰摄）

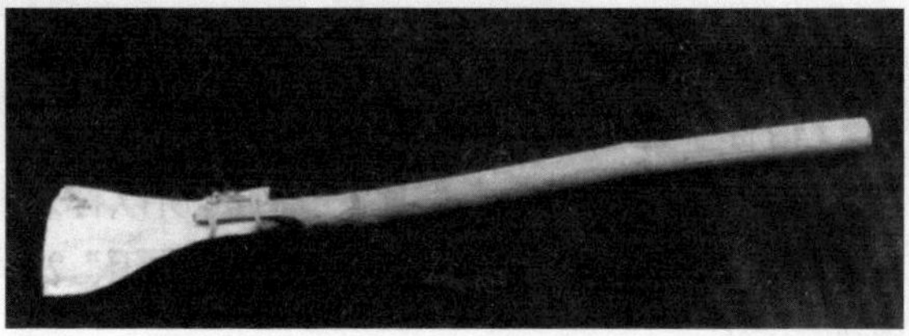

图148　景颇族的原始骨铲（罗钰摄）

图149

图150

图151

图149、150、151
为纳西族象形文字中的“锄”、“锄地”和“锄取”（方国瑜、和志武图，1981年）

第三节　滇西南的小铁锄

古代滇国曾有过光辉灿烂的青铜文化。自然条件好，社会经济发展水平较高，有铜锡资源矿藏，较早受到汉文化的影响，是滇文化勃兴的原因。然而，并非所有民族所有地区都经历过青铜文化时代。以锄具而言，在滇西南山地，便几乎没有发现过青铜锄。这些地区众多的民族，大部分是从木石时代直接进入到铁器时代的。

上述判断的依据，除了滇西南很少发现青铜生产工具之外，还在于该区广泛分布着一种类似原始木锄的小型铁锄。小型铁锄俗称手锄。何谓手锄？其一因其柄短，只宜单手使用；其二因其铁刃又短又窄，大都比手掌小，所以称之为手锄。有的小铁锄又叫作“歪刀”。为何将锄头叫作“歪刀”？那是因为这种小锄的锄叶向右不规则地突出，并有侧刃之故。歪刀铲土刮草皆宜，很得一些民族的喜爱。

小铁锄与本章第一节所示的原始木锄极为相似，有的小铁锄一看便知是原始木锄的进化形态，它们与原始木锄的唯一不同之处，就在于其鹤嘴上套装了一点铁刃。请别小看这一丁点铁刃，一旦有了它，木锄便割断了原始的脐带，而跻身于铁器时代生产工具之列了。尽管如此，有的小铁锄还是保留了原始木锄的基本形制和短小的特征。关于这一点，却不能视之为“原始的残余”，小铁锄之所以简单短小，那既有自然条件的原因，也是一些特殊的农艺作业的需要。例如迪庆高原的藏族，在那块寒冷的高原之上他们主要依赖栽培青稞等麦类为生，麦田的播种和中耕除草，是不宜使用宽大的锄头的，而只适合使用刃部窄长的小铁锄。横断山脉之中的怒江等峡谷，山高谷深，地势险峻，其旱地耕作被当地人形象地比喻为“陡坡壁耕”。耕作条件如此险恶，使用小铁锄甚至木锄，自是在情理之中。至于滇西南十几个从事刀耕火种的民族，按其传统的耕作方式，是完全不需要使用大型锄犁翻耕土壤的，然而除草却是少不了的农活，于是，适宜在坡地除草和播种的小铁锄，便成了刀耕火种农业的一种重要是生产工具。有趣的是，并非居处山地，而是生活于坝子河谷之中的傣族也喜欢使用小铁锄。傣族很少从刀耕火种和山地旱作农业，然而却有发达的园圃种植业，园圃中蔬菜等的栽培和管理，也给手锄留下了频繁使用的一席之地。总而言之，小铁锄是一种用途广泛，使用灵巧方便的锄具。有句俗话说，“杀鸡焉用牛刀”，明白了这个道理，便不至于再犯学术界老是把小铁锄当作原始锄类的错误，小铁锄也便可以不再蒙受“不白之冤”了。

图152（左）、153（右） 贡山县丙中洛乡怒族的尖刃锄，独龙族也使用这种锄头，称之为“恰卡”。如果将其铁刃去掉，那便与原始木锄无甚差别了（云南省民族博物馆藏品）

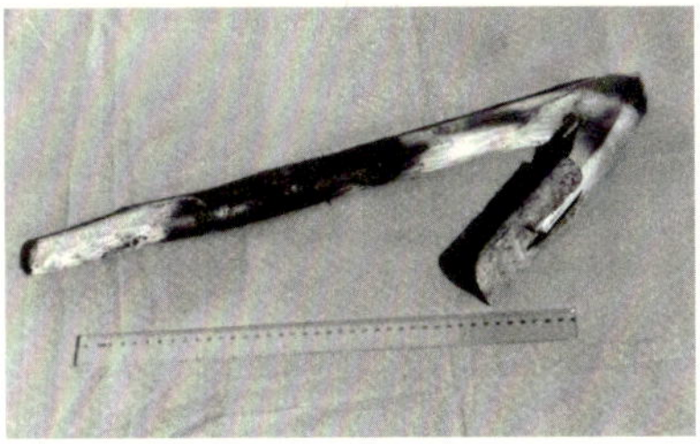

图154　怒江怒族的方刃小铁锄

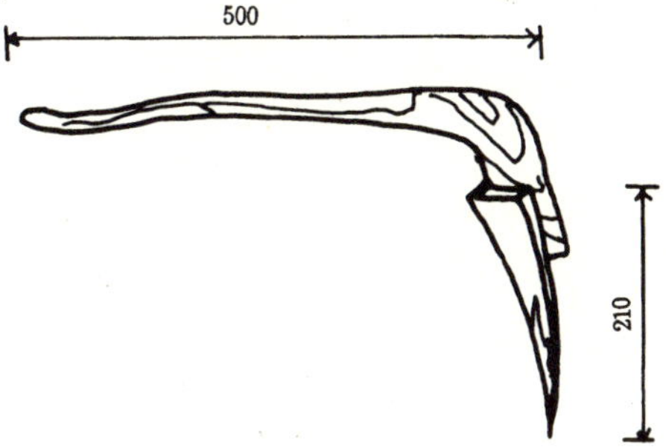

图156　怒江傈僳族的小铁尖刃锄

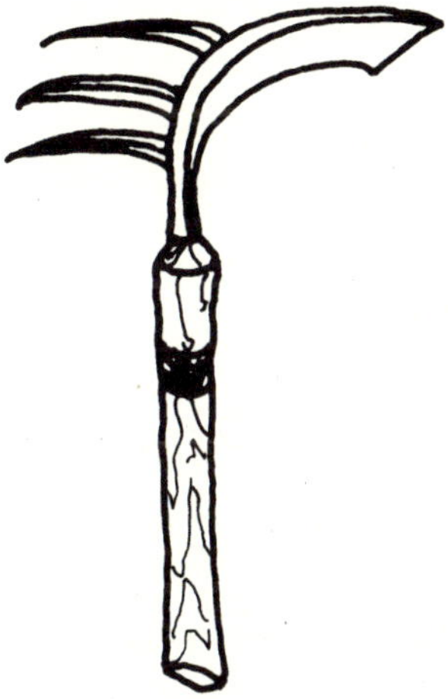

图155　怒江傈僳族的小铁齿锄

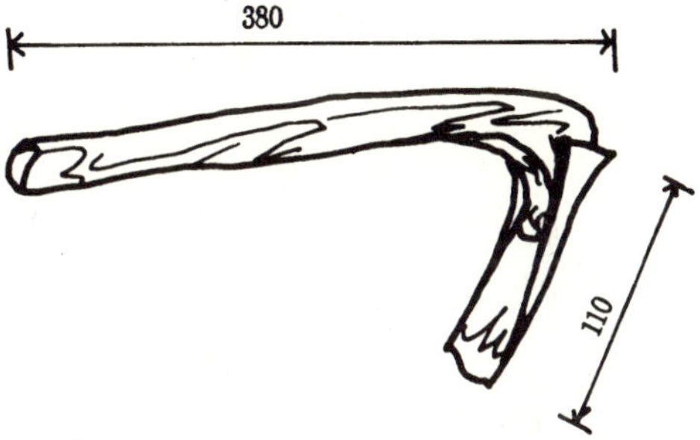

图157
勐海县帕沙寨哈尼族的小铁锄
（尹绍亭草图，王焱清绘）

图158
勐海县巴达乡布朗族的小铁锄（云南民族博物馆藏品）

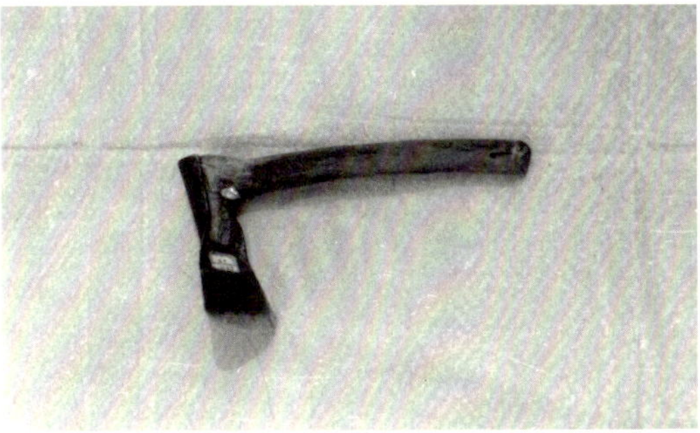

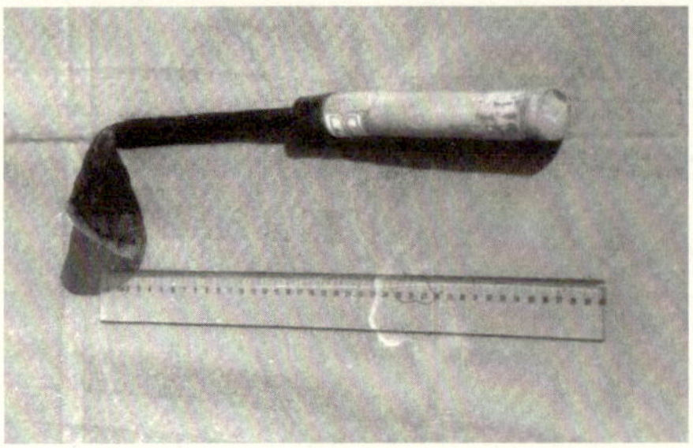

图159　勐海县布朗山布朗族的两种小铁锄（云南民族博物馆藏品）

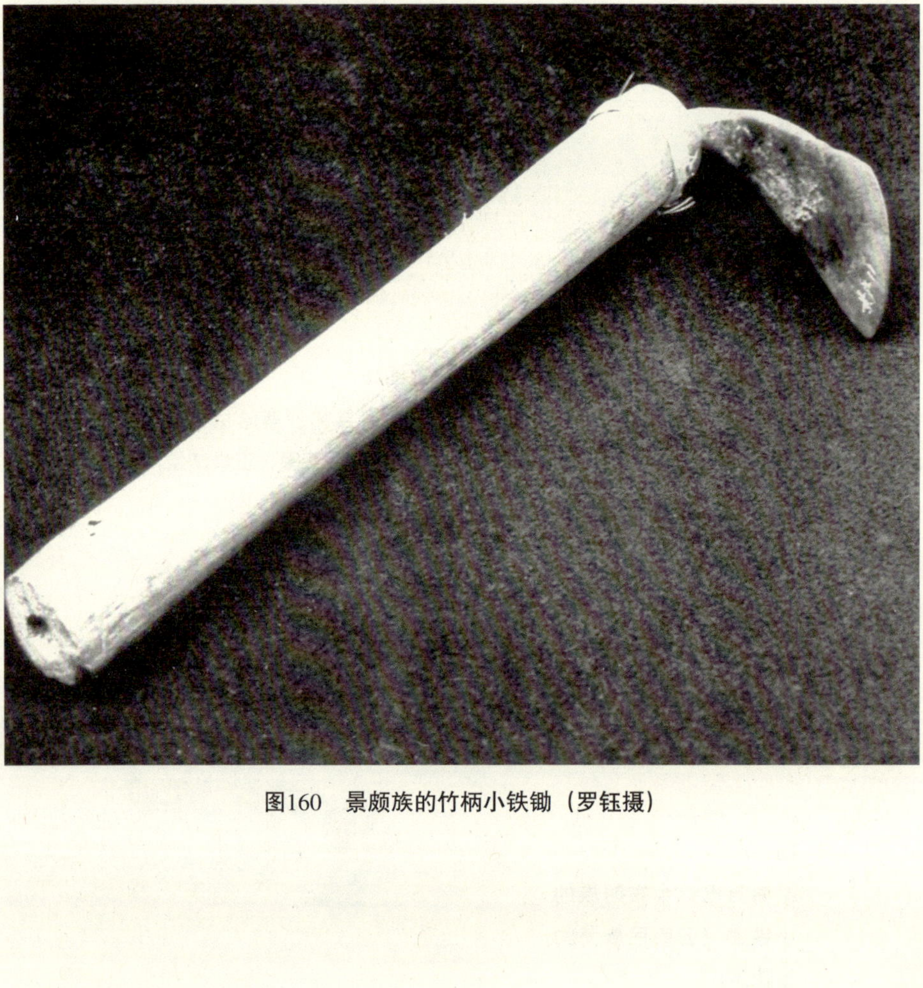

图160　景颇族的竹柄小铁锄（罗钰摄）

图161　景洪市曼贺冬寨哈尼族的弯颈小铁锄

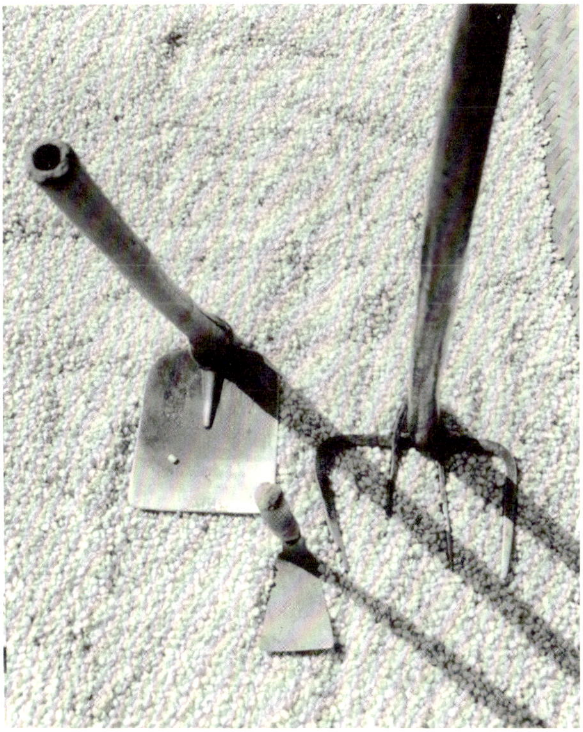

图162
景洪市曼贺冬寨哈尼族的筒銎三角形小铁锄和钉耙、宽板锄

图163　元江县小羊街哈尼族的方形小铁锄

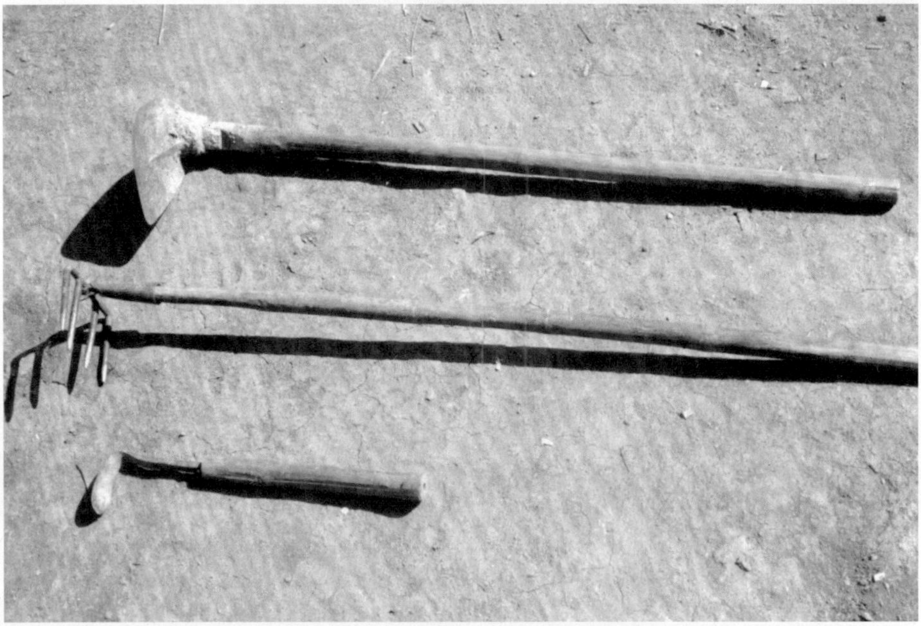

图164　景洪市曼播新寨克木人的小铁锄、钉耙和圆锄。小铁锄木柄长440毫米，锄颈长140毫米，锄叶长95毫米，宽42毫米

图165
保山市郊区农村汉族的条形小铁锄

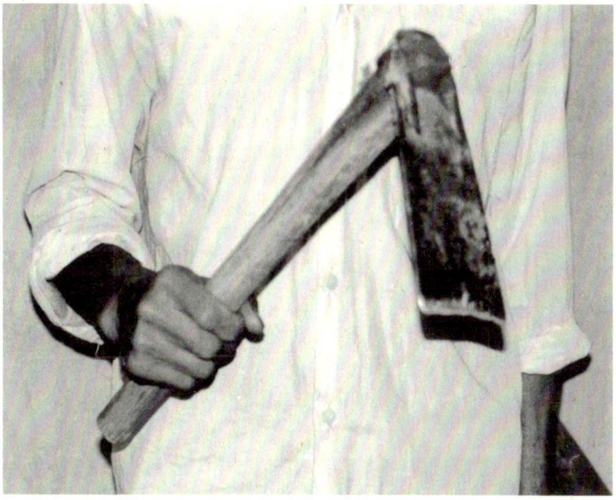

图166
元江县北泽村白族的小型铁锄

图167
滇西汉族的特小型铁锄

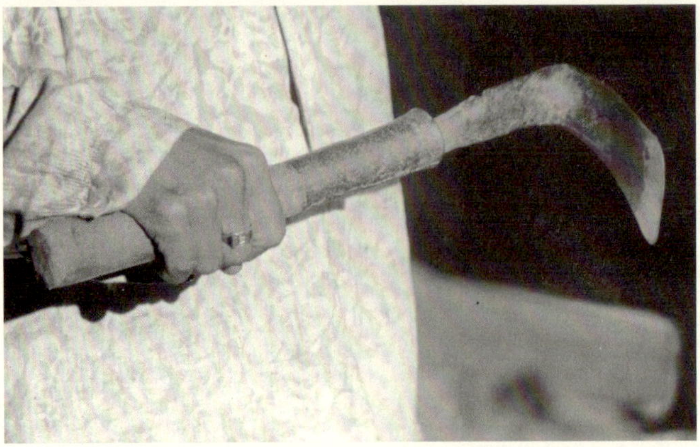

图168
澜沧县糯福乡拉祜族
的小铁锄

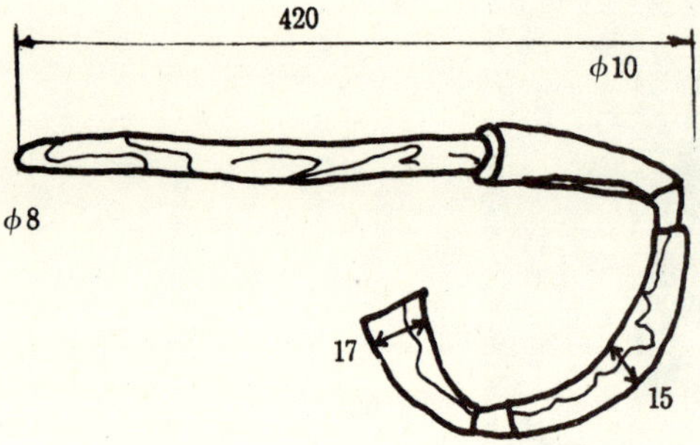

图169
澜沧县上允镇拉祜族
的除草器

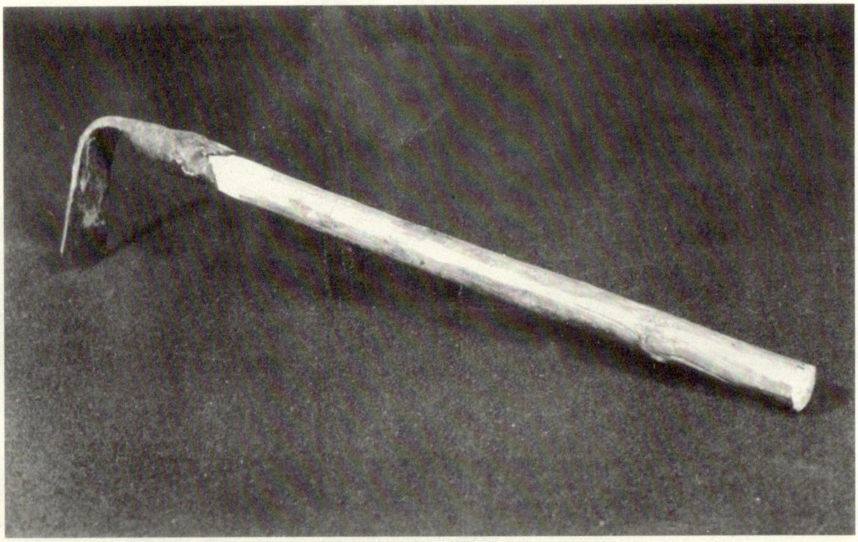

图170　陇川县阿昌族的小铁锄（罗钰摄）

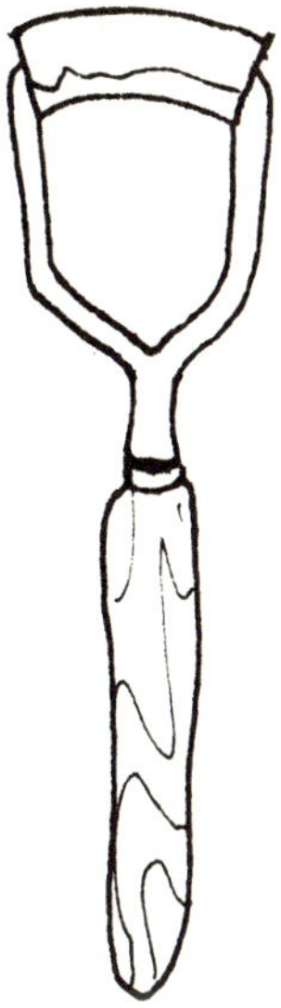

图171
陇川县户撒乡阿昌族的除草铁刮

图172　孟连县班帅新寨佤族的小铁锄。其锄叶向右突出，并有侧刃，故又名“小歪刀”。图中为一户人家所具有的不同大小的小铁锄

图173　孟连县班帅新寨佤族使用小铁锄中耕除草

图174
迪庆州大中甸藏族的套銎条形小铁锄

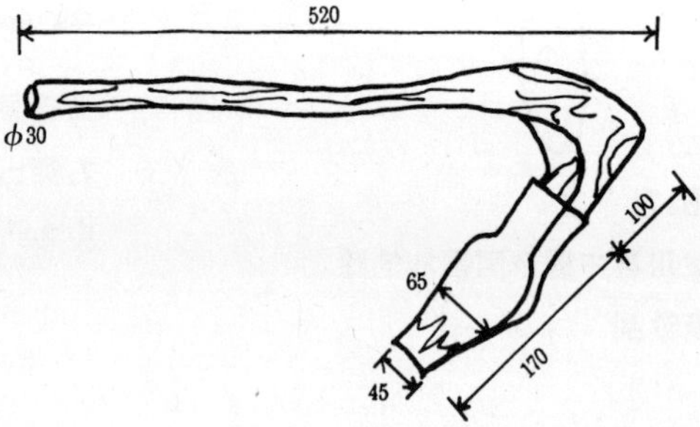

图175　大中甸藏族条形小铁锄测量图

图176
大中甸藏族的生产工具。左侧为套銎条形小铁锄，中间一把为穿銎扇形小铁锄

图177
大中甸一、二村藏族使用条形小铁锄给青稞中耕除草

图178　景洪市巴卡小寨基诺族的小铁锄。左边小锄长310毫米，锄刃长108毫米，宽38毫米

图179　基诺族的宽刃小铁锄

图180
基诺山巴亚中寨基诺族用小铁锄在刀耕火种地中除草的情景

图181（上）、182（下）
基诺族每户人家都有几把小铁锄，它是生产工具，又是儿童的玩具。孩子们常以其挖土玩耍，也帮助大人除草栽菜

图183
傣族儿童也和基诺族儿童一样，喜欢摆弄小铁锄。图为景洪市曼浓干寨旱傣荷锄儿童。其锄为套銎弯颈方形锄

图184
元江县曼样寨傣族小男孩挖地情景

图185

景洪市大勐龙乡曼迈寨佛寺中荷锄的傣族小和尚

图186

景洪市勐罕乡曼脑寨持锄的傣族小姑娘

图187（上）、188（中）、189（下）傣族儿童喜欢使用小铁锄，傣族妇女对小铁锄更是情有独钟。图为荷锄的傣族妇女形象

图190
傣族善于使用小铁锄，锄形也比较多，图为景洪市曼斗寨傣族的弯颈三角形小铁锄

图192　勐腊县小勐仑傣族的宽形侧刃小铁锄

图191　曼斗寨傣族妇女使用小铁锄栽种蔬菜

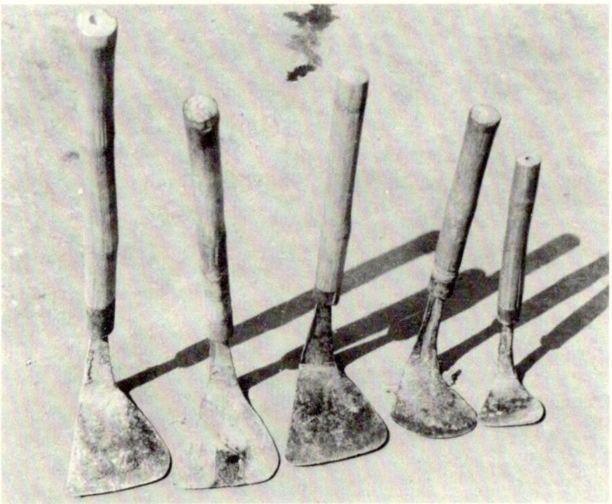

图193
景洪市大勐龙曼档寨傣族的三角偏刃形小铁锄。图中为一户人家所有的大小不同的锄头

第四节　云南锄具的地域特色

云南的锄头，大都具有明显的地域和民族特色。例如上节介绍的小铁锄便有其明确的分布范围，那就是北起迪庆高原，经怒江、德宏、临沧，南至思茅、西双版纳，东南达元江流域的滇西和滇南地带。这一小铁锄分布圈，和上一章刀斧的分布圈大致相同，它是云南最有魅力的文化区之一。

在滇西北的怒江流域，锄具比较丰富。那里不仅有前面介绍过的独龙族和怒族的木锄和小铁锄，而且还有比较独特的圆銎板锄、条锄和尖形锄。而名为“怒锄”的套銎尖形锄，则是该区最有特点的锄类。在维西县一带，傈僳族的锄具更显古朴，其十字镐、条锄、板锄皆别具一种风格。其中板锄形制尤为特殊，锄銎不是在锄肩之上，而是在锄叶的正中部位，滇国时代的大部分青铜锄就是这样的构造。过去考古学家考证滇国的青铜锄，常与大理锄作比较，以为大理锄类似青铜锄，其实大理锄的銎与青铜锄是完全不同的，与其用大理锄为证，还不如选择维西锄更好。

大理白族的半叶形锄，是洱海地区代表性的锄具。这种锄头锄刃尖，锄肩宽平成向上翘曲，锄銎夹铆于锄叶之上，形制自成一格。半叶形锄与滇国时代的部分青铜锄的形状有些类似，滇国青铜锄最初曾被当作铜犁，后经考证，有的学者认为是锄而非犁。如前所述，白族的半叶形锄，就曾被考古学者作为考证铜锄的重要证据。①

值得一提的是，大理地区不仅有独特的半叶形锄，而且还有各式各样的条锄、板锄和特大板锄等。大理农具如此发达，与该区农业历史悠久有关。众所周知，苍山之麓洱海之滨，乃是云南农业文明的发祥地之一。

滇中的呈贡、江川，滇南的石屏一带，分布着一种比较特殊的二齿锄。二齿锄有厚齿和细齿之分，属掘土工具，与多齿钉耙有所不同。二齿

① 李昆声：《云南牛耕起源试探》，《云南文物》1977年6月，第55—60页。

锄多为汉族和彝族所使用。该区除二齿锄之外，尚有板锄、条锄和长筒銎圆肩锄等。在该区南部的建水、元阳等地，哈尼族的凹口锄亦别具一种格式。

滇东南的文山壮族苗族自治州，聚居着壮、汉、苗、彝、回、瑶等民族。他们共同拥有的锄头，是长筒銎半月形锄。文山地区为喀斯特地貌，是一个石头的世界。长筒銎半月锄适宜在多石的土地上作挖、刨、掏之用，故成为该区分布最广的锄具。文山壮族挖掘工具的另一个特点，是使用铁耜，这在云南可谓绝无仅有，显然是内地传来之物。

最后要介绍的是半圆锄。这种锄头是20世纪50年代以来由工厂成批生产出售的现代锄。由于其价格便宜，且各地市集均有出售，故而分布最广，无论走到哪里，都能看到这种打着山羊标记的锄具。

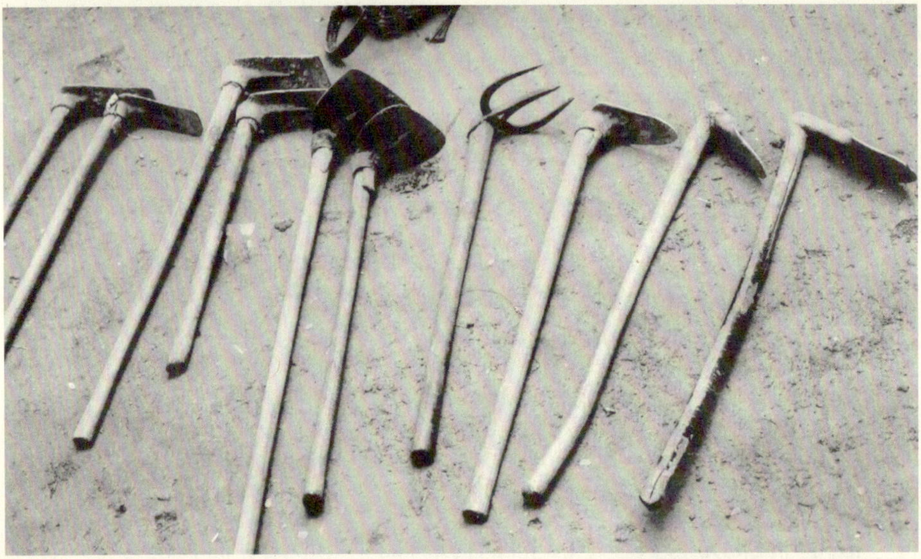

图194　怒江州贡山县傈僳族的各式锄具。右边第一把为筒銎尖刃锄，有斜肩，肩宽约100毫米；右边第二、三把为套銎尖刃锄；左边3把为筒銎长条锄。条锄在云南各地均有分布，但怒江条锄形制独特，其特征有三：其一是锄銎为短筒銎，其二是锄叶较薄，其三是锄叶较一般条锄宽，有的已接近方形锄

图195
泸水县罗宜益村傈僳族
挖地种粮（罗钰摄）

图196
福贡县木古甲村怒族
用小圆锄补种玉米

图197
维西县傈僳族的镐、锄、刀、斧，形制古朴粗犷（李晓斌摄）

图198
维西县傈僳族的板锄、条锄和尖刃锄（李晓斌摄）

图199
维西县傈僳族的板锄，銎部位于锄叶中部。滇国时代的青铜锄大都是这样的构造（李晓斌摄）

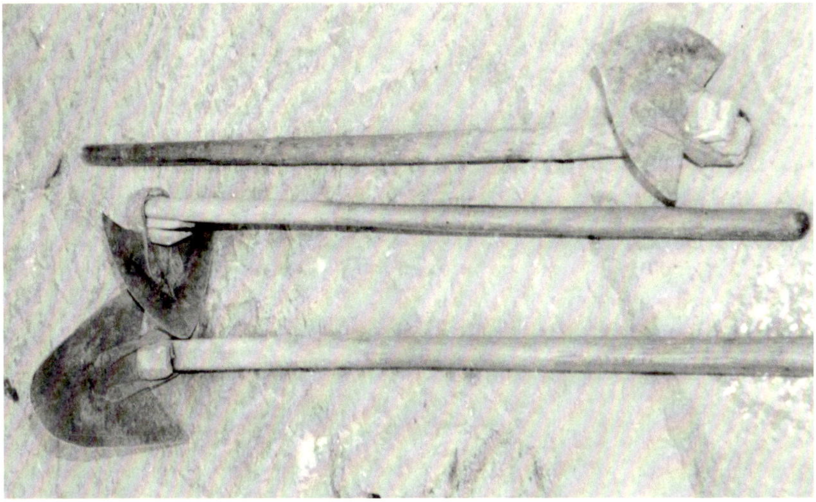

图200　大理郊区白族的翘肩半叶形锄，此式锄为大理白族的传统典型锄具

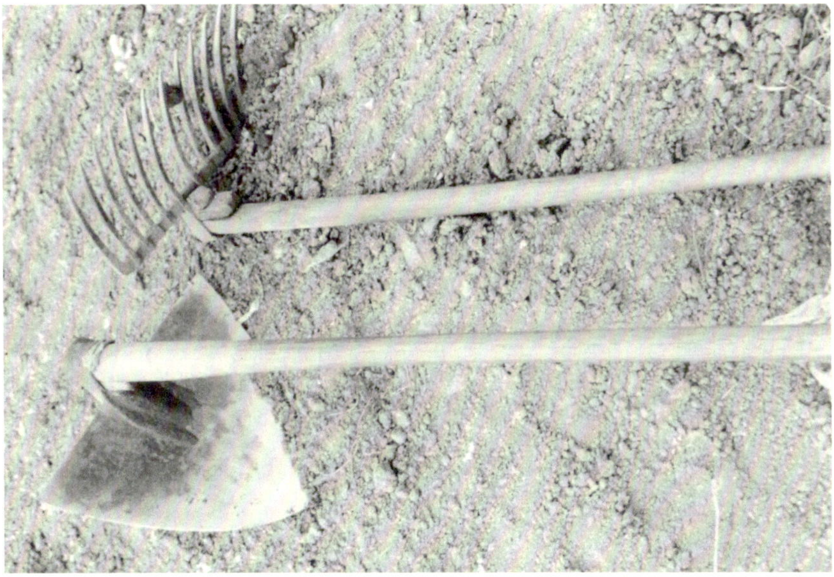

图201　大理郊区白族的平肩半叶形锄。半叶形锄不仅形制特殊，而且曾被考古学者作为考证滇国青铜锄的重要资料，因而在云南锄具之中较有名气

图202 肩荷平肩半叶形锄的白族妇女（李昆声摄）

图203 大理白族的锄头，除半叶形锄之外，尚有方锄、条锄、特大方锄以及圆锄等。图中为大理喜洲金龟寺村白族妇女使用方锄挖掘稻田

图204
喜洲金龟寺村白族使用
特大方锄起垄

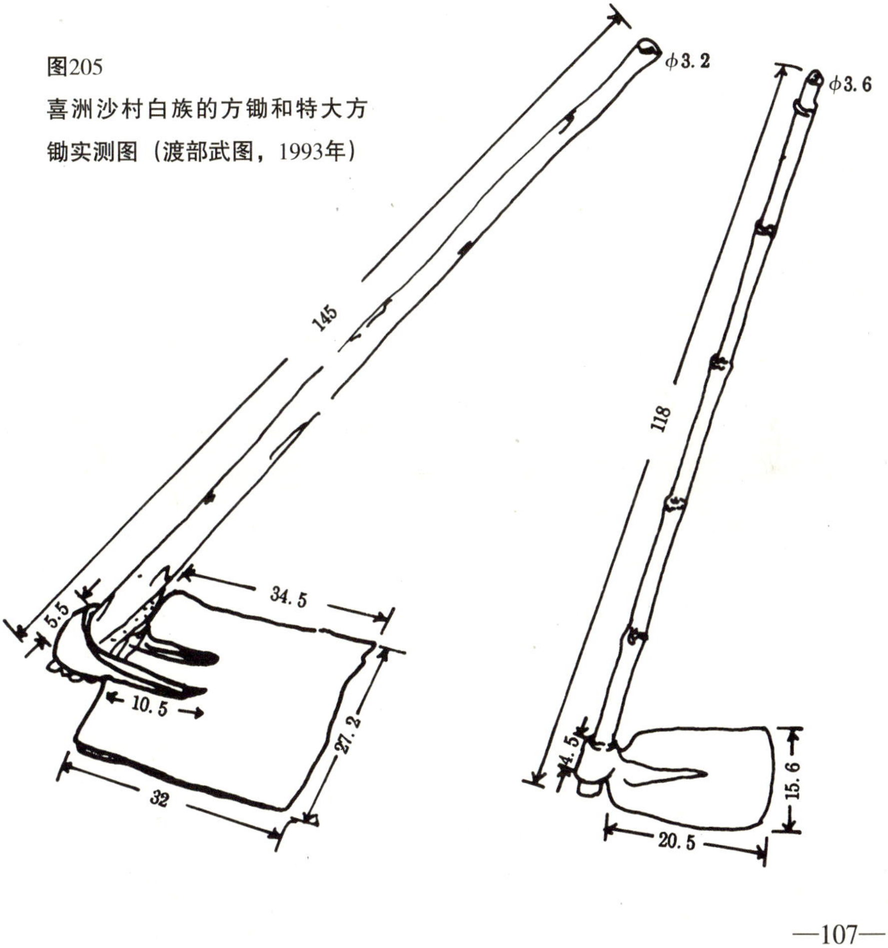

图205
喜洲沙村白族的方锄和特大方
锄实测图（渡部武图，1993年）

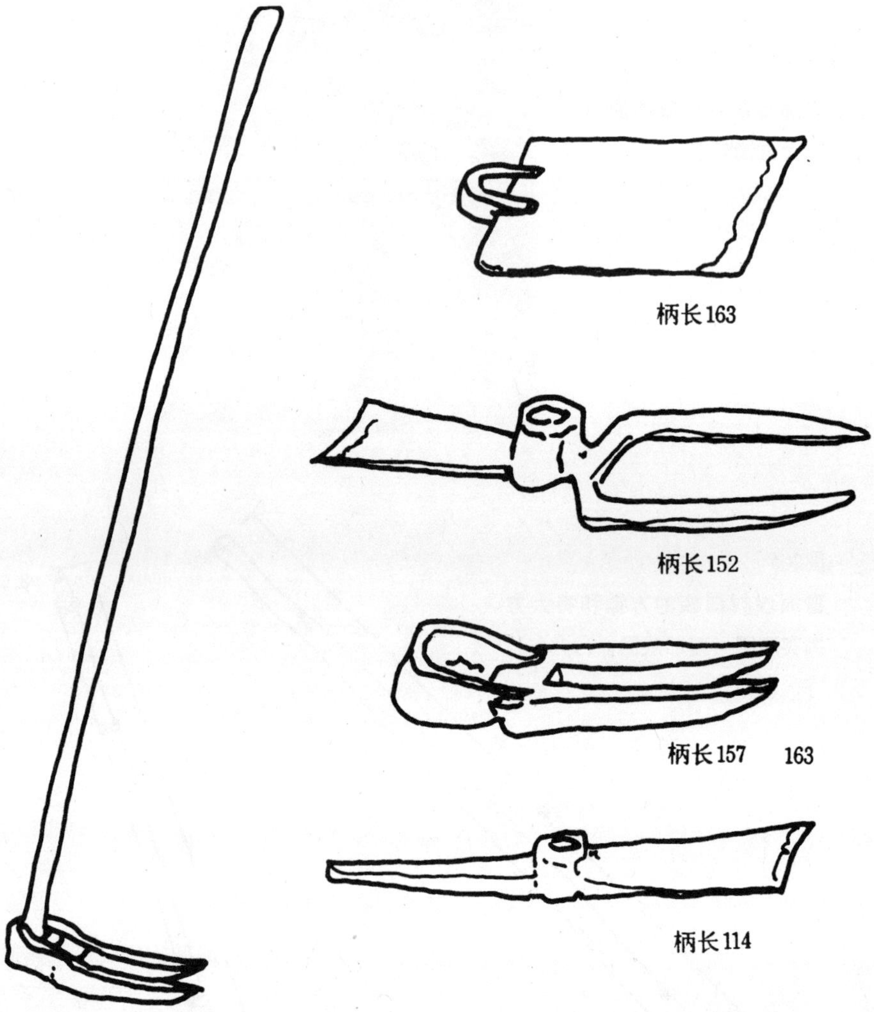

图206　江川县翠锋乡明星村的锄头和铁镐（渡部武图，1993年）。图中所示二齿锄，为滇中汉族的传统典型锄头，有厚齿和细齿两种，分布于昆明南部至石屏一带

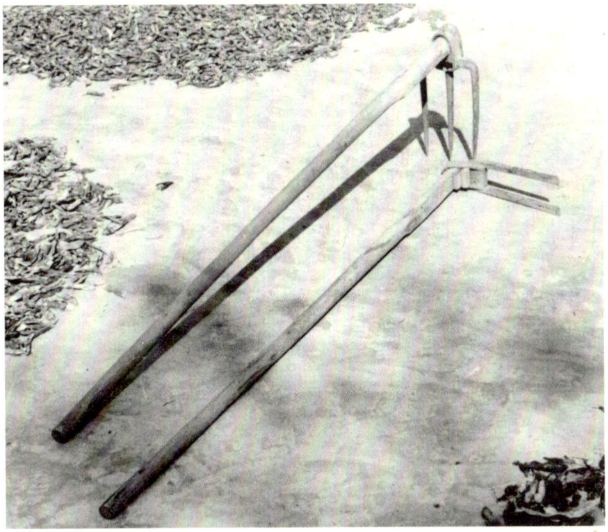

图207　呈贡县新草房村汉族的二齿锄和三齿耙

图208　新草房村农民用二齿锄和铁耙掘土

图209 石屏县邑黑吉村彝族的锄具。其中的细二齿锄颇有特点。而左侧之长筒銎半圆锄，则属于滇东南的锄具类型（李晓斌摄）

图210
元阳县全福庄哈尼族的凹刃尖角锄，是红河地区哈尼族的典型锄式

图211
建水县普古鲊村哈尼族的长条形锄

图212　元江县小羊街哈尼族的各式方锄和铁耙

图213　元阳县胜村乡全福庄哈尼族的长柄小铁铲

图214　哈尼族的长柄小铁铲，适宜进行梯田田埂铲草

图215　丘北县普者黑彝族的长筒銎半月形锄，此为滇东南壮、彝、汉、苗等民族通用的典型锄式

图216　广南县南屏镇峰岩洞村汉族的长筒銎半月形锄

图217　峰岩洞村妇女挖地情景。长筒銎半圆形锄适宜挖掘石头多的旱地

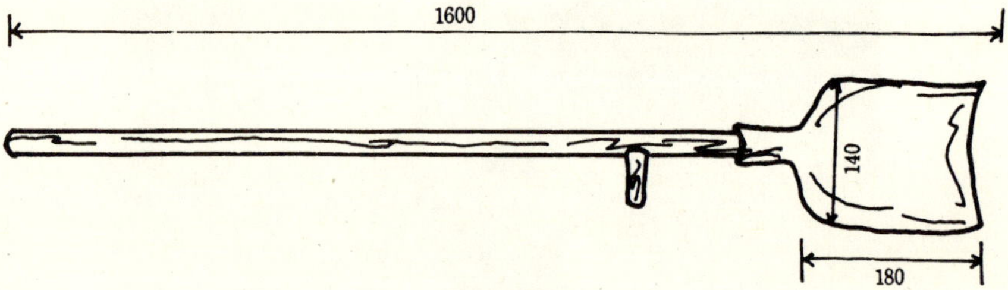

图218　文山广南县小广南村壮族的铁耜。中国内地多见铁耜，而云南仅见于文山

图219 龙陵县松山汉族的生产工具。其鱼尾形条锄、窄长条锄和方形锄亦自成一格

图220 松山汉族的十字镐。上镐一头为啄，一头为窄锄；下镐一头为窄锄，一头为斧

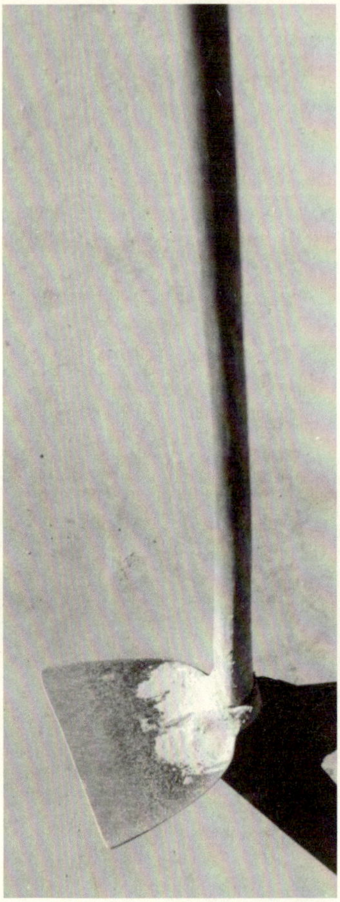

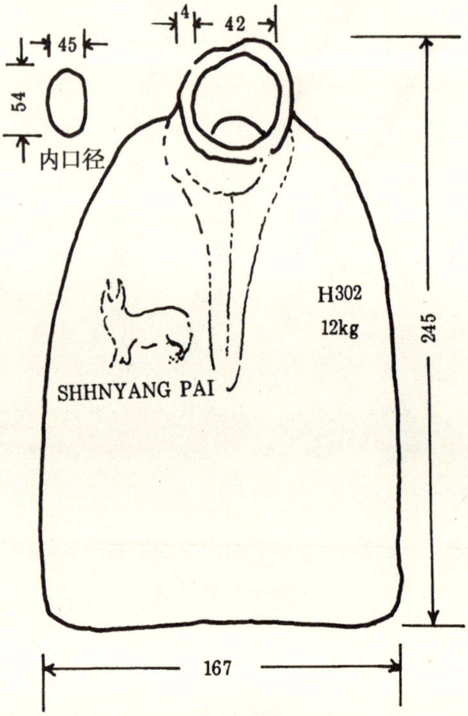

图221 目前在云南使用最多的锄头，是工厂大量制造出售的山羊牌半圆锄。由于其价格便宜，质量较好，因而颇受各族人民欢迎。以下图片中使用的锄头，都是此类半圆锄（渡部武图，1993年）

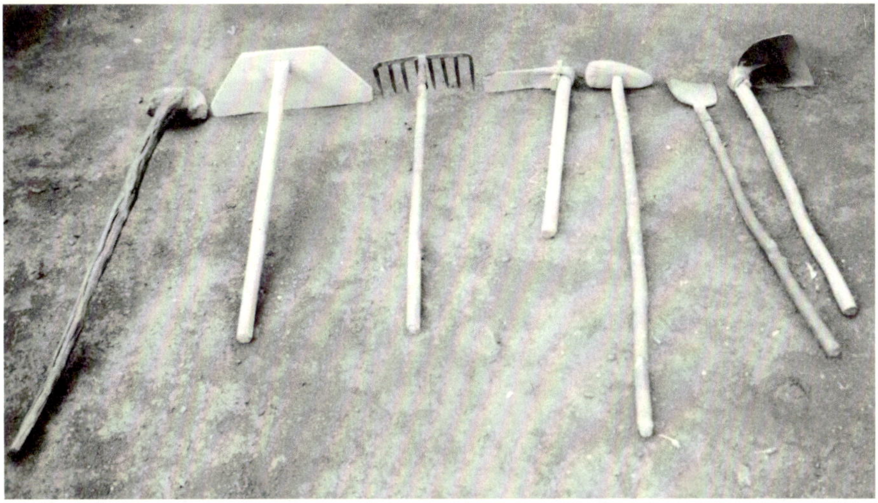

图222　宁蒗县永宁泸沽湖畔摩梭人的生产工具，其中亦有半圆锄（李晓斌摄）

图223 中甸县三坝乡变龙村荷锄彝族妇女

图224　中甸县三坝乡九龙村彝族，每至夏季便到高山牧场放牧，并圈围土地栽种蔓菁

图225　基诺山巴坡寨基诺族妇女开荒种茶

图226　江城县山区瑶族妇女栽种甘蔗

图227　元阳县城郊哈尼族妇女在茶园中培土除草

图228
盈江县城郊傣族妇女挖田

图229　景洪市小勐养曼浓干寨傣族妇女挖地

图230　景洪市曼斗寨田园风景

图231
曼斗寨锄地的
傣族妇女

第三章　云南犁的类型和源流

犁是农具中的重器，以牛牵引的犁耕，代表了传统农业耕作技术发展的最高水平。国内外有关犁的研究成果甚多，如果说犁是农具研究之中的显学，那是不为过的。我国早在春秋战国时期，便有了铁犁耕作的记载。① 汉代是我国犁耕技术得到很大改良和推广的重要时期，史书对此多有记述。②唐代陆龟蒙作的《耒耜经》，是我国现存最早的农具著作。该书详细解释了江东犁各个部件的名称和尺寸、结构和功能，是我国最早的关于犁的重要文献。此后宋代楼琇所作《耕织图》、元代王祯所著《农书》等，不仅有犁的论述，而且还有犁的图形。我国学者关于犁的研究，可谓源远流长。

国外学者关于犁的研究的成果，著名者有Emil Werth的著作*GRAB-STOCK, HACKE UND PFLVG*；在日本则有家永泰光、应地利明等学者的著作。应地利明的研究，注重于亚洲犁的形态分类，其分类方法大致如下：首先，应地根据犁有无犁壁（亦称拨土板），将犁分为两个基本的类型，其一是有壁犁（多为框架结构），其二是无壁犁；其次，根据犁底、犁柄、犁身、犁辕、犁柱各部件的组合结构特征，应地利明进一步将犁分为五个系列：A.穿辕犁（一般犁是犁辕端头穿入犁身，而这种犁则是犁身从犁辕孔内穿出。穿辕犁被认为是犁具之中最古老的形态）；B.印度犁（其特征是没有犁柱，犁辕很长，且犁身较为宽厚）；C. 曲辕犁（此类形无犁身，犁辕呈弯曲状，犁辕、犁底和犁柄由不同的部材制成，犁底长、犁柄细）；D.框架犁（由犁底、犁身、犁辕和犁柱组成四角框架结构）；E. 双柄犁（有双犁柄，犁柄上端有一横木相连，作为扶手）。五个系列的犁形如图所示。③

① 《孟子·许行章》载：“许子以铁耕乎？”《国语·晋语·昭公》载：“夫范中行氏不恤庶难，欲擅晋国，令其子孙将耕于齐，宗庙之牺，为畎亩之勤。”

② 《汉书·食货志》载：“武帝末年（前140—前87）……用耦犁，二牛三人，一岁之收常过缦田晦一斛以上，善者倍之。”《后汉书·循吏列传·王景》载：“明年（王景）迁庐江太守，先是百姓不知牛耕……景乃驱率吏民，修起荒废，教用犁耕。”《后汉书·循吏列传·任延》载：“九真俗以射猎为业，不知牛耕……延乃令铸作田器，教以垦辟，岁岁开广，百姓充给。”

③ 应地利明：《アジア犁の比較形態學》，《稲のアジア史》1，小学館昭和六十二年版，第174—212页。

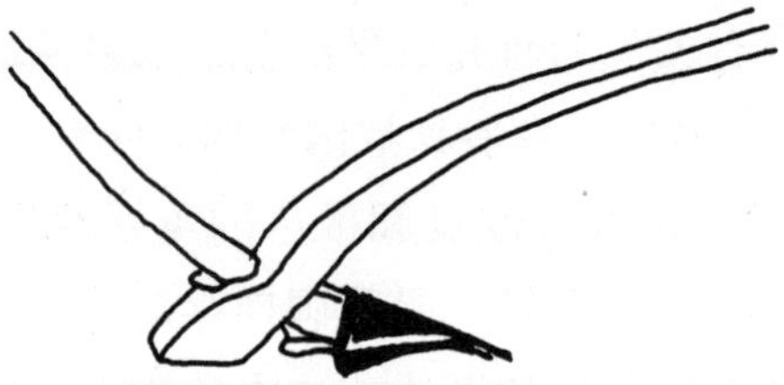

图232　A系列——穿辕犁

B1

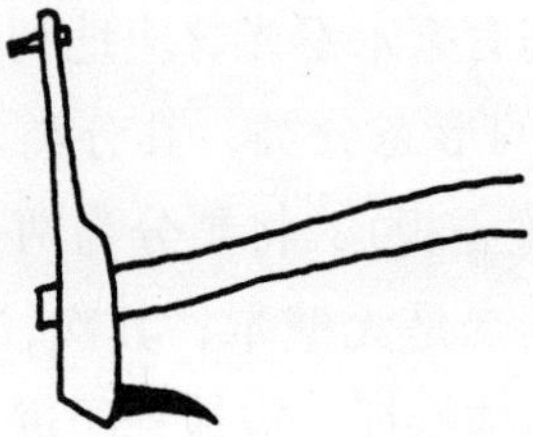

B2-1

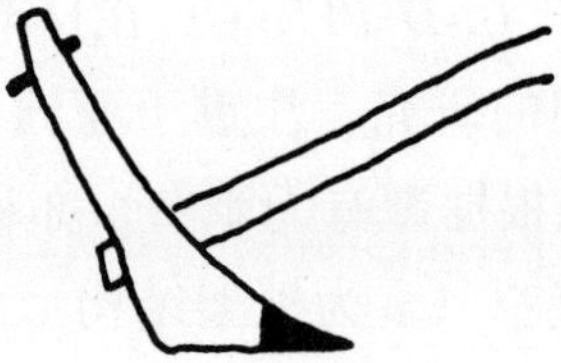

B2-2

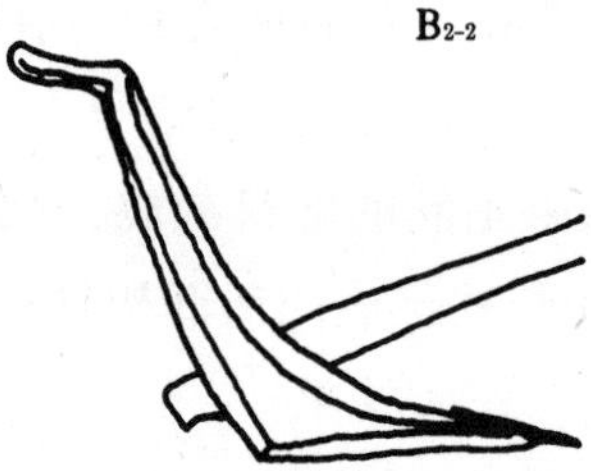

B3

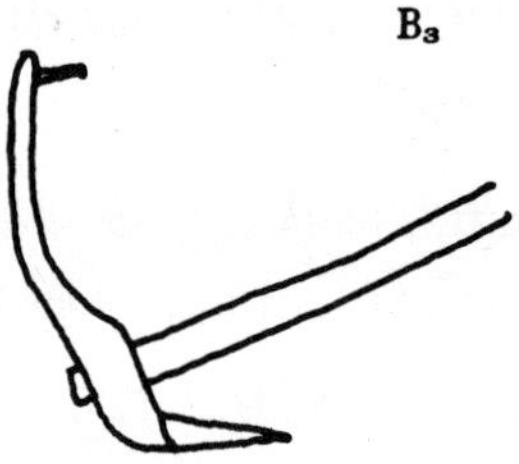

B4-1

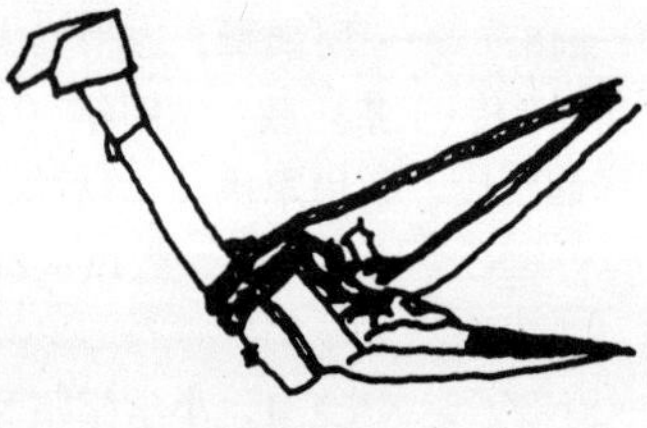

B4-2

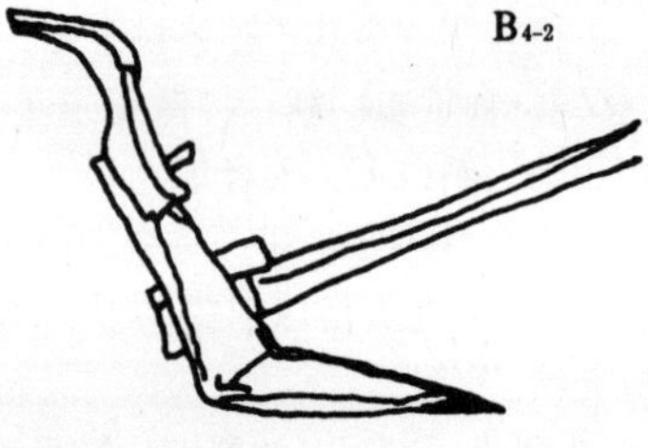

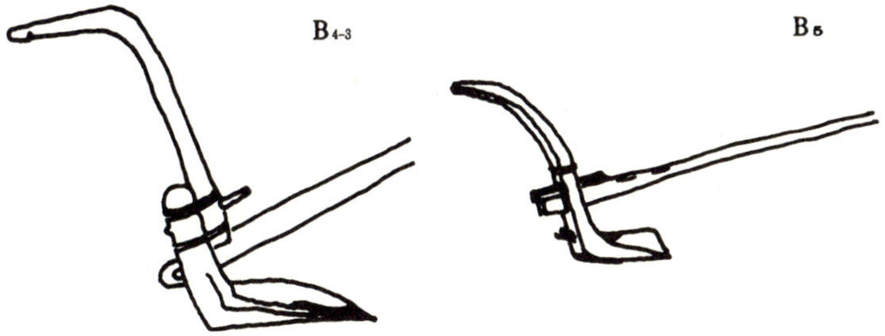

图233　B系列——印度犁

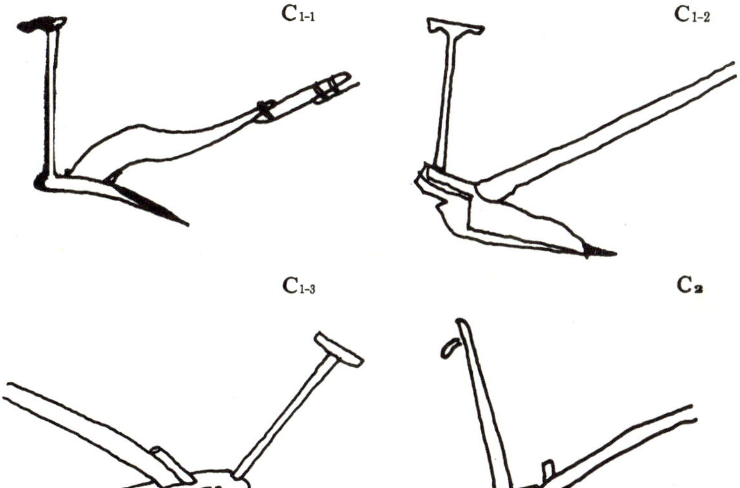

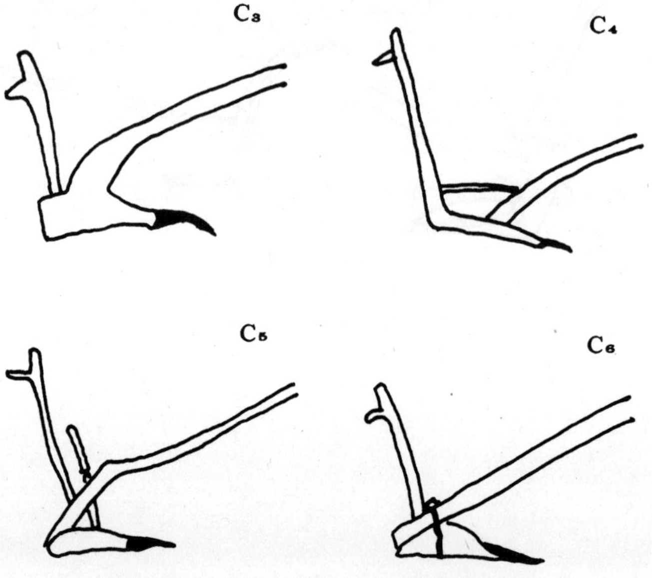

图234　C系列——曲辕犁

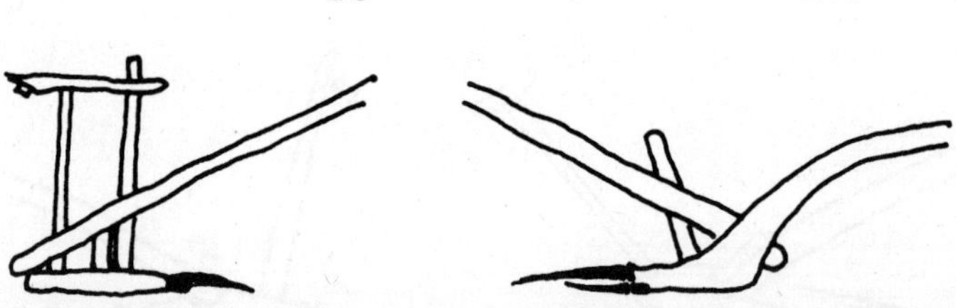

D_{2-2}

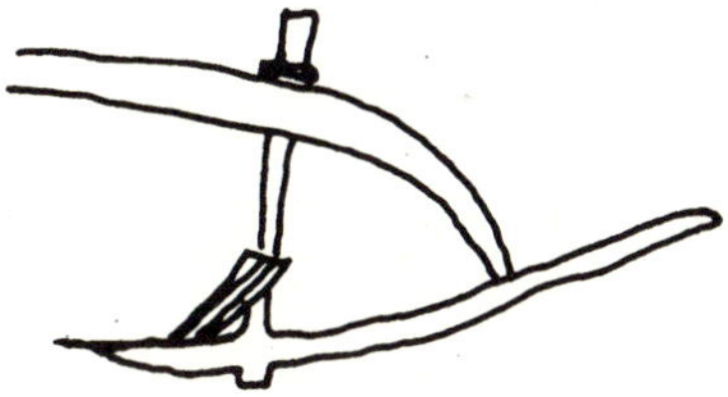

D_{2-3}

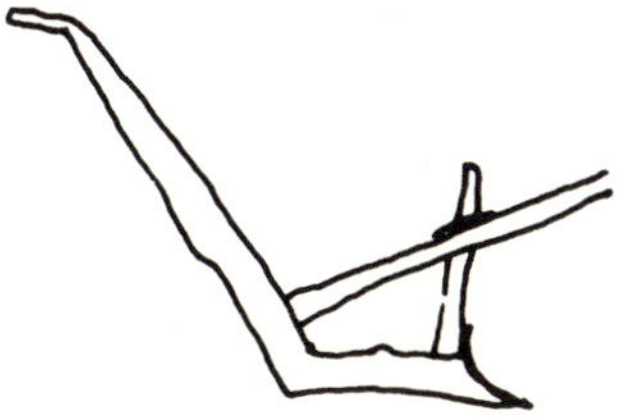

D_{3-1}

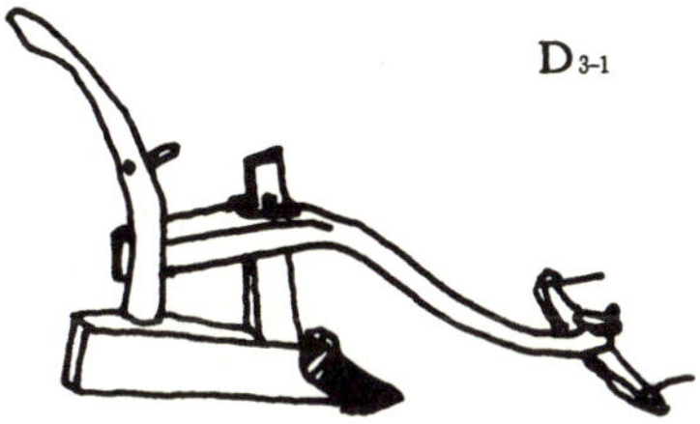

D_{3-2}

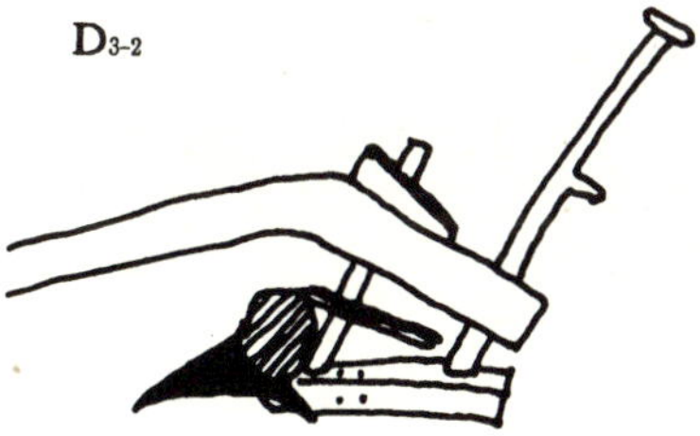

D_{3-3}

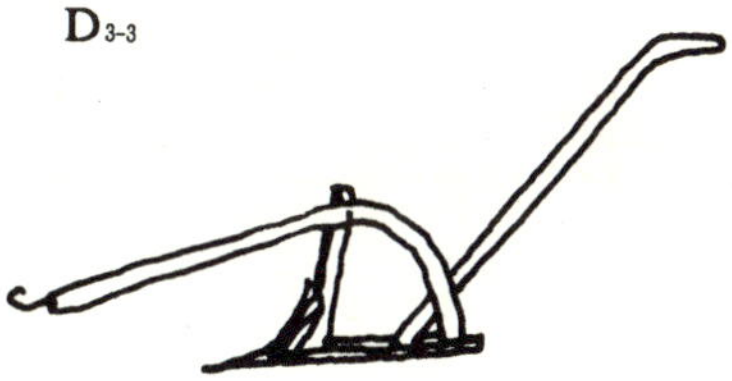

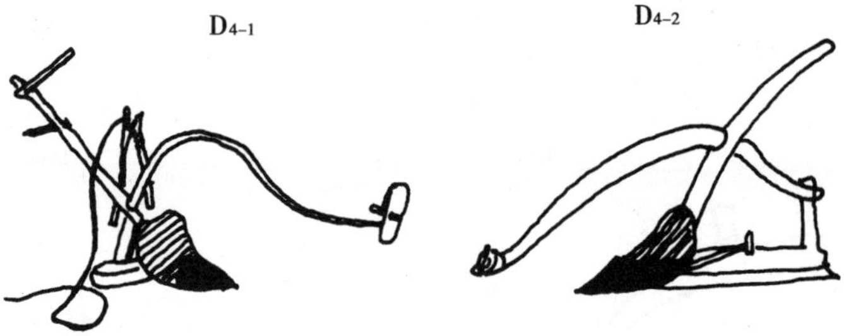

图235　D系列——框架犁

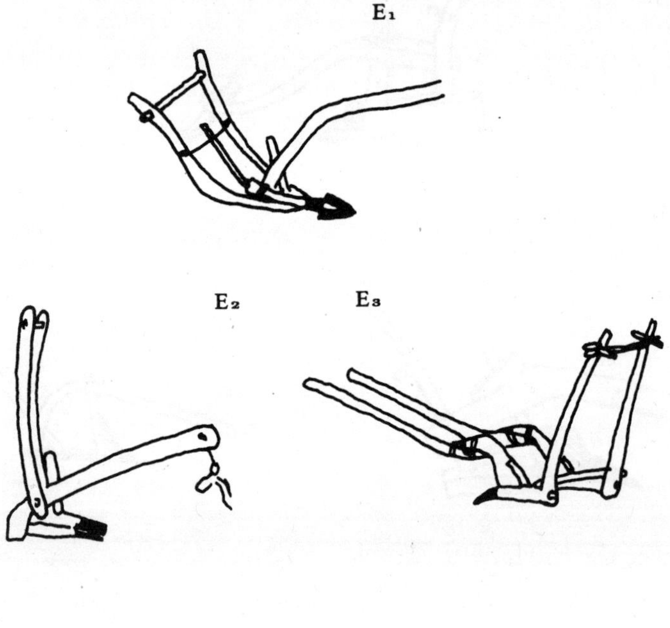

图236　E系列——双柄犁

另一位日本学者家永泰光著有《犁和农耕文化》一书，该书介绍了西亚诸国、印度、中国、东南亚以及日本的主要犁型及农耕形态。作者对犁的分类，沿用的是E.Werth的分类方法，即把东亚的犁分作三种类型：第一是框架犁，第二是印度犁，第三是马来犁（印度犁的演变形态）。[①]

家永泰光不仅介绍了E.Werth的犁型分类法，而且在论及犁耕的起源时，也引用了他的观点。E.Werth认为，犁耕的起源地或者说犁耕的第一次起源中心是在印度的西北部，犁在该地区起源产生之后，即向东、西、南各方传播，此后又形成了三个第二次起源中心：第一是中国犁耕中心，第二是地中海犁耕中心，第三是东北非洲犁耕中心。[②]这就是说，如果根据E.Werth的假说，那么中国最早的犁便是从印度传来的了。

E.Werth的犁耕起源论，似乎比较难以被中国学者所接受。因为在中国，犁耕的历史不仅可以追溯到铁器时代之前，甚至能够追溯到新石器时代。根据考古学资料可知，浙江吴兴邱城的新石器时代遗址曾发现过距今5000年的三角形石犁。近40年来，这种形体扁薄，平面呈等腰三角形，刃部在两腰的石犁在江浙一带相继发现，迄今为止，总数已不下百例。[③]除此之外，河南等地亦曾发现过新石器时代的石犁。[④]石犁大量出土，使人们有理由相信中国犁耕的起源中心很可能就在华北和江南，而没有必要按E.Werth的假说到数千里之外的印度去找其源头。而且，由于中国文献记载历史极为悠久，因而进入金属时代之后，犁和犁耕的演化发展脉络也是比较清楚的。中国青铜的冶炼始于夏代，然而夏商周时期却很少使用青铜铸造犁铧，原因显而易见，其时鼎盛的礼乐之器的制造，必定占用了绝大部分青铜资源。春秋战国时期，中国的犁和犁耕技术取得了划时代的进展，这一时期不仅出现了铁造的犁铧，而且还驯化了牛用于耕作，[⑤]从而

① 家永泰光：《犁と農耕の文化》，古今书院1980年版，第30—31页。

② 家永泰光：《犁と農耕の文化》，古今书院1980年版，第16—18页。

③ 牟永杭等：《江浙的石犁和破土器——试论我国犁耕的起源》，《农业考古》1981年第2期，第75页。

④ 余扶危等：《试论我国犁耕农业的起源》，《农业考古》1981年第1期，第33页。

⑤ 中国农业博物馆农史研究室：《中国古代农业科技史图说》，农业出版社1989年版，第106—111页。

结束了人挽石犁的原始犁耕的历史。西汉时，犁具又有革新，为了更好地翻土和碎土，犁壁被发明了。[①]除此之外，由于朝廷的提倡，汉代中原的犁耕技术在周边各地得到了很大的推广。值得一提的是，由于汉朝廷重视犁耕，且犁耕技术又有较大的发展和普及，因而两汉墓窟等的画像砖，多刻有表现犁耕的画面，它们给后人留下了弥足珍贵的了解研究汉代犁耕的资料。汉朝之后，另一种新型犁具的产生是在隋唐。如前所述，唐代陆龟蒙曾写下我国第一部关于犁的专论《耒耜经》，其文记载的便是当时在长江下游得到应用和推广的江东犁。江东犁由11个部件组成，具有以下几个较为突出的优点：第一，犁辕短曲，操作灵巧省力；第二，具有使犁箭升降，借以调节深浅的犁评；第三，犁梢与犁底分开，可以根据犁梢摆动的幅度，调节耕垡的宽窄；第四，犁辕前面有能转动的犁槃，便于耕畜牵引时犁身自由摆动或改变方向；第五，犁壁竖于犁铧之上，两者不成连续曲面，既便于碎土，又便于形成窜垡。由于江东犁具有以上诸多优点，因而不少农史学者认为，中国传统步犁发展到江东犁，在结构上便基本定型了。[②]

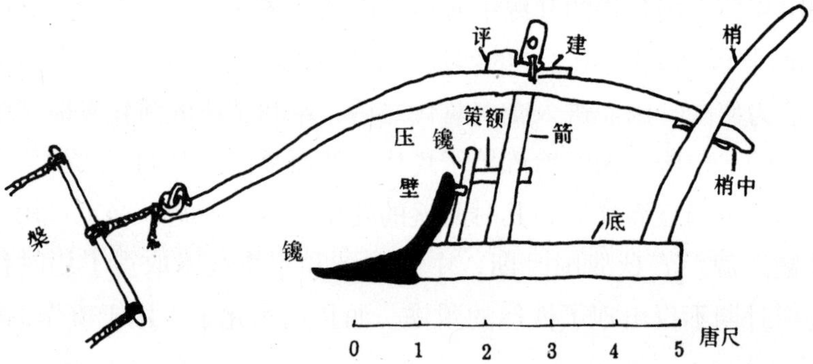

图237　唐代曲辕犁复原图（渡部武图，1989年）

① 《陕西省发现的汉代铁铧和鐴土》，《文物》1966年第1期，第23页。

② 中国农业博物馆农史研究室：《中国古代农业科技史图说》，农业出版社1989年版，第274页。

我国黄河和长江中下游流域，是亚洲犁耕的发源中心之一，那么地处长江上游的云南，其犁耕的历史又是怎样的状况呢?

在云南，至今还没有发现过新石器时代的石犁。据说大理洱源西山一带，古代曾使用石犁，拉犁的不是牛也不是人，而是羊，叫作“山羊拉石犁”。檀萃《滇海虞衡志》曾载：“羊于滇丰盛，俗以养羊为耕作。”由此看来，洱源西山的传说还是可信的。然而既然是羊耕，那么即非新石器时代的“人拉石犁”可以同日而语了。而且檀萃记载的又是明清的史事，所以羊拉石犁的年代是不会太早的。

自春秋到东汉，是云南青铜文化的兴盛时代。20世纪50年代以后，考古学者曾在滇中的晋宁石寨山、江川李家山，滇西的楚雄万家坝、祥云大波那等地陆续发掘出土了近300件最初被定名为铜犁的青铜器。后经考证，多数学者认为这些器物应是铜锄而非铜犁。[①]这一考证结果，又把云南犁耕的历史拉后了好几百年，直到《华阳国志》和《三国志》记载了“耕牛”，[②]人们这才确认东汉后云南已经存在牛耕。

然而，虽然云南“耕牛”晚至东汉之后才见诸文献，但“耕田”二字却早在《史记》之中便有记载了。《史记·西南夷列传》描述滇国“耕田，有邑聚”，“肥饶数千里”；《后汉书·西南夷列传》说滇国“有盐池田渔之饶，金银畜产之富”。显然，支撑滇国如此富庶繁荣的“耕田”技术，是应当具备一定水平的。如果说只有《华阳国志》和《三国志》记载的“耕牛”才是牛耕，而《史记》记载的“耕田”却非牛耕或犁耕，而只是原始刀耕，或使用青铜锄的锄耕，那是难以令人信服的。因此，对于滇国的“耕田”，还有必要进一步考证和探究。从另一个角度看，所谓犁耕，并非一定就是牛耕，还有人拉犁耕，现在贵州还有以人代牛的犁法。而牛耕也并非只有牛犁之耕，还有牛蹄之耕，即踏耕。滇国的“耕田”，有无犁耕尚待考证，而从滇国青铜器上牛的形象特别多这一点来看，“踏耕”

① 李昆声：《云南牛耕的起源》，《考古》1980年第3期，第267—268页。

②《华阳国志·南中志》载：“（诸葛）亮收其俊杰建宁爨习，朱提孟琰及获为官属。习官至领军，琰辅汉将军，获御史中丞。出其金银丹漆耕牛战马给军国之用。”《三国志·蜀志·李恢传》载：“（南中）赋出叟、濮耕牛、战马、金银、犀革，充继军资，于时费用不乏。”

存在的可能性也是有的。

所谓踏耕，亦称蹄耕，即驱赶牛群入田往复踩泥，从而使土壤细碎熟化的耕作方法。蹄耕是分布于南亚、东南亚和中国西南地区的一种古老的耕作方式。有的学者认为，牛犁之耕便是从蹄耕演化发展而来的。就我国范围而言，蹄耕曾经存在于华南和西南的一些地方。如今蹄耕在云南虽已少见，但一些地方的农民还记得这种耕法，说明其消失的时间还不太长久。而且，云南古代不仅有牛之蹄耕，甚至可能还有象的蹄耕。《唐书·南蛮传》说滇西南是“乘象之国”，《蛮书》卷四载滇西南的“茫蛮部落”“象大如水牛”，“土俗养象以耕田”。很多人对“养象耕田”十分不解，怀疑是“养牛耕田”之误，其实不然。如前所述，云南既有“养羊耕作”之俗，又何以不能“养象耕田”呢？何况此类“象耕”不一定就是象拉犁耕，也可能是象蹄之耕。笔者在西双版纳就曾听说傣族过去有使象踏田之农法，可见“象耕”是不假的。

关于蹄耕，我国学界很少有人论及，而对于唐代文献所记载的二牛三夫的耕作方式，却有不少人作过研究和讨论。以至今日大凡言及云南的犁耕，人们似乎就只知有南诏的二牛抬杠犁。其实，南诏的二牛抬杠犁，不论是古代还是今天，都只不过是云南众多犁具之中的一种类型。下面将要介绍的内容会使我们明白，云南犁因地理因民族之差异而具有多种形态。搜集详细的资料，划分其类别，研究其特征，探索其源流，无疑是一项十分新颖和有意义的工作。

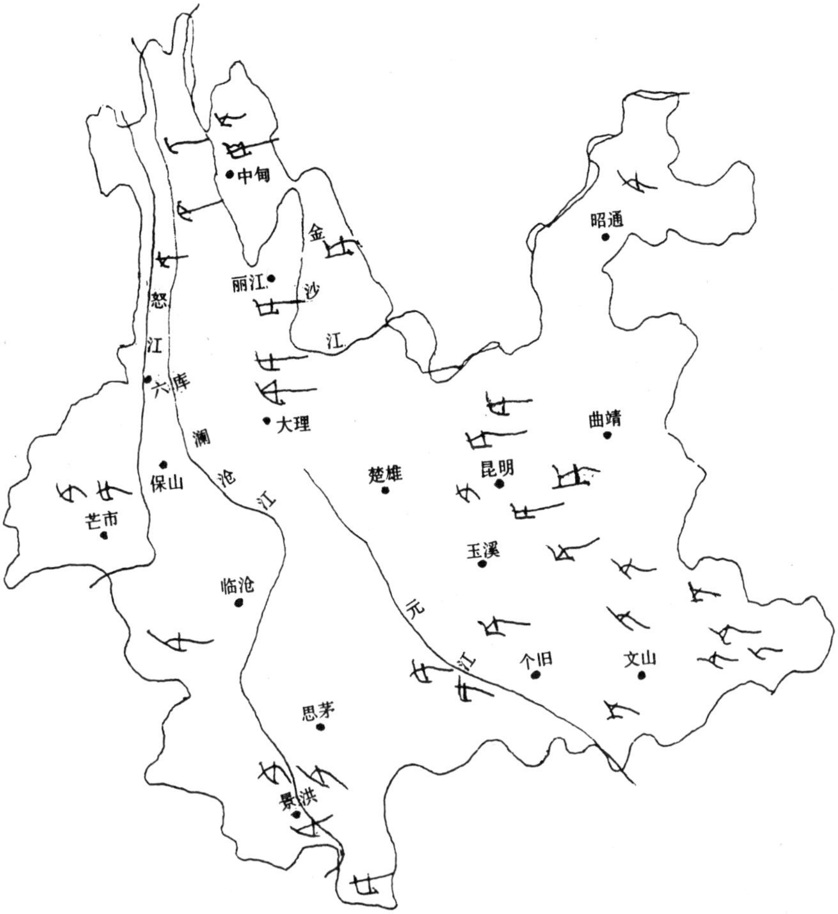

图 238　云南犁型分布示意图

第一节 滇池地区的犁

滇池地区，位于云南中部。该区交通便捷，平畴相连，人烟辐辏，自然条件优越，经济文化发达，早在战国、西汉时代，便有过滇国和滇文化的辉煌。考察云南的犁，不可不首先着眼于滇中。上面说过，20世纪50年代以来，考古学者曾在晋宁石寨山等地陆续发现了近300件铜锄。发现之初，人们曾一度视之为“铜犁”，滇中于是成为云南犁的发源地。后经考证，是锄而非犁的意见占了上风。尽管如此，人们仍然毫不怀疑滇中作为云南犁耕最早地区的地位。那是因为，如果我们同意云南犁是自黄河中下游流域和长江中下游流域这两大农业文明中心传播而来的话，那么自然只有与内地交通较早，且在西汉便是“耕田有邑聚”、“肥饶数千里”的滇池地区，才最有可能和最有条件较早吸收内地传来的犁耕技术。那么，黄河流域和长江中下游的犁，是怎样传播到滇中来的呢?

通过滇东北与巴、蜀、黔交通，从而获得内地的犁耕技术，是滇中的一条重要的犁具传入之路。关于此路，历史文献的记载可追溯到战国末期的庄蹻入滇。据《史记·西南夷列传》记载，楚威王时的将军庄蹻，就是自湘西经过巴和黔中之地而后从滇东北到达滇池地区的。秦始皇兼并了六国，为了进一步扩大对西南的统治，曾派常頞负责修筑通往滇中的道路，此即从今四川宜宾延伸至今曲靖的著名的“五尺道”。滇东北之路作为滇中与内地联系的重要纽带，虽然历史悠久，然而与犁发生关系却始于汉代。西汉中期，是云南历史的一个重大转折时代。武帝元封二年（前109年），汉朝军队征服了滇国，从此云南的大部分地区被纳入到中央王朝的版图之内。为了加强对边疆的统治，汉朝廷不断派遣军队并鼓励内地居民入滇屯垦，并把一些“死罪奸豪”发配到云南。① 此外由于“五尺道”的

① 见《史记·西南夷列传》。

修通，巴蜀之民频繁入滇商贾，“取其筰马、僰僮”，[①]同时将四川的铁器输入云南。[②]屯垦军民大量进入滇中等地，必然带进内地的农业技术；商贾往来贸易，亦大大促进了云南各民族生产的发展。勿庸置疑，滇中最早的犁，便是由屯垦军民和商人经巴、蜀携带而来的。

古代滇中的犁，除了自东北方向的巴、蜀传来之外，尚有另一条重要的传播之路，那就是西北之路。从滇中出滇西北，沿川藏走廊北上，可达具有悠久农业文明历史的黄河中游地区。该区犁耕技术的南传，多半依赖了源于氐羌的众多民族的迁移。下一节我们将要介绍，居住于云南西北部的若干亦牧亦农的民族，至今使用的依然是黄河中游汉晋时代的古朴的犁具，它们之间显然存在着渊源关系。氐羌民族南下入滇，不仅复杂了滇中等地的民族成分，而且亦大大丰富了那里的犁具和犁耕技术。

事实正是如此，如今滇池地区的犁具，便呈现出多元的形态。根据框架结构等特征，我们可将其大致分为五种类型：

第一类型是大四角框架长犁底曲辕犁。此型犁分布于昆明呈贡以东、陆良县城以西，包括宜良和路南北部这一方圆几百里的范围之内。该区是滇中汉族集聚之地，其间亦杂居着一部分彝族。其犁无犁身，犁柄和犁底为两部件，犁柄细短，犁底很长，犁辕粗短而弯曲，犁柄、犁底、犁辕、犁柱组合而成大四角框架。使用三角形铁铧，并装配偏梯形大铁犁壁。如果我们将此型犁和内地犁进行比较的话，那么其大四角框架结构和长犁底的特征，与甘肃武威磨嘴子西汉末年的木牛犁模型是十分类似的。而从整个犁型来看，则与唐代长江下游的“江东犁”完全相同。当代山东、江苏、江西的犁具，也与之基本属于同一个类型。根据犁型的比较，而且根据其为滇中汉族之犁具这两点来看，此型犁当是古代沿滇东北之路由汉族带入云南的主要犁型。此型犁在云南的分布并不广泛，除滇池东部地区之外，滇西北泸沽湖畔尚有小范围分布。然而由于此型犁与黄河中游之古犁，尤其是与唐代之江东犁关系密切，因此具有较高的学术价值。

第二类型是大四角框架长曲辕犁。此型犁见于昆明市西部和北部郊区

---

① 见《华阳国志·南中志》。

② 见《史记·货殖列传》。

的汉族和苗族农村。这种犁与第一类型犁虽同为大四角框架曲辕犁，但有四点区别：一是其犁柄与犁底系同一天然弯曲之木材，而非两部件之组合；二是犁辕长，且曲度不大；三是使用二牛牵引，而第一类型犁多用一牛牵引；四是这种犁常可见到特大的犁壁。第二类型犁具有江东犁的某些特征，但总的来看，却与我国西北地区的犁型更为接近。

第三类型是三角框架曲辕犁。此型犁分布于昆明北部的富民、嵩明、武定、禄劝以及南部的澄江、玉溪、江川和通海诸县。由于这些地区具有山坝之差和汉、彝、苗等民族之别，故此型犁也存在着若干小的种类。然而关键的是，它们都具有三角框架结构特征，这与上述滇池东部地区汉族的大四角框架长犁底犁形成鲜明的对照，从而构成了滇中地区的又一种重要的犁型。关于三角框架犁，迄今为止所知年代较早的是东汉中期江苏睢宁的“双沟犁”（画像石）和东汉中晚期山东滕县的“黄家岭”犁（画像石）。这种犁框架较小，没有特别制作的犁底，比较适宜浅耕，尤其适宜山区旱地的耕作，因此当其传到云南之后，便为很多民族所采用。目前此型犁在云南的分布，不只限于滇中，而且还遍布于滇南和滇西南地带。

第四类型是小框架（含小四角框架和小三角形框架）长犁辕二牛抬杠犁。此型犁分布于路南、弥勒两县，为彝族犁。彝族犁在云南犁具之中极有特色，而且种类最多。此型犁之长犁辕及二牛抬杠方式，与滇西北主要犁型类同，滇中彝族系古代自滇西北迁徙而来，该型犁显然为北犁南渐之一种。而以弥勒为界，其南部即再无二牛抬杠犁之分布。由此看来，路南、弥勒两县就是长犁辕二牛抬杠犁分布的南限了。此型犁虽在二牛抬杠方式上与滇西北犁类同，然而犁壁和框架却甚为独特，迥然别异于云南所有犁型。其犁壁不为铁制，而取材于木料，形状有三角形、梯形、弧形多种。路南、弥勒一带山地干旱少雨，旱地多水田少，旱地耕作破土，使用小型而凸突之木制犁壁无疑是比较方便和适用的。其框架有小四角形和小三角形两种，犁辕取材平直则为小四角，取材弯曲则构成小三角。小三角框架犁的犁辕后端插于犁柄和犁底之结合部，这种结构在云南犁具中亦是绝无仅有的构造，而在中国犁具中也只有河北平谷犁与之相似，因而可以说是一种重要的犁型。

第五类型是现代铁犁。滇池地区所见现代铁犁，主要有曲辕三角铧犁和直辕偏铧犁两种。铁犁购买方便，经久耐用，经过多年的推广，已渐为农民所采用。然而由于各地自然条件差异较大，很多地方铁犁仍不如传统木犁适用。因此，迄今为止完全以铁犁取代木犁的例子还十分少见。较多的情况是铁木犁并用，各显其长，互补不足。

图239、240

滇池地区第一类型犁——大四角框架长犁底曲辕犁，此式犁可用一牛牵引，亦可用二牛牵引。其分布范围在从昆明东南至陆良一带。图中之犁为陆良郊区农村汉族犁（左娅莎摄）

图241 大四角框架长犁底曲辕犁的犁铧和犁壁

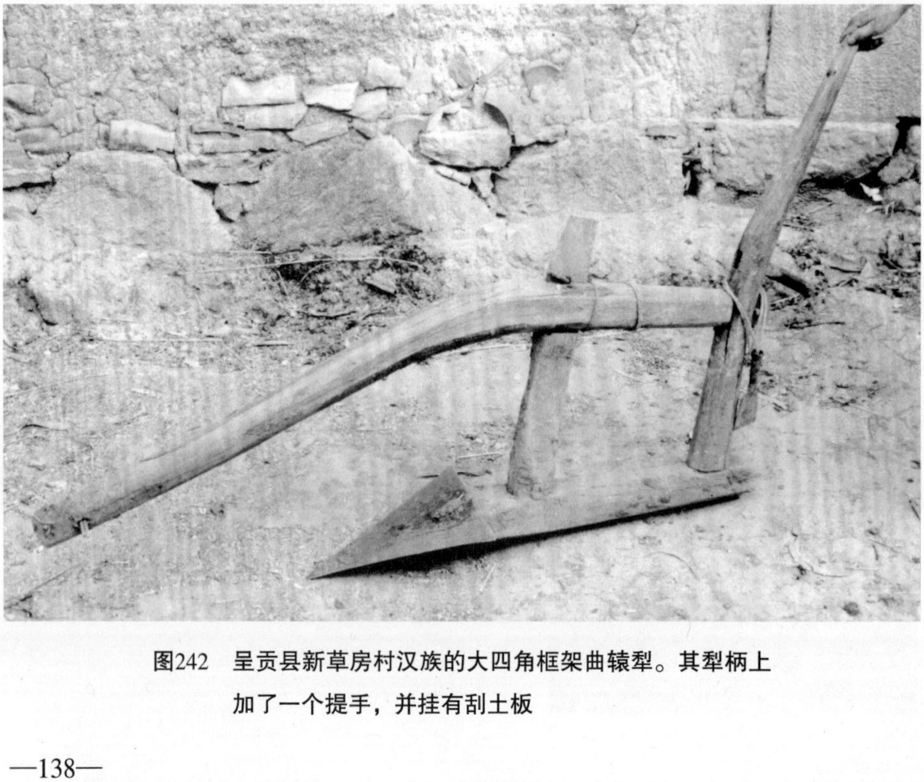

图242 呈贡县新草房村汉族的大四角框架曲辕犁。其犁柄上加了一个提手，并挂有刮土板

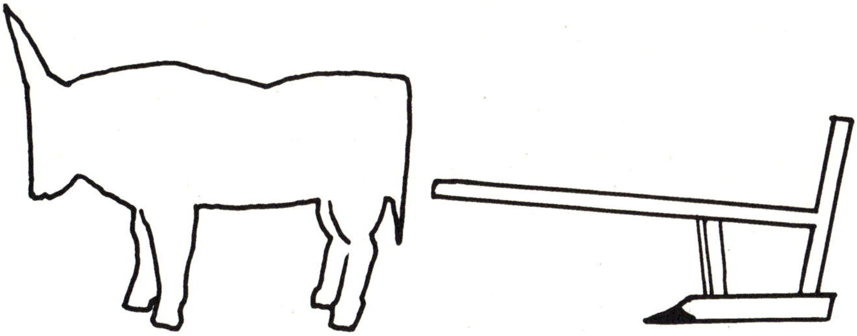

图243　甘肃武威磨嘴子西汉末年的木牛犁模型。[①] 上面所示的滇中第一类型犁，其框架结构和长犁底都与西汉甘肃犁十分类似

图244　敦煌莫高窟第445窟壁画中的曲辕犁（唐代），也与滇中第一类型犁相似　（渡部武图，1989年）

① 采自尤振尧、周晓陆：《泗洪重岗汉代农业画像石刻研究》，《农业考古》1984年第2期，第78页。

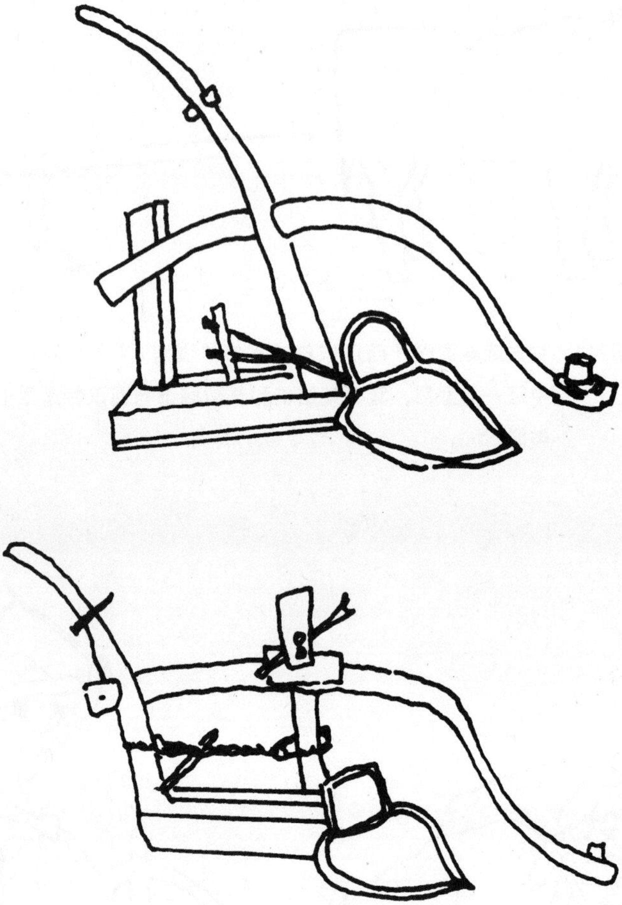

图245　图（A）为王祯《农书》中的犁。图（B）为唐代产生于长江下游的“江东犁”。可以看出，滇中第一类型犁与“江东犁”几乎完全相同[①]

① 采自王祯：《农书》，四库全书本，卷十一。

图246　清代雍正《耕织图》中的牛耕图。[①]其犁亦为四角框架曲辕犁

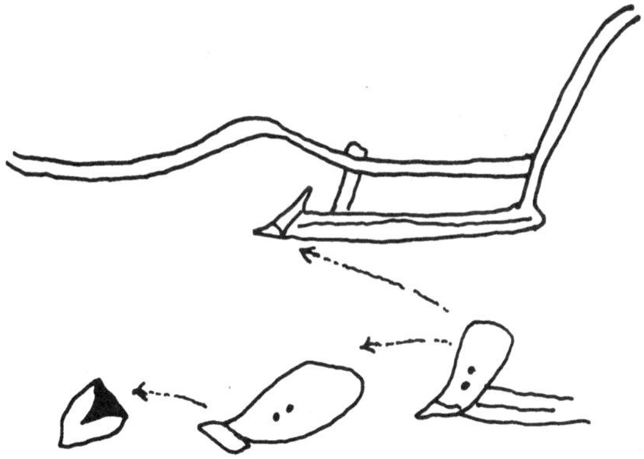

图247　当代江苏常熟的大四角框架长犁底曲辕犁[②]

① 采自中国农业博物馆：《中国古代耕织图选集》，1986年。

② 采自家永泰光：《犁と農耕の文化》，古今书院1980年版，第36页。

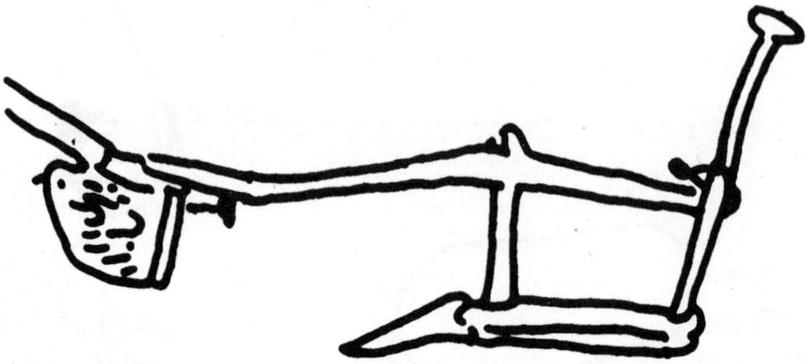

图248　当代山东的大四角框架长犁底曲辕犁[1]

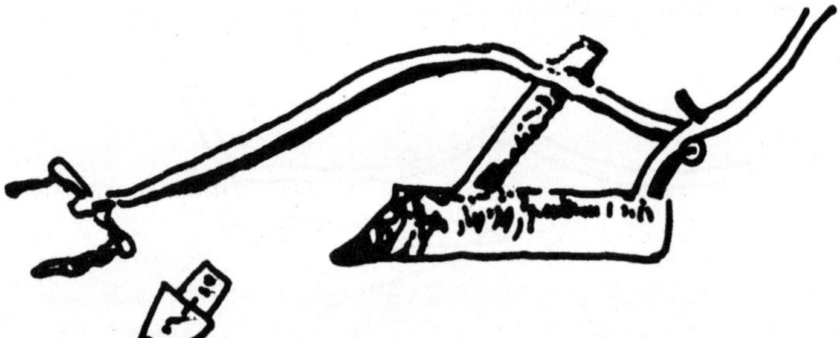

图249　当代江苏松江的四角框架大长犁底曲辕犁[2]

① 采自家永泰光：《犁と農耕の文化》，古今书院1980年版，第36页。
② 采自家永泰光：《犁と農耕の文化》，古今书院1980年版，第36页。

图250
当代江西的犁
（摄于日本国立民族学博物馆）

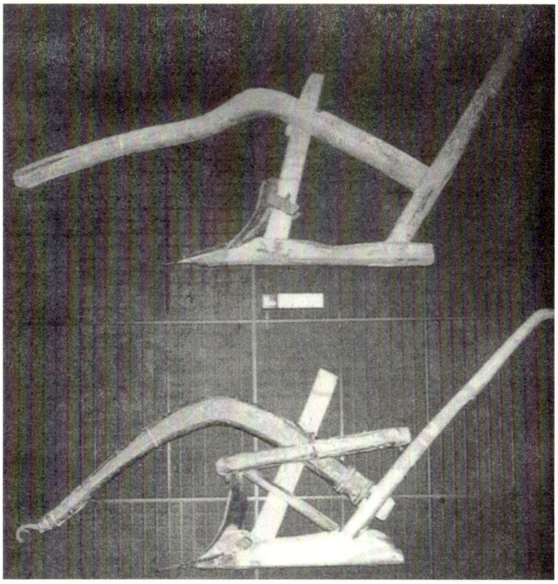

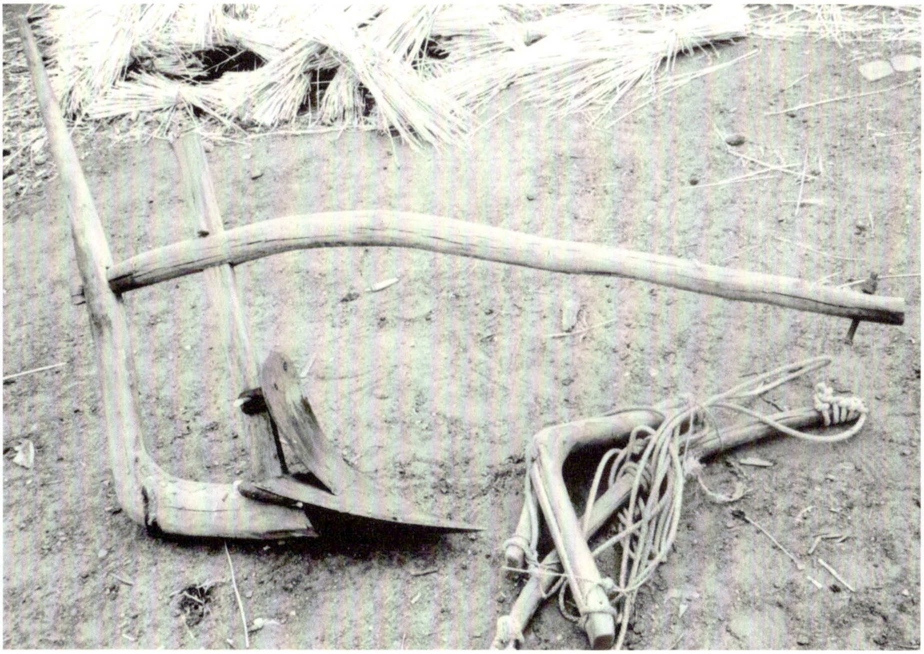

图251　滇池地区的第二类型犁——大四角框架长曲辕二牛抬杠犁。第二类型犁与第一类型犁有四点不同：一是犁辕长且曲度不大，二是犁身与犁底为同一根天然弯曲木材；三是使用二牛牵引；四是多安装特人犁壁

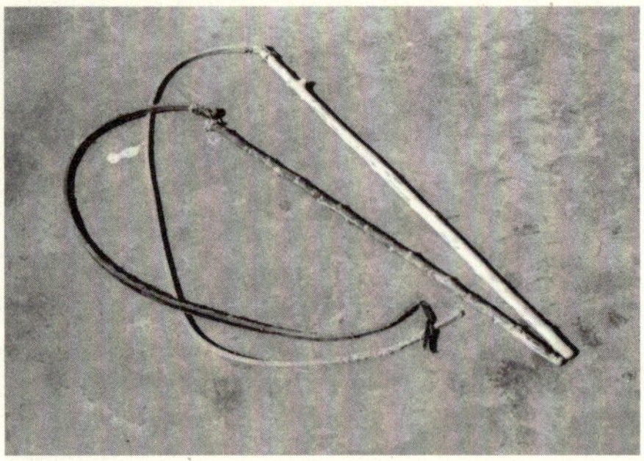

图252
昆明市西山区卧龙岗村苗族耕地时使用的牛鞭

图253
昆明市西山区白鱼口村汉族的大四角框架长曲辕犁之一。其辕长达2500毫米，是云南最长最大的木犁之一

图254
白鱼口村汉族犁用大三角形犁铧：犁壁用钢板焊制，呈桃形，长宽各400毫米，是云南最大的铁犁壁

图 255（上）、256（中）
白鱼口村汉族大四角框架长曲辕犁之二。其长2500毫米，高约700毫米，用材粗大，大铧大壁，在云南属特大型犁

图257
白鱼口村汉族犁用二牛牵引。图为二牛抬杠及竹篾编制的牛脖套

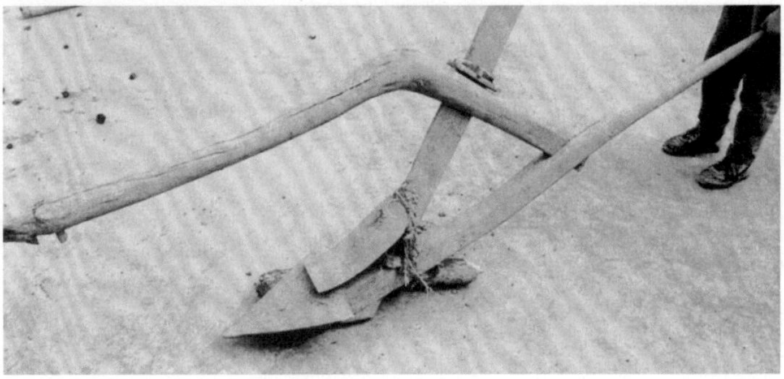

图258
滇池地区的第三类型犁——三角框架曲辕型。此犁摄于富民县打基村，为汉族犁

图259
江川县明星村汉族的三角框架曲辕犁(李锐摄)

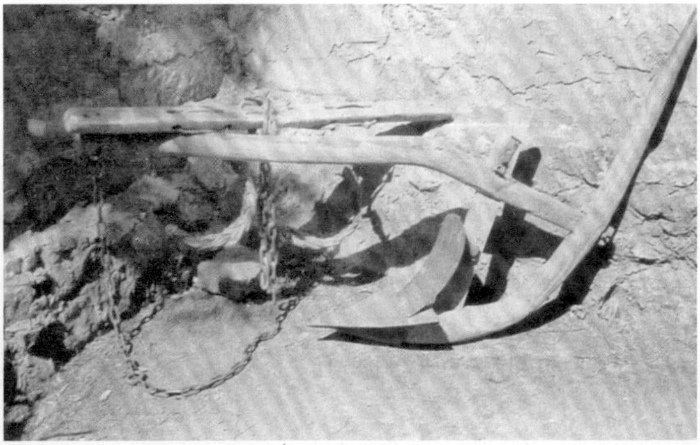

图260
昆明市西山区棋台村彝族的三角框架长曲辕犁（李月英摄）

图261　昆明市西山区卧龙岗村苗族的三角框架曲辕二牛抬杠犁

图262

昆明市西山区五松包村苗族的三角框架曲辕二牛抬杠犁。此犁和上图所示犁一样，使用长犁壁和大三角形犁铧，且有犁评

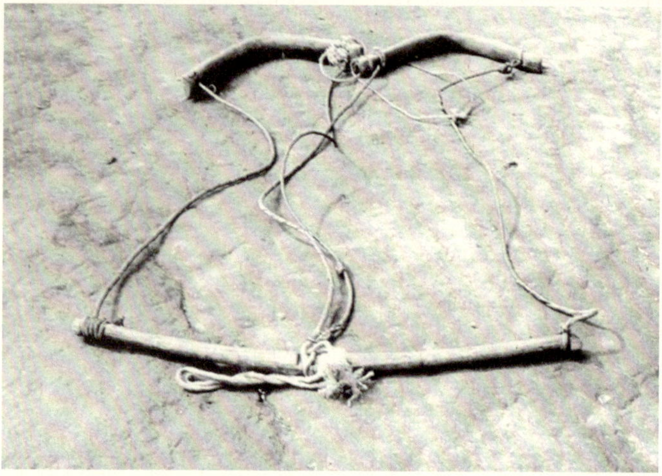

图263　五松包村、卧龙岗村苗族犁的牛轭和牛尾档

图264

五松包村苗族耕地时使用的牛鞭。鞭柄端头装一小铁铲，用于刮削犁壁和犁铧上的粘土

图265
东汉中期江苏睢宁画像石“双沟犁”与滇池地区第三类型三角框架犁类似（尤振尧、周晓陆图，1984年）

图266　东汉中晚期山东滕县画像石“黄家岭犁”亦为三角框架犁（尤振尧、周晓陆图，1984年）

图267　滇池地区的第四类型犁——小框架长犁辕二牛抬杠犁。此犁见于路南县豆黑村，为彝族旱地犁。其犁辕取材平直，故构成小四角框架。其犁底和犁柄系由一根自然成形的树木做成

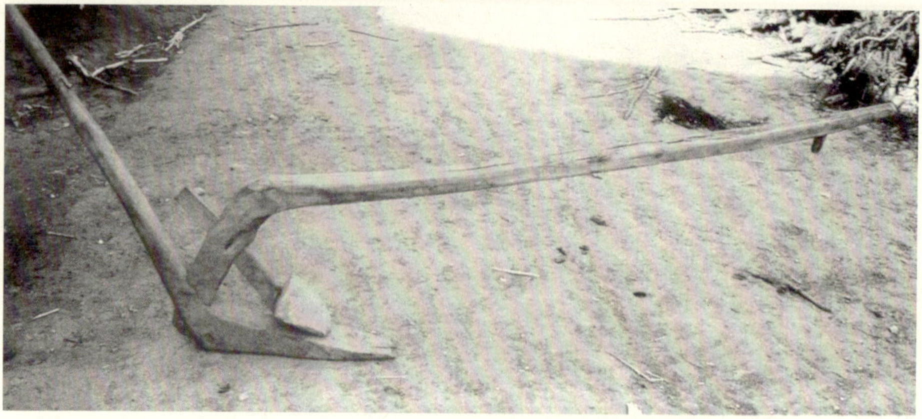

图268　路南县豆黑村彝族的旱地犁，更多的是这种小三角框架结构形式。其犁辕后部弯曲，端头插于犁柄与犁底的结合部位，形成与众不同的小三角框架结构

图269　以木材制作凸形的犁壁，是此型犁的又一个突出特征

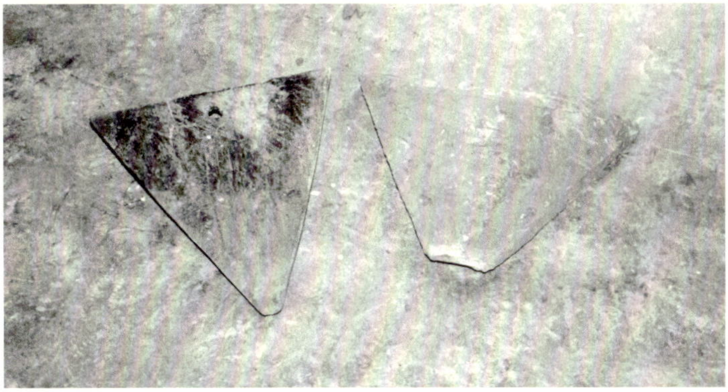

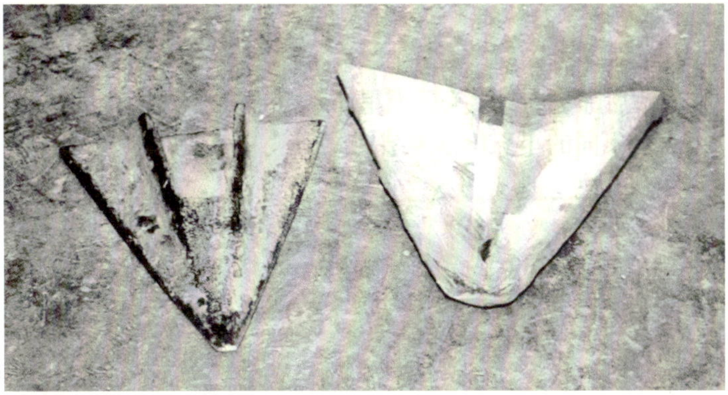

图 270（上）、271（中）
豆黑村彝族旱地犁的三角形铁铧和木犁壁的正面形状和背面结构

图272　路南彝族多以黄牛为耕牛，牧牛是妇女经常从事的农活之一

图273（上）、274（中）、275（下）

路南县海宜村彝族使用小框架长犁辕二牛抬杠犁耕作旱地的情景（罗钰摄）

图276（上）、277（下）　弥勒县西三乡罗姆箐村彝族的小三角框架长犁辕二牛抬杠犁，此犁的木犁壁呈箭簇形，二牛所抬之横杠呈波状弯曲，甚为精巧（街顺宝摄）

图278　滇中小三角框架长犁辕二牛抬杠犁，在云南找不到同类。而图中所示的犁，是远隔数千里之外的河北省平谷地区的犁，却有同样的小三角框架结构（杨树藩图）

图279　路南、弥勒两县的彝族犁，与西汉末年至东汉初年的山西平陆“枣园犁”（壁画）也有很多相同之处（尤振尧、周晓陆图，1984年）

图280　滇池地区的第五类型犁——现代铁犁。铁犁有经久耐用的优点，但也有容易破坏田埂和容易使操作者脚部受伤的缺点，所以目前铁犁尚不能完全取代木犁。图为昆明市西山区五松包村苗族购买使用的曲辕铁犁

图281
昆明市西山区白鱼口村汉族购买使用的偏铧直辕铁犁

图282（上）、283（下） 昆明市西山区大兴村彝族使用铁犁耕作的情景，牵引用二牛，牛未驯化成熟，须二人操作；耕牛驯化成熟，只须一人操作

第二节　云南西北部的犁

云南西北部，是全省地势最为高峻、地貌最为复杂的地区。它包括青藏高原南缘地带，怒江、澜沧江中上游的横断山脉，丽江高原以及洱海以北地区。分布于该区的民族，主要有藏族、纳西族、彝族、傈僳族、怒族、独龙族和白族等。这些民族大都源于古羌族，而且历史上都曾经历过不同程度的自北向南的迁徙。

云南西北部的犁，就像该区的地理和民族一样，具有明显的甘青高原的风骨，给人以古朴、凝重之感。然而，由于区内自然条件和民族的差异，犁具的形态又不完全相同，大致可划分为七种类型。

第一类型可名德钦犁。此型犁最突出的特征是没有犁柱，属于无框架结构犁。其犁身呈宽板状，既便于安装犁辕，又兼有犁壁拨土的功能。由于德钦藏族的农地多是高山峡谷之中土壤浅薄、石头较多的水浇地，所以德钦犁装配的是套銎小型犁铧。德钦犁犁铧虽小，然而其犁辕却特别长，二牛牵引所抬之横杠亦十分粗长。耕牛主要使用犏牛。犏牛是藏族特有的牛种，为牦牛与黄牛的杂交种。然而交配却有讲究，须以公牦牛与母黄牛交配，才能生出真犏牛；如果是公黄牛与母牦牛的交配种，则称假犏牛。假犏牛体弱力小，远不如真犏牛。又如公牦牛与母犏牛交配，仍可得真犏牛，而如果公黄牛与母犏牛交配，所产之子则称“堆堆”，这种牛仔寿命不长，所以一般出生一个多月便宰杀食之。第三代母犏牛与公牦牛交配，便回归为牦牛。母犏牛产奶量高，适作奶牛；公犏牛强壮力大，适于作驮牛和耕牛。

遍观云南的犁具，绝大多数是框架结构犁，只有德钦犁和下面将要介绍的维西犁是无框架结构犁。从犁的结构形态看，德钦犁应属于印度犁的体系，而甘肃嘉峪关新城西晋屯垦画像砖牛耕图中的犁和甘肃安西榆林窟第三窟西夏壁画犁耕图中的犁，也与之类同。德钦位于云南西北端，既邻近南亚又可沿横断山脉纵谷通道，直达甘青高原，那里分布着与印度和甘肃相同的犁型，虽不足为奇，但也是饶有兴味的。

第二类型为维西犁。维西犁与德钦犁属同一犁型，只是有三处差别。其一是犁身与犁辕之间有加强杆，加强杆与通常所见之犁的犁柱不同，不是在犁辕之下而是在犁辕之上，这种结构在云南犁中亦可谓绝无仅有。其二是犁辕直伸而无弯曲。其三是犁铧呈三角形而且比较大。此型犁分布于迪庆州维西县，为傈僳族犁。

第三类型为中甸、丽江犁。此型犁是迪庆大小中甸草原藏族以及中甸三坝和丽江纳西族的犁具。其特征是有较长的犁底，犁身犁底为同一部材；犁身、犁底、犁辕、犁柱构成四方形框架；装配大三角型犁铧，以宽厚木板制成犁壁；有犁评。纳西族犁的犁身和犁柱之间有牛筋连接，犁土深度以犁评调整适当之后，可绞紧牛筋加以固定；犁辕直长，二牛抬杠。藏族用犏牛，纳西族用黄牛或一头黄牛一头水牛。由于犁壁向右边翻土，右侧耕牛承受的力量大，所以水、黄牛并用之时，常将水牛配置于右侧，因水牛比黄牛力大；如果使用两头黄牛或两头水牛，则使杠上牵辕之绳偏于左侧，以平衡二牛承受的拉力。横杠用木粗大，以增加强度和牛脖受力面积，而为了减轻重量，又往往将其凿空成半筒状。操作需两人，一人掌犁柄，一人挽牛。挽牛者位于二牛之前，手执两端缚着穿牛鼻之绳索的挽杆，以掌握前行速度和方向。丽江所见操犁之法又别具一格，前面一人并不挽牛，而是站于横杠之后，持按犁辕以配合后面掌犁之人。纳西族大约于公元11世纪中叶创造了象形文字，[①]其中表现犁的文字图形，与今日该族所用犁的形状几乎无异。在著名的描绘南诏社会生活的唐代《南诏图传》之中，也有表现犁耕的画面，画中之犁与今大理之犁有所差别，而与中甸、丽江犁完全一样。由此可见此型犁历史之悠久。不仅如此，此型犁又酷似陕西米脂汉墓画像石、山西平陆枣园村汉墓壁画和嘉峪关魏晋画像砖中之古犁。毫无疑义，中甸丽江犁和黄河中上游的古犁之间，是存在着源流关系的。

第四类型为大理、剑川犁。大理剑川唐代为南诏中心区域，其犁型应以《南诏图传》“牛耕图”之犁，即今中甸、丽江的四角框架长直辕犁为

① 方国瑜撰，和志武参订：《纳西象形文字谱》，云南人民出版社1981年版，第50页。

其正宗。然而考察该区今日之犁型，感到已有若干变异。最为明显的变化，是其框架已非四角形，而是三角形或近似三角形了。此外其犁壁也不再是木壁，而是采用梯形或叶形的铁壁。然而，从操作方式来看，剑川一带却仍然保存着浓郁的古代之遗风。犁田时一人在后掌犁，另一人则坐于二牛所抬之横杠上驱牛前行。以旁观者看来，二牛抬杠拉犁已不轻松，人再坐到杠上岂不更增加了牛的负荷？然而据说人不上杠牛反而不走，这显然是经驯化习惯成自然了。唐代樊绰《蛮书》卷七《云南管内物产》记述南诏佃农“每耕田用三尺犁，格长丈余，两牛相去七八尺，一佃人前牵牛，一佃人持按犁辕，一佃人秉耒”。《新唐书·南诏传》也有类似记载：“犁田以一牛三夫，前挽、中压、后驱……”《札朴》卷十《农人耕田》亦载：“大理耕者，以水牛负犁，一人牵牛，一人骑犁辕，一人推犁。案《南诏传》犁田以二牛三人，前挽、中压、后驱，然则今之耕者犹是，盖蛮法也。”以上所记南诏之犁及其耕作方式，解释者甚多，但很少有人完全说个明白。其实，只要全面观察到中甸、丽江和剑川现行之犁耕，即可一目了然。例如“格长丈余”的“三尺犁”，其具体形状结构如何，尺寸多少，只需测绘一犁即可知晓；何谓“前挽”？藏族之法是也；何谓“持按犁辕”？可看丽江纳西族的操作；何谓“中压”、“骑犁辕”？剑川白族尚有活生生的“表演”。由此又深切地感到，对于物质文化的研究，实地详细收集调查的实物资料，是何等的重要和宝贵!

大理剑川犁，主要特征与中甸、丽江犁相同，它们都是从北方黄河中上游流域传播入滇的犁型。然而大理剑川不仅地理人文与中甸、丽江关系密切，自古与滇池地区的交通也极为便利频繁，所以该区不仅具有较多的北方文化的要素，而且亦深受经滇东传入的中原和江南文化的影响。大理剑川型三角框架长直辕犁，乃是古代江南的一种犁型，东汉江苏睢宁汉墓的画像石上，便刻画了这样的犁。同样的犁见于不同的时代和不同的地点，恐非偶然，它们之间应该是有历史的联系的。

第五类型是怒江犁。怒江犁为小型三角框架长直辕犁。其犁之犁身、犁辕、犁柱皆以较细的木材制作，型体小巧，适于在峡谷坡地使用，也以之耕作水田。牵引有用二牛抬杠者，亦有因山势陡峭险峻，不便使用二牛而仅使用一头黄牛的。二牛抬杠可一人操作；一牛牵引则需二人，一人挽牛一人执柄。怒江挽牛之法不同于中甸，不是以挽杆牵引牛鼻，而是将挽杆插于牛脖套绳之中，使牛与人并排前行。怒江犁虽然形体轻巧，然而从它的长直辕和驾牛方式不难看出，它与中甸、丽江犁和大理犁之间是存在“亲缘”关系的。现生存于怒江峡谷中的主要民族傈僳族，就是15世纪之后不断从丽江北部地区迁徙而来的。怒江现在使用的小型三角框架长直辕犁，当是峡谷诸民族为适应该区特殊的地理环境而对大型框架长直辕犁进行改造而形成的犁型。

第六类型为中甸三坝彝族犁。中甸三坝彝族犁，与上述各种犁型所共有的长犁辕二牛抬杠形制完全不同，它自成一体，具有突出的民族个性。其犁之犁柱安装于犁身上部，框架呈三角形，而且很小，这是它的第一个显著的特征。此型犁没有犁壁，但是犁身下部呈扁宽形，线条流畅，身面光滑，兼有起土和翻土之功能，这是它的第二个显著特征。此外，这种犁犁辕短，而且只用一头牛牵引，也与上述诸犁不同。三坝彝族与纳西族、藏族交错杂居，彝族自已制造犁具，不使用藏族和纳西族的四角框架长直辕二牛抬杠犁。而纳西族和藏族除了自身造犁之外，还喜欢使用彝族犁，故彝族常到集市上出售犁具。此型小三角框架宽犁身短辕犁，除产于中甸三坝地区之外，在滇中南和滇东南的彝族居住区，也能看到与之十分近似的犁型，而主要特征相同的犁，还见于唐代陕西李寿墓的壁画之中。

第七类型是宁蒗摩梭人犁。此型犁与丽江、三坝纳西族犁截然不同，然而却与滇中宜良、路南汉族犁几乎完全一样。其犁呈大四角框架结构，犁底长，犁柄短，犁辕短曲，装大三角形铁铧，并配有较大的铁犁壁，是典型的“江东犁”犁型。如前所述，此型犁在云南并不多见，其主要分布地是在昆明东部的呈贡、路南和陆良一带，而在滇西北的泸沽湖畔，也能看到产生于唐代长江下游的“江东犁”，这无疑是十分有趣的现象。

图284
德钦县高山峡谷中的绿洲

图285
德钦县巨水村的农田

图286 藏族是亦农亦牧的民族，德钦藏民亦是如此。他们一般在山谷平缓之处建造村落，耕种靠雪山融水浇灌的旱地，栽种青稞等农作物，同时又必须到高山牧场放牧牲畜。每年5月，各家便分出人手赶畜上山，到海拔3000米以上的高原寻找水草，四处游牧。10月寒冬来临，便返回谷中村庄。照片中的帐篷，便是德钦藏民在海拔4000余米的白马雪山之上放牧的临时住所

图287 迪庆藏族的高山牧场，冬季白雪皑皑，银装素裹；夏季绿草青青，黄花遍野。牛马徜徉其间，充满盎然的生机

图288　云南西北部之第一类型犁——藏族的无犁柱长辕二牛抬杠犁。德钦藏族称犁为“铜马”。此犁摄于德钦县巨水村，其犁辕长达2500毫米，横杠长1800毫米；犁铧为套銎窄形铧，宽仅110毫米，长280毫米

图289　德钦县巨水村藏族置于田中的犁具（李晓斌摄）

图290　德钦县巨水村藏族的犁和犁杠侧面形状（李晓斌摄）

图291　德钦县巨水村藏族的犁和犁杠正面形状（李晓斌摄）

图292　德钦犁，犁辕甚长，而犁铧却很小，且形状与一般犁铧不同，銎呈筒状，全长约250毫米，宽仅100毫米左右（李晓斌摄）

图293　牦牛是藏族地区的特产，但耕牛并不使用牦牛，而是用犏牛和黄牛

图294　犏牛力量大，适宜作耕牛和拉运货物的畜力

图295　德钦县巨水村藏族二牛抬杠犁耕情景。从照片中可以看到，掌犁者压按犁柄，其宽大的犁身没于土中，可起到犁壁拨土和破土的作用。而其犁辕端头则紧缚于横杠之上，不能摇动，故犁辕必须很长才便于操作

图296　甘肃嘉峪关新城西晋屯垦画像砖牛耕图。图中之犁与今云南德钦犁类似，亦为无犁柱长辕犁[①]

图297　敦煌莫高窟第6窟五代牛耕图[②]

① 采自《中国古代农业科技史图说》。

② 采自王进玉：《敦煌壁画中农作图实地调查》，《农业考古》1985年第2期。

图298　敦煌莫高窟第146窟五代牛耕图。两图所表现的犁，都是与德钦犁相同的无犁柱长辕犁①

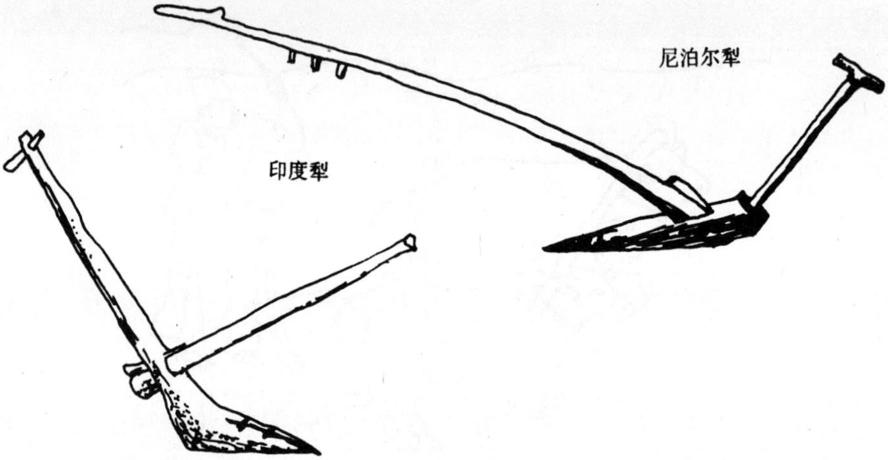

图299　图中所示的尼泊尔犁和印度犁，统属印度型。德钦犁和下面将要介绍的维西犁，是云南犁具中仅有的类似于印度型犁的犁具（家永泰光图，1980年）

① 采白王进玉：《敦煌壁画中农作图实地调查》，《农业考古》1985年第2期。

图300　维西县公中洛村傈僳族的村舍、山林和农地景观（李晓斌摄）

图301　维西县依垮底村傈僳族的村舍和农地（李晓斌摄）

图302　滇西北的第二类型犁——维西傈僳族的无犁柱长直辕二牛抬杠犁。维西傈僳族犁与德钦藏族犁基本相同，皆无犁柱，但维西犁的辕木和犁身上部之间有加强杆，且犁铧有很大的区别（李晓斌摄）

图303
维西傈僳族犁的犁身结构
（李晓斌摄）

图304　维西犁的三角形犁铧（李晓斌摄）

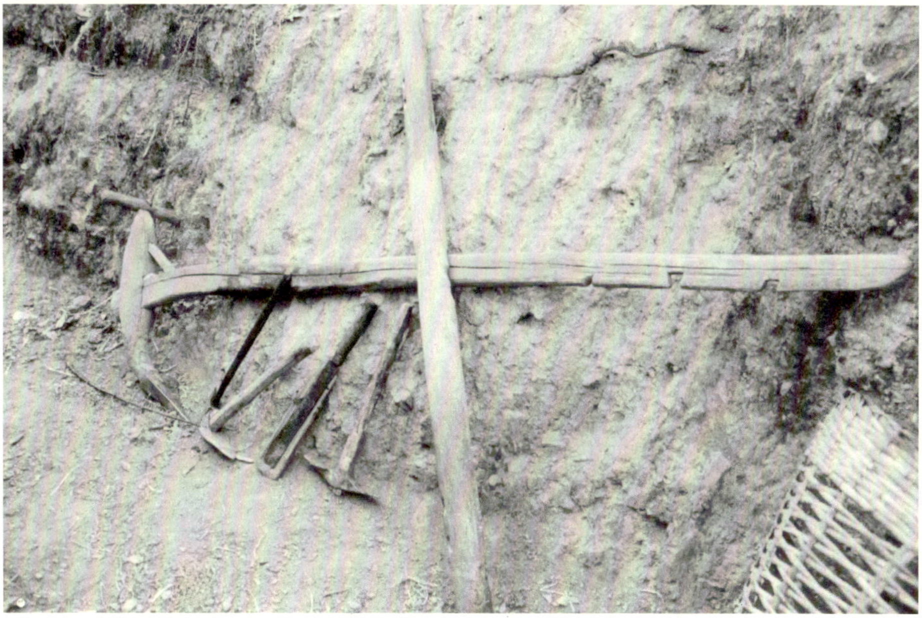

图305　维西犁犁身较短，但犁辕和抬杠却很长（李晓斌摄）

图306　维西傈僳族除具有以上所示无犁柱长直辕犁之外，尚有照片所示三角框架长直辕犁（李晓斌摄）

图307　配有犁壁的维西三角框架长直辕犁（李晓斌摄）

图308　贡山县丙中落地区怒族的宽犁身长直辕犁，此式样犁与德钦藏族犁和维西傈僳族犁相近

图309
敦煌榆林窟第25窟中唐代犁耕图。[①] 维西傈僳族犁与图中之犁极其相似

图310
敦煌莫高窟第361窟中唐代犁耕图[②]

图311
陕西唐李寿墓壁画犁耕图[③]

① 采自王进玉：《敦煌壁画中农作图实地调查》，《农业考古》1985年第2期。
② 采自王进玉：《敦煌壁画中农作图实地调查》，《农业考古》1985年第2期。
③ 采自中国农业博物馆：《中国古代耕织图选集》，1986年。

图312
敦煌莫高窟第449窟宋代犁耕图[①]

图313
敦煌莫高窟第61窟宋代犁耕图。[②]以上古代壁画中表现的敦煌犁和陕西犁，皆与云南维西犁相同。这一现象恐非偶然，它们之间很可能存在着“亲缘”关系

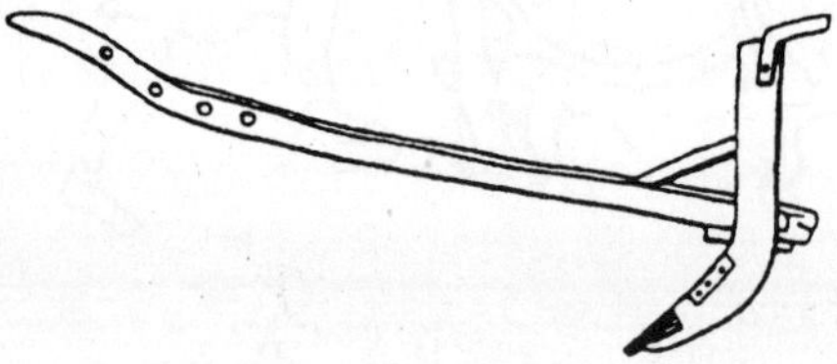

图314
维西傈僳族犁，是古代敦煌、陕西犁的南传。而远在西亚的美索不达米亚南部，也有类似形状的犁具（E.Werth图，1931年）

① 采自王进玉：《敦煌壁画中农作图实地调查》，《农业考古》1985年第2期。
② 采自王进玉：《敦煌壁画中农作图实地调查》，《农业考古》1985年第2期。

图315　迪庆大中甸草原景观

图316
大中甸藏族的村庄和农地

图317
大中甸藏民放牧图

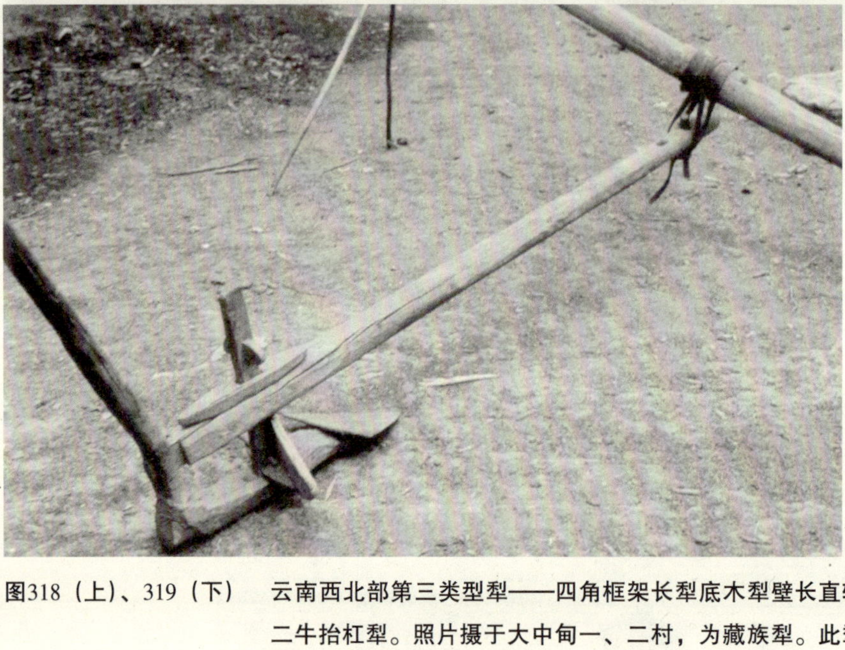

图318（上）、319（下）　云南西北部第三类犁犁——四角框架长犁底木犁壁长直辕二牛抬杠犁。照片摄于大中甸一、二村，为藏族犁。此犁犁身长1200毫米（垂直高度），犁底长870毫米，犁柱长560毫米（从犁底上面至插销孔），木犁壁最长430毫米，最宽195毫米，犁铧肩宽310毫米、长290毫米，犁辕长2660毫米，中部直径100毫米，横杠全长3030毫米、直径150毫米

图320（上）、321（下）　中甸藏族犁驾牛操作方式。犁地时一人在后执柄，一人在前挽牛。挽杆两端系有穿牛鼻之绳

图322（上）、323（下） 中甸县三坝乡纳西族犁地情景。其犁的结构形状和操作方式均与该县藏族的相同

图324　中甸县三坝乡纳西族的村庄和农田

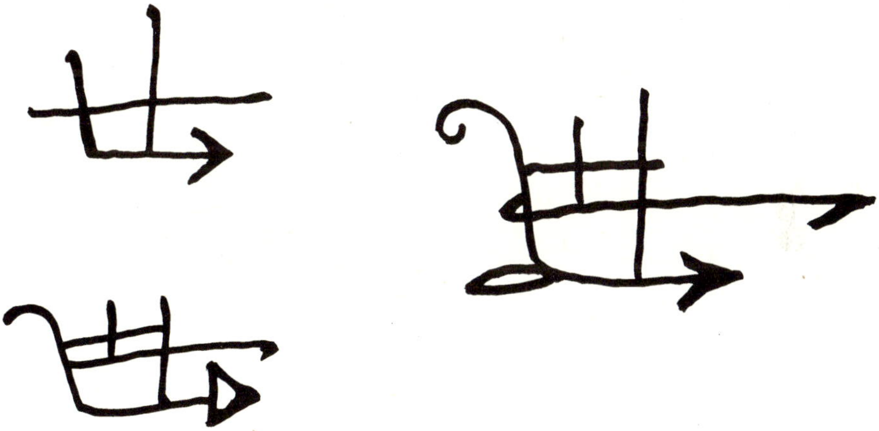

图325　纳西族象形文字中的“犁”（方国瑜、和志武图，1981年）

图326 纳西族象形文字中的“犁铧”（方国瑜、和志武图，1981年）

图327 纳西族象形文字中的“犁轭”（二牛抬杠）（方国瑜、和志武图，1981年）

图328 纳西族象形文字中的“连轭之绳”（方国瑜、和志武图，1981年）

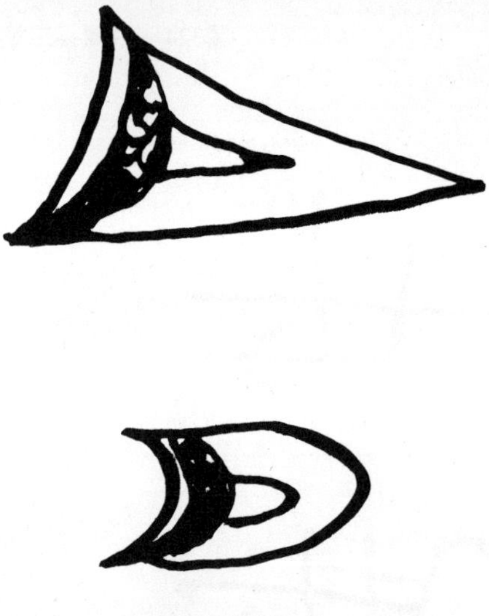

图329 纳西族象形文字中的“犁范”（方国瑜、和志武图，1981年）

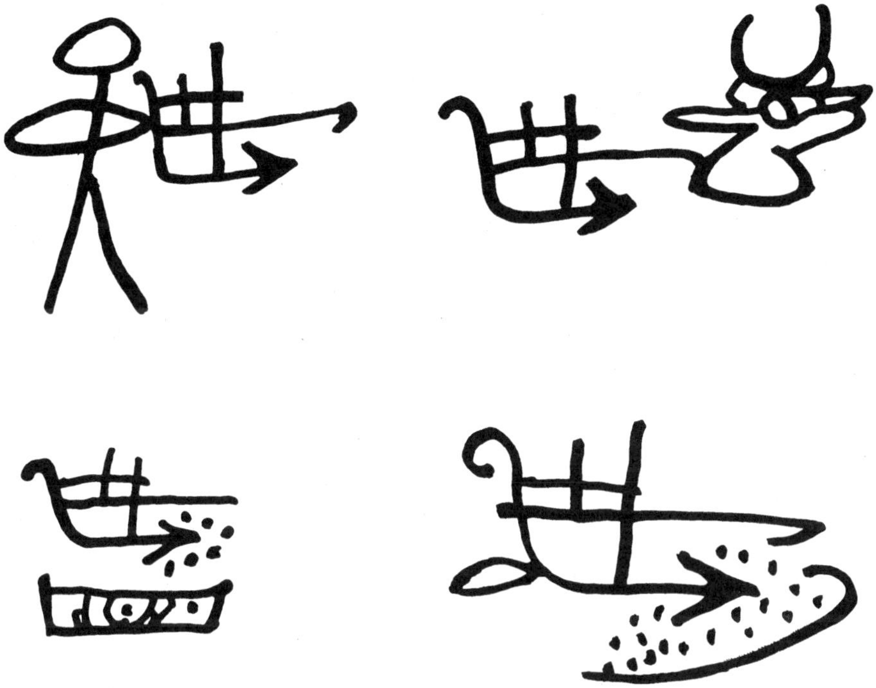

图330　纳西族象形文字中的“耕”（方国瑜、和志武图，1981年）

图331 丽江县天红村（山区农村，村庄海拔3030米）纳西族的四角框架长直辕二牛抬杠犁。纳西族将这种传统犁具称为“老木犁”。此犁的特殊之处在于犁柱之上安装了左右两个犁壁，耕作时可向两边翻土。安装左右犁壁的犁，笔者仅见于天红村。据文献可知，中国东北的犁具之中也有这种双犁壁的犁型

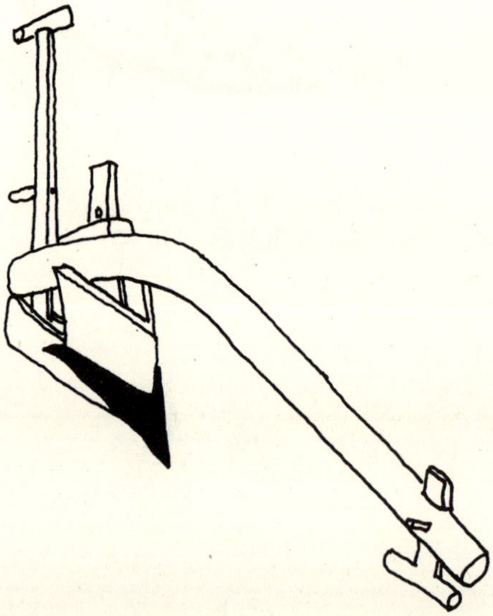

图332
中国东北的双犁壁犁（家永泰光图，1980年）

图333（上）、334（下）丽江天红村纳西族的犁耕场面。从照片可知，丽江纳西族犁耕的操作方式又与中甸藏族和三坝纳西族的有所不同。虽同为两人耕作，但前面一人并不挽牛，而是站于二牛所抬之杠后，以双手持按犁辕

图335　丽江天红村的农舍和马铃薯地。马铃薯是该村纳西族的主要栽培作物。马铃薯地和其他旱地一样，每年必须犁三次耙三次

图336（上）、337（下） 丽江县坝区纳西族的传统老木犁及二牛抬杠方式

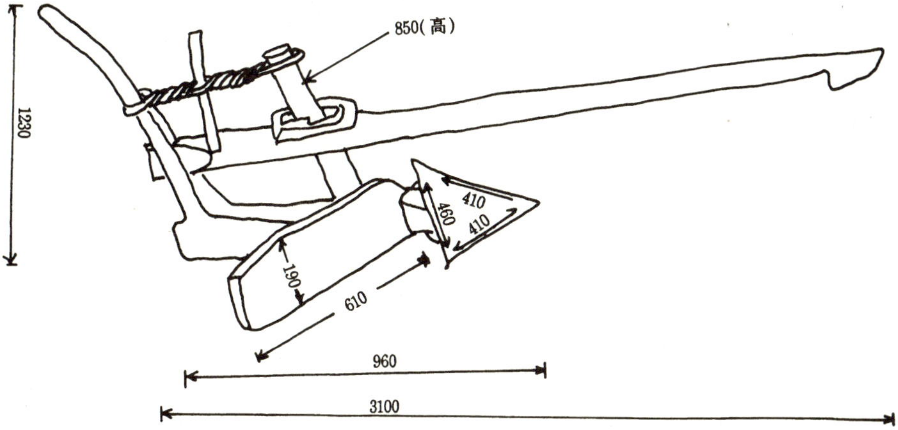

图338　丽江纳西族犁测绘图（张云岭绘）

图339　唐代《南诏图传》“牛耕图”中的犁，与今中甸藏族犁和丽江纳西族犁完全相同（田怀清摄）

图340
陕西绥德汉墓画像石牛耕图。据图可知，早在汉代，黄河流域便推广使用了四角框架长直辕二牛抬杠犁①

图341
陕西米脂汉墓画像石牛耕图中的四角框架长直辕二牛抬杠犁（罗钰供稿）

图342
甘肃嘉峪关魏晋墓砖壁画牛耕图四角框架长直辕二牛抬杠犁②

①② 采自中国农业博物馆：《中国古代耕织图选集》，1986年。

图343　内蒙古和林格尔东汉晚期壁画“新店子”犁（尤振尧、周晓陆图，1984年）

图344　嘉峪关6号墓魏晋壁画中的四角框架长直辕犁（渡部武图，1989年）

图 345
云南西北部第四类型犁——大理三角框架长直辕二牛抬杠犁的正面形状

图346　大理犁的右侧面形状

图347 大理犁的左侧面形状

图348

大理犁的后视形状。此犁摄于大理市小邑庄，为白族犁。其犁身（包括犁柄）长1450毫米。犁辕长2300毫米、中部直径120毫米。二牛所抬之杠为扁木，长1400毫米、宽130毫米。犁柱全长900毫米，宽150毫米，上有两孔，可与犁评配合调整犁土深度。由于犁辕与犁身为活动连接，故犁柱上端与犁身之间有长600毫米的固定连杆。犁铧呈大三角形，肩宽330毫米、长360毫米。犁壁以铁铸造，为偏叶形状，肩宽250毫米、长350毫米

图349　近年来，大理市周围农村白族传统的三角框架长直辕二牛抬杠犁正在迅速消失。原因之一是拖拉机的推广，其次是因为饲养耕牛成本越来越高，而使用率又低，很不合算。大理白族有制作乳制品的悠久传统，人们与其饲养耕牛，则不如饲养乳牛。此帧照片即为白族妇女放牧乳牛的情景。耕牛减少，牛耕自然也便少见了

图350（上）、351（下）
大理市郊农村白族犁之二。其辕特长，犁壁形状与前犁不同，为歪梯形状

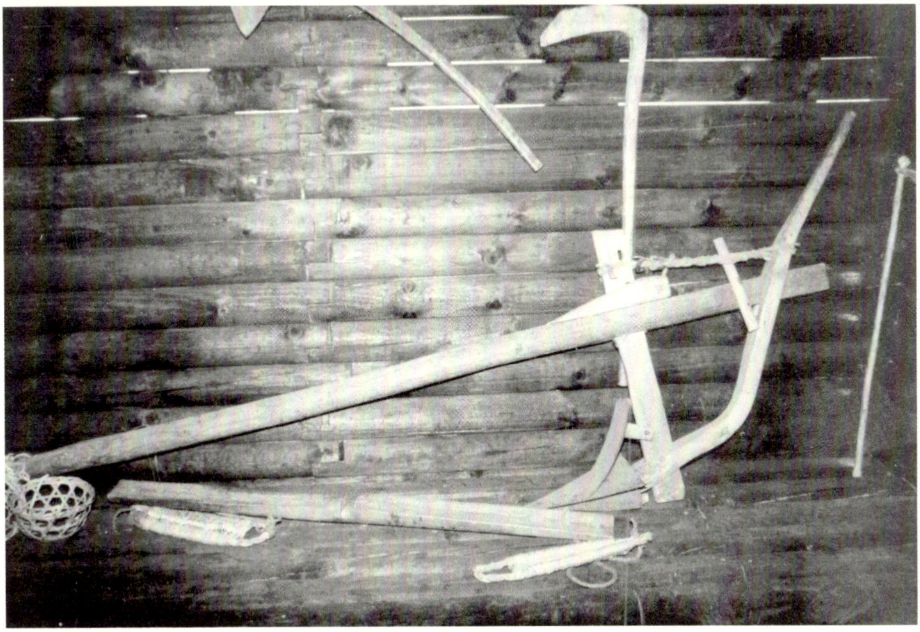

图352　大理州博物馆展示的白族犁。此犁为山区旱地犁，故形体和犁壁、犁铧都比较小

图353　剑川县白族的耕作情景（田怀清摄）。二牛抬杠二人操作，一人在后，一人骑于杠上，耕作方式甚为独特。由于耕牛还习惯于杠上坐人，故而杠上有人牛才前行，反之牛便不走

图354
江苏睢宁汉墓画像石牛耕图所刻画的犁与大理白族犁类同。大理白族的犁耕不仅与黄河流域有渊源关系，而且还有来自长江中下游的影响①

图355
云南西北部第五类型犁——怒江小型三角框架长直辕犁。照片摄于贡山县培里村（傈僳族）。傈僳族称犁为“斯果”。此犁全长2000毫米，犁铧肩宽220毫米、长300毫米，以一头黄牛牵引

图356
福贡县木古甲村怒族的小型三角框架长直辕犁

① 采自中国农业博物馆：《中国古代耕织图选集》，1986年。

图357　福贡县阿尼布村傈僳族的牛耕，一人掌犁，一人挽牛（和永祥摄）

图358（中）、359（下）
怒江不仅有单牛拉犁耕作方式，且有二牛抬杠。单牛是二牛的改进（罗钰摄于泸水县罗宜益村）

图360　中甸县三坝山区彝族村落景观

图361　三坝彝族，乃是亦农亦牧之民族。其村落通常建于山中平缓之处，而放牧则多往高山。每年2月冰雪渐融之季，每家即分派人力离家放牧，到高山牧场建立如图片所示之居所，边行畜牧，同时围栏栽种蔓菁。5月蔓菁撒籽，7月送羊下山，10月收毕蔓菁，再与牛群一道返回村寨

图362　滇西北第六类型犁——中甸县三坝山区彝族的小三角框架宽犁身短辕犁

图363　三坝彝族犁框架甚小，犁身呈宽板状，做工精细，线条流畅。此犁犁身长1350毫米，最宽处220毫米，犁辕长1900毫米，犁柱长（从犁身底面至犁辕上面）280毫米，犁铧肩宽250毫米，长350毫米

图364（上）、365（下） 三坝乡安南村藏族，亦使用彝族制造的犁具

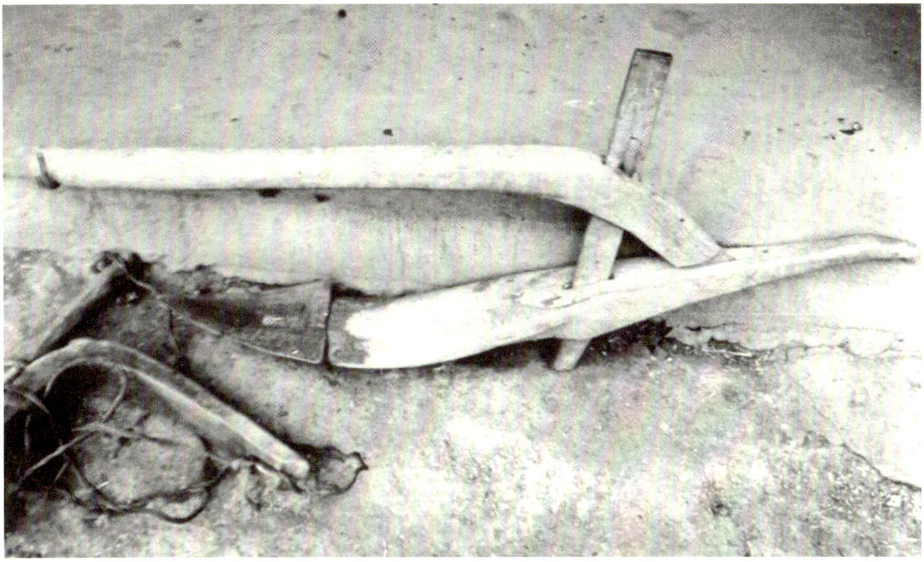

图366　三坝纳西族，既使用本民族传统的长直辕二牛抬杠犁，也喜欢使用彝族犁。此犁即为纳西族从集市上购买之彝犁

图367　三坝彝族犁以一头耕牛牵引。图中耕牛为犏牛（李晓斌摄）

图368（上）、369（下）　中甸县三坝乡变罗村彝族老人制作犁具

图370　滇西北第七类型犁——宁蒗县泸沽湖畔摩梭人的大四角框架长犁底曲辕犁（李晓斌摄）

图371
摩梭犁的犁壁和犁铧（向跃平摄）

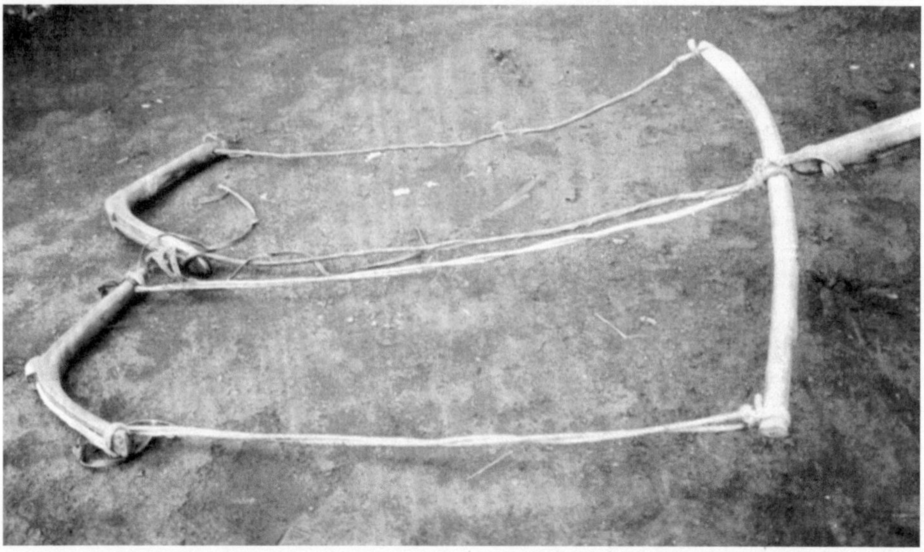

图372　摩梭犁虽以二牛牵引，然非二牛抬杠，而是二牛拉杆，与昆明市西山区五松包等村苗族犁相同（李晓斌摄）

图373　近年来，滇西北也出现了铁犁。图为大中甸藏族使用铁犁耕作的情景

第三节　云南西南部的犁

云南的西南部，包括德宏傣族景颇族自治州、保山地区、临沧地区、思茅地区和西双版纳傣族自治州，是我国与缅甸和老挝接壤的地带，也是云南自然地理和人文地理最富于特色的地区之一。该区地处横断山脉尾闾。如果把横断山比作一把扇子的话，那么滇西北就是褶皱局促的扇柄，而滇西南则是豁然开朗的扇叶。由于滇西南多为中山山地，坝子星罗棋布，海拔较低，纬度亦低，且受印度洋和太平洋季风的控制，因此在大约800米以下的地带，即为热带季风气候。在低地湿热的环境之中，居住着傣族等民族，他们自古便以水田灌溉稻作农业为生。而在海拔大约800米以上的地带，则属于亚热带山地季风气候。山地居住着景颇族、德昂族、佤族、拉祜族、布朗族、哈尼族、基诺族、彝族、苗族和瑶族等多种民族，他们主要从事轮歇旱作农业和刀耕火种农业。

尽管滇西南区域之内存在着自然和人文的垂直差异，然而该区的犁却与滇西北的一样，具有显著的地域特色。如前所述，滇西北的犁主要是四角框架长直辕二牛抬杠犁，而滇西南的犁则主要是三角框架曲辕一牛牵引犁。

滇西南的犁，从其结构来看，仍然属于我国框架犁的系谱。这种三角框架犁，早在汉代黄河下游和长江下游的画像石里便有表现。汉代之后，随着中央王朝对云南统治的加强和开拓的深入，内地的犁耕技术亦被源源不断的戍边和屯垦的军民携带入滇。而就滇西南而言，考察其犁的传来之路，则大概主要有两条：一条是人们十分熟悉的古代云南与祖国内地交通的主要通道，那就是东北之路，即自巴蜀进入滇东北，继而到达滇中，再以滇中为中心，推广到滇西南等地。另一条则是从华南经滇东南和今越南、老挝北部通向滇西南的传播之路。《后汉书·循吏列传·任延》载：“九真俗以射猎为业，不知牛耕……延乃令铸作田器，教以垦辟，岁岁开广，百姓充给。”东汉朝廷推行牛耕达到九真（汉代九真郡辖境相当于今越南清化、河静两省及义安省东部地区），今越南和泰国北部的犁具，也有与我国滇西南相同的犁型，故华南的犁具通过此路传播到滇西南的可能性是很大的。自然，今日滇西南的三角框架曲辕犁已不可能是古代传来之犁的原型，而是经该区民族改良之后适应当地风土的犁型了。

考察滇西南的犁，当以傣族为中心。傣族是该区历史最为悠久的农耕民族之一，亦是该区犁具形式较多、犁耕技术最为发达的民族。相比之下，该区的山地民族因长期从事采集、狩猎和刀耕火种农业，因而采用犁耕的时代普遍较晚，而且他们的犁具多半是从傣族那里引用过来的。综观滇西南各民族的犁具，大体上可以分为三种类型：第一类型是三角框架长犁柄曲辕犁。此型犁多为旱地犁。由于山地坡度大，耕作时犁具必须频繁随地形而摆动，所以需要有比较长直的犁柄。而且由于山地土层薄，不宜深耕，故其犁辕与犁身平行。犁铧有三种，第一种是三角形铧，主要用于耕作旱地；第二种是菱形铧；第三种为叶形铧，多用于耕作水田。第一类型犁一般无犁壁，只是在耕作土壤深厚的旱地和水田时，才偶尔装配木制的犁壁。滇西南山地民族众多，但大多数都是使用此型犁具。第二类型是三角框架短犁柄曲辕犁。这种犁的犁身有弧度，犁柄短，犁辕曲度大，所以适于耕作平坦的旱地和水田。犁铧有肥大三角形铧和菱形铧两种，一般不安装犁壁。第三类型是大框架（大四角或大三角）直辕犁。此型犁分布于西双版纳景洪市南部及勐腊县境。其犁身下部弯曲，有的弯曲几近直角，犁辕多以竹子制作，成直辕，犁柱靠前，故形成大框架结构。一般无犁壁，犁铧呈三角形，并向右偏转，适于水田翻土。此型犁所具有的大框架结构和以竹为辕的特征，在滇南犁具之中显得特别突出，它是西双版纳南部傣族别出心裁的犁具之作。

图374　滇西南的水田景观

图375　瑶族的竹制牛铃

图376（左）、377（右）
滇西南第一类型犁——三角框架长犁柄曲辕犁（勐腊县丫口寨瑶族犁）

图378　勐腊县芒果树乡哈尼族犁

图379　景洪市摩登寨哈尼族犁

图380　勐腊县大卡老寨哈尼族的水田、旱地两用犁。其犁有调整耕作深度的犁评

图381　勐腊县大卡老寨哈尼族的又一种犁——长柄大曲辕犁。其犁身长1940毫米，犁辕厚70毫米，最大宽度120毫米，犁辕弯曲处外轮廓至犁身距离650毫米，犁柱全长880毫米，犁铧呈菱形，长400毫米、底宽85毫米、中部宽200毫米。该寨有汉族移民，此犁型是汉族犁与哈尼族犁相结合的产物

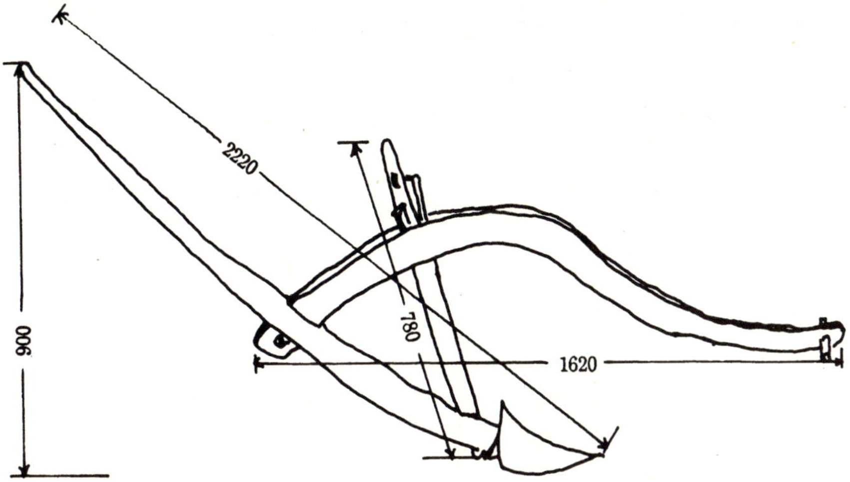

图382 景洪市曼播新寨克木人的长直犁身曲辕犁（渡部武图，1993年）

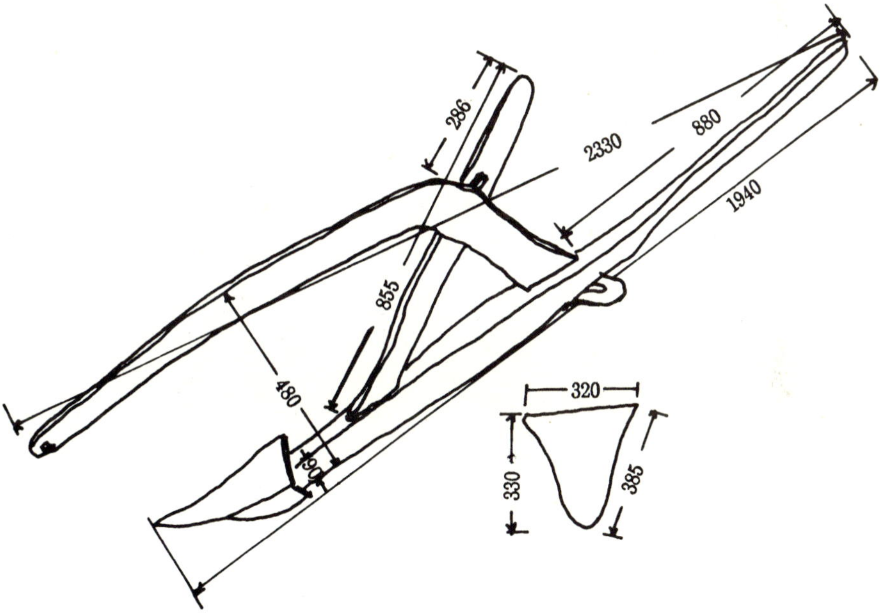

图383 景洪市曼贺冬寨哈尼族的长直身曲辕犁（渡部武图，1993年）

图384　沧源县糯良寨佤族犁

图385
沧源县永和寨
佤族犁

图386 景洪市安麻老寨拉祜族犁，其犁安装长菱形犁铧，可犁旱地，亦可犁水田

图387 清代顺宁府“倮黑图”中的耕作图

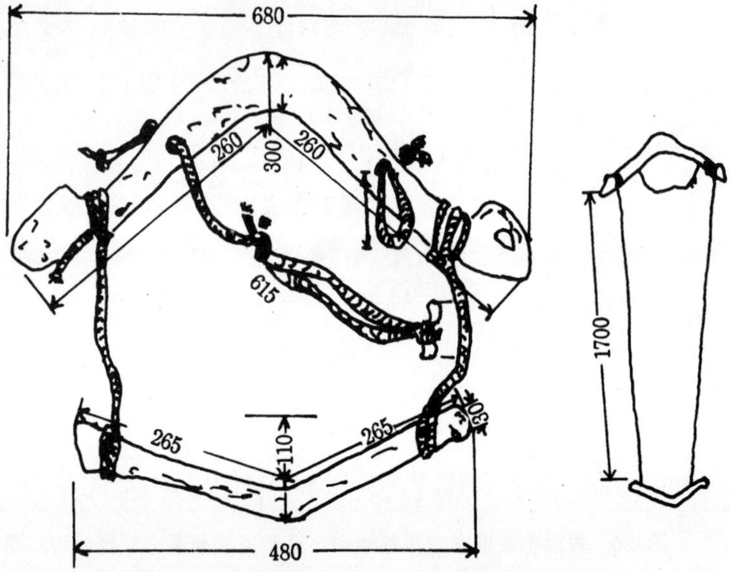

图388 安麻老寨拉祜族的牛轭和尾档（渡部武图，1993年）

图389 景洪市基诺山巴卡小寨的长柄旱地犁

图390　基诺族长者给年轻人示范安装犁铧的正确方法

图391　巴卡小寨基诺族耕作旱地情景

图392（上）、393（下）
景洪市曼贺冬寨哈尼族的牛轭、牛档和牛铃

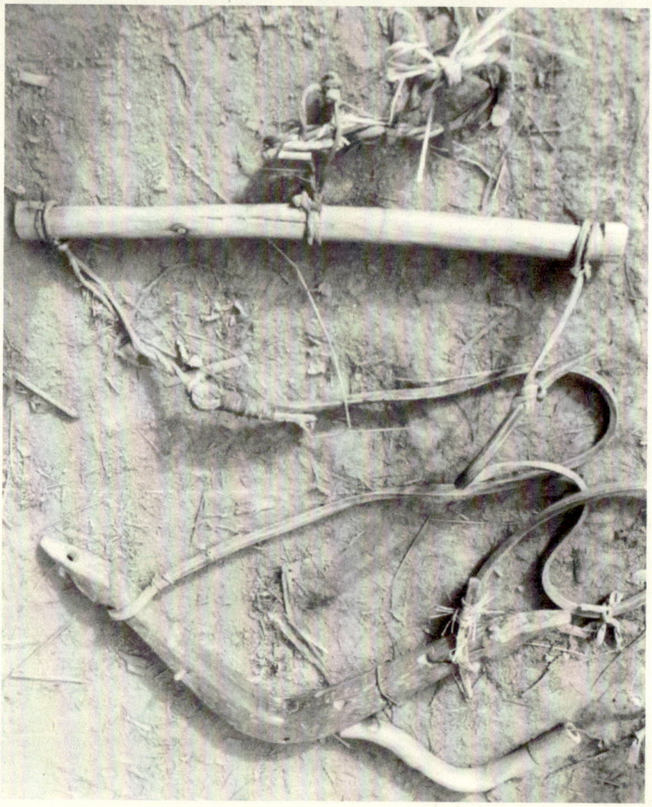

图394　滇西南山地民族使用的两种犁铧。三角形铧是传统旱地犁铧；菱形铧是20世纪50年代之后才出现的犁铧，这种铧的后背较长，兼有犁壁的功能，因此适宜耕作水田

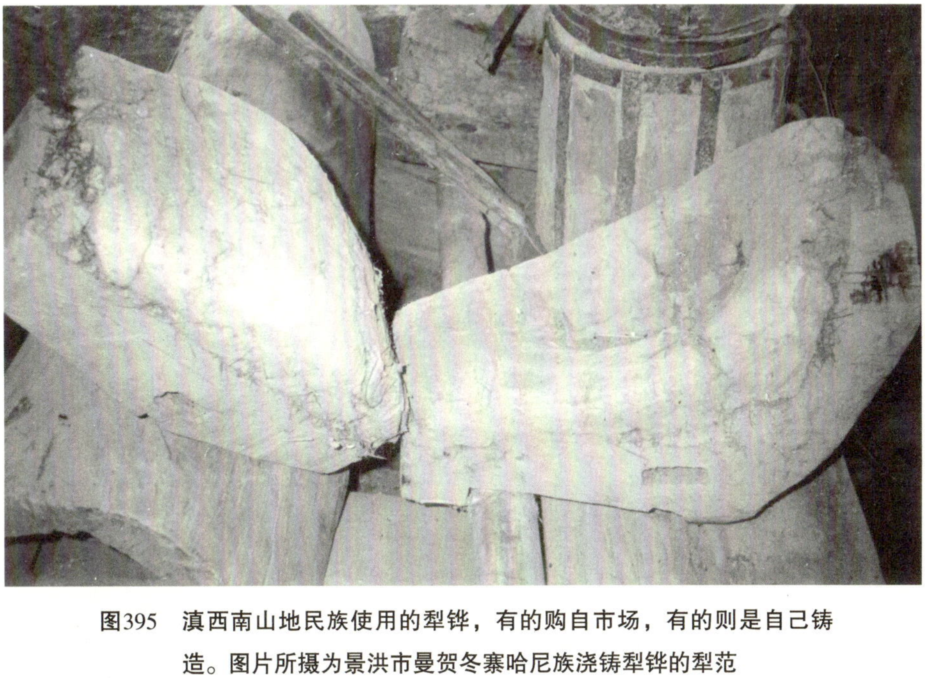

图395　滇西南山地民族使用的犁铧，有的购自市场，有的则是自己铸造。图片所摄为景洪市曼贺冬寨哈尼族浇铸犁铧的犁范

图396（上）、397（中）、398（下）陇川县海南村阿昌族的犁范和浇铸场面（罗钰摄）

图399（上）、400（下）
澜沧县上允镇周围农村的拉祜族，把旧犁铧带到集市上去交换新犁铧

图401　澜沧县上允镇集市上出售的菱形犁铧

图402
西双版纳傣族，根据犁铧形状的不同，通常把长柄曲辕犁分作三种：第一种叫“苔双”（傣语称犁为“苔”），为三角形铧有壁犁；第二种叫“苔活木”，为叶形铧犁，傣族视其形状如猪头，所以叫“活木”（猪头之意）；第三种叫“苔三英”，即有三条筋的菱形铧之犁。三种犁铧之中，前两种是傣族传统的古老的犁铧，第三种产生时间不长，仅三四十年。照片摄于景洪市蛮乱典寨，此即“苔三英”犁

图403 景洪市蛮乱典寨傣族使用“苔三英”耕作水田情景

图404 景洪市曼斗寨傣族的“苔三英”犁。其犁柱穿出犁身，形成短小犁底

图405（上）、406（中）
景洪市曼斗寨傣族的“苔双”犁。此犁用三角形铧，配有木制长方形犁壁。其犁身和犁柄全长2100毫米，犁柱长865毫米（从犁底到犁辕上面），犁辕长1450毫米，犁铧肩宽260毫米、长340毫米，壁宽170毫米、长260毫米、厚20毫米

图407
傣族居住的木楼，楼下横梁为置犁之所

图408

曼斗寨傣族的“苔活木”，即叶形铧犁。叶形铧是傣族特有的古老犁铧，其形状颇似滇池地区出土的滇国时代的铜锄。其铧最宽250毫米，长430毫米

图409

曼斗寨傣族的“苔活木”。由于其犁身笔直，故可用绳索将犁铧固定于犁辕上（李晓斌摄）

图410

景洪市曼浓干傣族的长柄曲辕叶形铧有壁犁。旱傣犁与水傣犁结构基本相同，只是犁架较大，木壁形状也有所不同

图411

曼浓干傣族犁具之二。此犁大致与图410犁同，但用材较细，叶形铧上部有肩，且有木制的小巧的犁壁

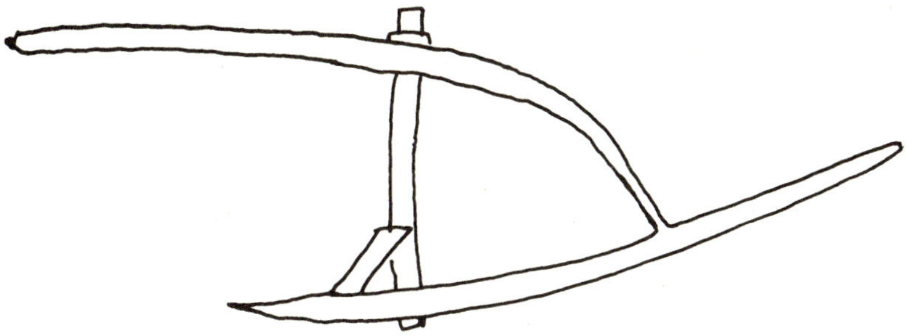

图412　在中国内地的三角框架犁具之中，只有图示的广东和海南岛犁与滇西南三角框架犁最为接近。① 如前所述，从华南至滇西南，古代曾有过一条犁耕的传播之路

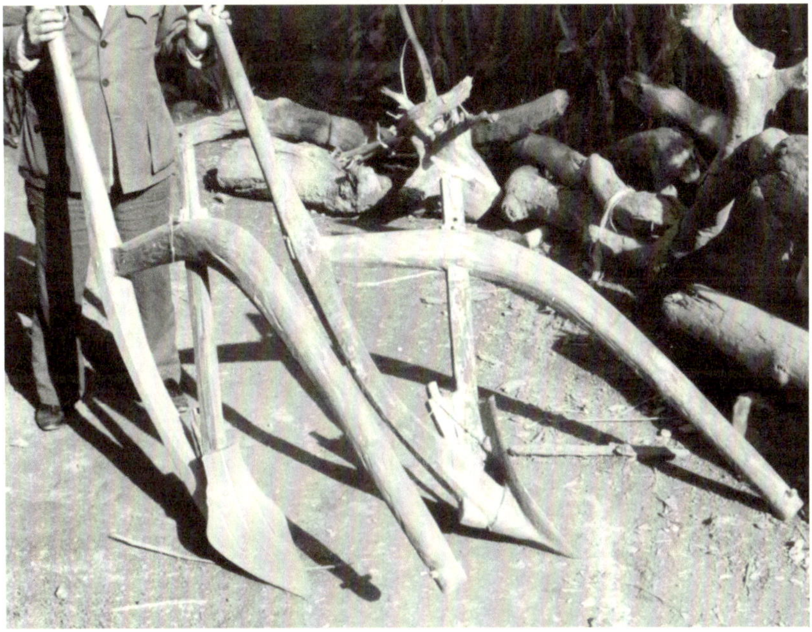

图413　滇西南第二类型犁——三角框架短犁柄曲辕犁。此型犁与第一类型有三点不同，其一是柄短，其二是犁身有一定曲度，其三是犁辕弯曲度大。西双版纳傣族对这两类犁也有不同的命名，第一类型犁称为“王丝”，第二类型犁则叫作“王戈”。图片所摄即为景洪市曼斗寨的“王戈”

① 采自家永泰光：《犁と農耕の文化》，古今书院1980年版，第44页。

图414　景洪市戛栋乡傣族使用“王戈”犁田的情景

图415　耿马县孟定傣族犁用材较细，流畅舒展。犁铧为半长叶形

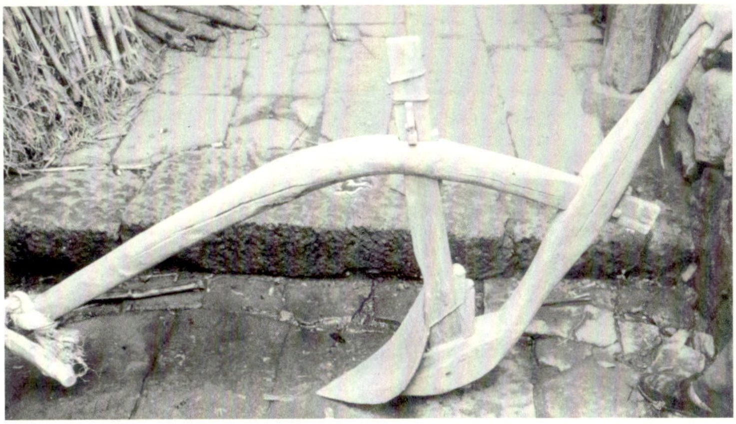

图416
瑞丽市傣族犁犁辕比西双版纳犁长，且犁铧硕大

图417
瑞丽傣族犁用二牛牵引

图418
腾冲县和顺乡汉族犁壮实敦厚，有犁评，犁铧呈肥大半叶形

图419　龙陵县松山农村汉族犁之一。此式犁类似腾冲犁

图420　松山犁之二。此式犁犁辕稍长，且有犁底

图421　滇西南第三类型犁——西双版纳傣族的大框架直辕犁。此型犁分布在景洪市南部及勐腊县境的傣族村寨。其犁犁身下部弯曲，有的曲度接近直角，形成长犁底和近似四角形的框架。辕直，有竹、木辕两种。铧呈三角形，向右偏转。有犁评，一牛牵引

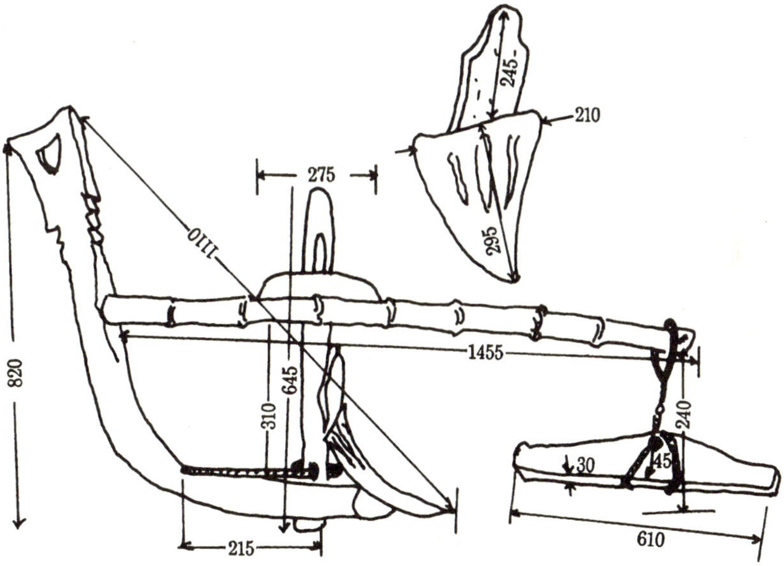

图422　景洪市曼档寨傣族的大框架竹辕犁测绘图（渡部武图，1993年）

图423（上）、424（下）
景洪市大勐龙曼嘎上寨傣族的大框架竹辕犁。犁高1065毫米，竹辕长1500毫米，犁柱长700毫米，犁铧宽205毫米、长350毫米

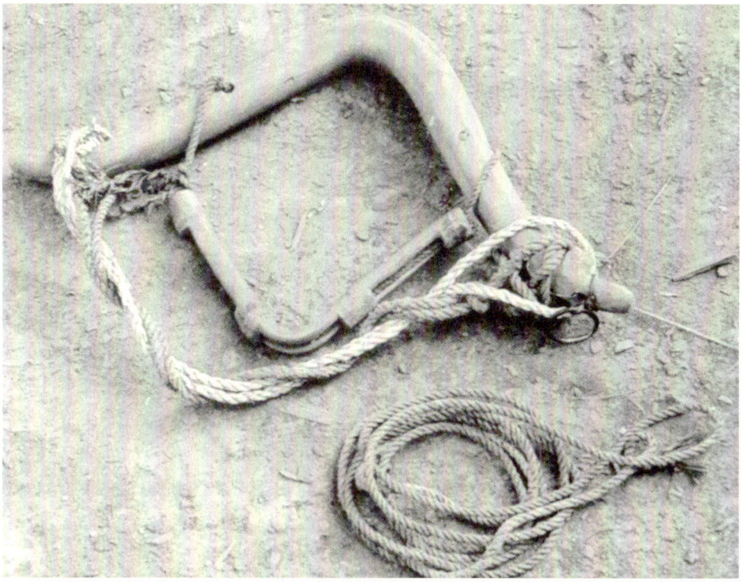

图425
曼档寨傣族的牛轭和尾档

图426
曼档寨傣族用龙竹根制作的牛铃

图427（上）、428（下）
景洪市勐罕乡傣族的大三角框架直辕犁。勐罕犁造型独特，又自成一体

图429　景洪市勐罕乡曼脑寨傣族犁。此犁亦为大三角框架结构，但犁辕稍短且曲

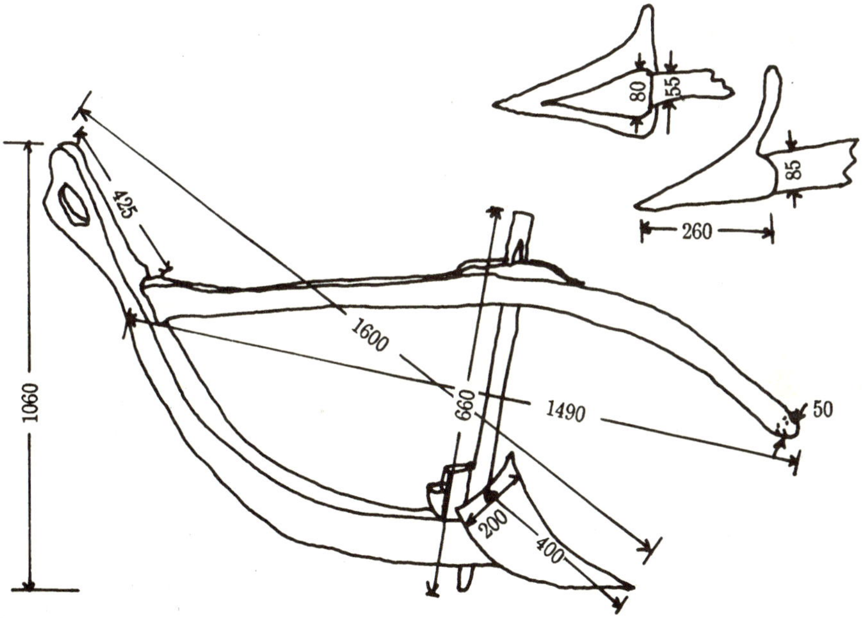

图430　曼脑寨傣族犁测绘图（渡部武图，1993年）

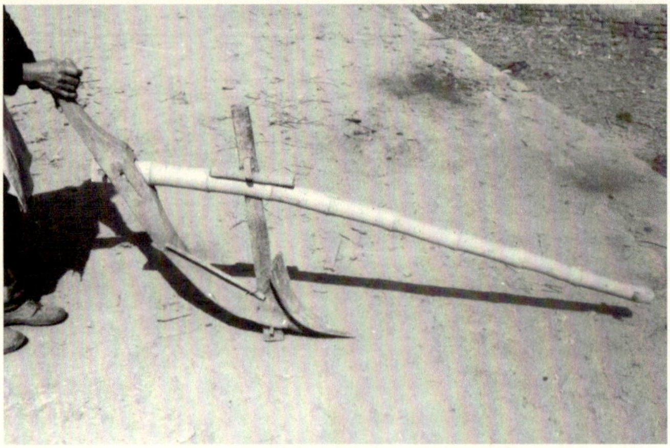

图431（上）、432（中）
景洪市大勐龙乡向东寨哈尼族原居山区从事刀耕火种农业，后搬迁到坝区定居，与傣族杂居而处。他们使用的此式犁，一看便知是傣族犁

图433
景洪市勐罕乡摩登寨哈尼族的水田犁。其形制完全类似傣族犁，只是形体较大

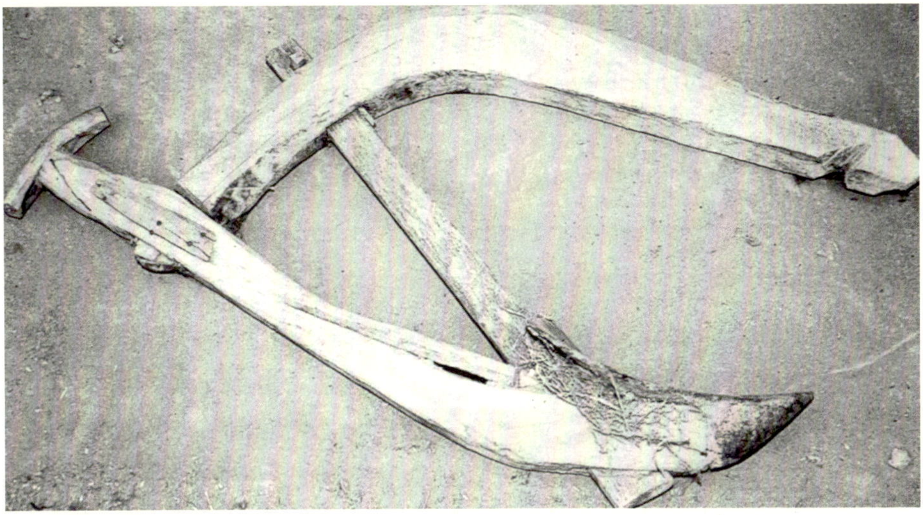

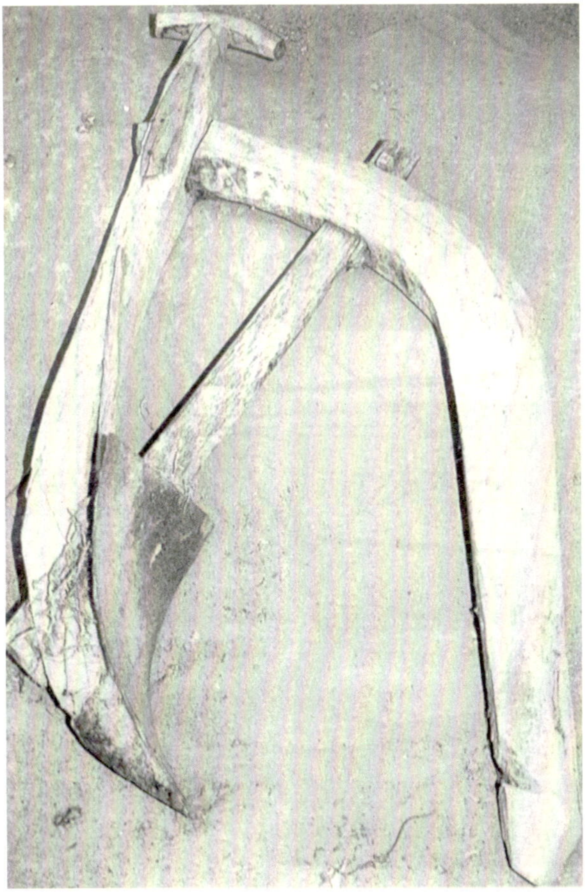

图434（上）、435（下）
摩登寨哈尼族的又一型水田犁。其犁铧虽是傣族的三角形偏铧，然而其形制却甚为奇特

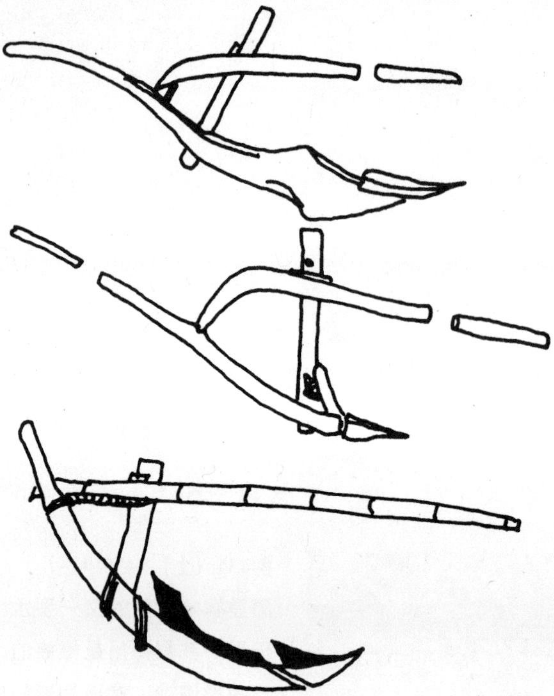

图436
越南北部的犁具，与西双版纳傣族犁具有某些相同之处（家永泰光图，1980年）

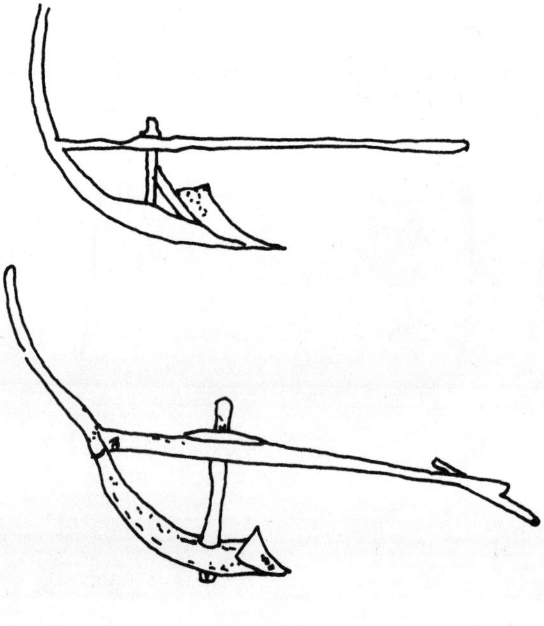

图437
此式为泰国犁，与西双版纳傣族的大框架直辕偏铧犁形制相同（家永泰光图，1980年）

图438
傣族是水田稻作民族，犁耕技术发达，耕牛饲养亦多。图为耿马县孟定傣族放牧水牛

图439
傣族的耕牛主要是水牛。傣族居住竹木楼，人居楼上，楼下养牛

图440
水牛是傣族的重要财富，人们对水牛爱护倍至，热天常赶牛到河中为其擦洗污泥

图441（左）、442（右） 西双版纳傣族的牧牛桩。其做法是在地上打一木桩，上套一截竹筒，竹筒可转动。竹筒上端开槽，以插销夹持一长竹竿。竹竿后端缚重物以下压，前梢则系长绳以牵制牛鼻。一桩缚一牛，牛可随意低头吃草，但却不能离桩而走。其结构简单巧妙，又不需要人看守，可谓傣族农耕文化中的一绝

图443（上）、444（下）　牛可耕作，可驮运物资，可作祭祀牺牲，是人们不可缺少的肉食，其粪还被用作燃料。德宏傣族有烧牛粪的习惯，他们每天收集牛粪，将其捏作大饼状，置于竹笆或糊到土墙之上晒干，然后储存备用。以牛粪作燃料，不仅可以清洁环境，节约柴薪，利于保护森林，而且其烟还可驱赶蚊虫，使人们少受疟疾等疾病的传染

图445　在西双版纳，农民操犁耕田，田头河畔竖立的一架架牧牛桩和水黄牛悠然食草的情景随处可见。然而近年来，越来越多的拖拉机驶进了田间，该区传统的耕作方式正在发生变化

第四节　元江流域的犁

元江是云南五大河流之一。元江源头在大理南部，其上游在云南境内，称为元江，下游在越南北部，叫做红河。元江自西北向东南而流，它的北岸是滇中高原南部山地，南岸平行横亘着连绵逶迤的哀牢山。元江流域的地貌虽不似滇西北那般巍峨险峻，然而却不如滇西南那么平缓开阔，由于山原破碎、纵横交错，加之江河深切、高差悬殊，故该区自然条件极为复杂多变，其光热雨量都应着一句民谣：“一山分四季，十里不同天。”

元江流域民族众多，分布亦很有规律。在沿元江几百公里长的低热河谷之中，是云南除从德宏至西双版纳的滇西南之外又一个傣族聚居的世界。那里不仅有穿戴极为媚美绮丽的花腰傣，而且还有若干文化习俗均十分独特的旱傣和水傣支系。元江傣族虽然在很多方面不同于西双版纳和德宏的傣族，然而具有发达的犁耕、依赖种植水稻为生却是相同的。元江傣族的犁，亦是三角框架犁，然而上下游的犁型却有很大差别。上游傣族犁大致与同区的汉族犁和哈尼族犁类似，为大三角框架曲辕犁；下游因临近滇东南，故受壮族影响，犁型一变而为小三角框架直辕犁了。

在傣族所居河谷的上部，即在海拔约1000米以上的山区，是哈尼族、彝族等的分布带。哈尼族和彝族都是古代氐羌族系的后裔，他们原本生活在云南以北的川藏高原一带，属于亦农亦牧的民族。大约在战国时代，开始向南迁徙，后来逐渐深入扩散到滇中和滇南。①元江流域的哀牢山区，是古代哈尼族南下迁徙落脚定居的一个最大的聚居地，那里现在是云南唯一的哈尼族自治州。该区彝族支系和人口亦非常众多，其迁移流动范围也十分广阔，在元江河谷两岸，彝族村落亦比比皆是。

哈尼族和彝族虽然都生活在山区，然而哈尼族多选择雨量充沛、山泉丰富的湿润坡地居住，并且很善于开凿梯田。唐代樊绰所著《蛮书》载："蛮治山田，殊为精好。……浇田皆用源泉，水旱无损。"嘉庆《临安府志·土司志》也有关于哀牢山梯田的描述："依山麓平旷处，开作田园，层层相间，远望如画。至山势峻急，蹑坎而登，有石梯蹬。山源高者，通以略杓，数里不绝。"由此可见哈尼族等经营梯田历史之悠久和筑田灌溉经验之丰富。如今在人们的印象之中，梯田已成为元江流域哈尼族的象征。只要提到那里的哈尼族，人们便会立即联想到壮丽的梯田；反之，如果看到梯田的画面，也必然会将其与哈尼族联系在一起。那么，哈尼族耕作梯田又使用何种形式的犁具呢？从犁型结构看，元江流域的哈尼族犁与西双版纳的哈尼族犁有所差别，虽然元江犁也属于三角框架曲辕犁，但其犁柄短，犁辕曲度不大，犁铧较大，犁壁有铁制和木制两种。木犁壁大小悬殊，极富特性。

与哈尼族不大相同，彝族所居环境多为干旱的山地。彝族虽然也经营水田，然而大多数则是耕种旱地，以种植玉米等作物为生。该区彝族犁大致有三个类型。一是水田犁，其形状与哈尼族犁相似，只是犁身和犁辕稍显直长。二是旱地犁，其犁身下部弯曲几近直角，成为长犁底，犁底与犁身、犁柱、犁辕构成四角框架结构，可谓四角框架长犁底曲辕犁。三是小三角框架犁。彝族犁类比较丰富，不论在什么地方，都有其独特的犁型，而且都能对相邻民族产生不同程度的影响。

① 云南省历史研究所：《云南少数民族》，云南人民出版社1983年版，第82页。

图446　在元阳县境内，有云南最为壮观的梯田。哈尼族聚居的哀牢山，属于亚热带山地季风气候，迎风坡年降雨量高达2500毫米以上。哈尼族具有保护森林的优良传统，而且至今仍保持着龙树崇拜的习俗。高地森林覆盖，有利于涵养水源，所以哈尼族说哀牢山是“山有多高水有多高”。水源丰富，山高水长，是哈尼族梯田发达的重要原因

图447　元阳哈尼族最壮观的梯田景观——老虎嘴梯田

图448　元阳县哈尼族的村寨景观

图449　元江流域第一类型犁——三角框架曲辕犁

图450（上、下）

元阳城郊彝族的三角框架曲辕犁。从犁形以及犁铧、犁壁来看，这种犁很类似哈尼族犁（唐立摄）

图451　元阳县全福庄哈尼族犁。其犁配大三角形铧，装大方形犁壁

图452　全福庄哈尼族犁之二。根据耕作情况，也可以不使用犁壁

图453　全福庄哈尼族犁之三。此为小犁壁大铁铧犁

图454　哈尼族家家养许多头猪，既是对肉的需要，猪粪也是梯田的重要肥料

图455
元阳县南部的绿春县，亦是哈尼族的聚居地。村寨坐落于高坡之上，其上是森林，其下为梯田，这是哈尼族聚落的显著特征

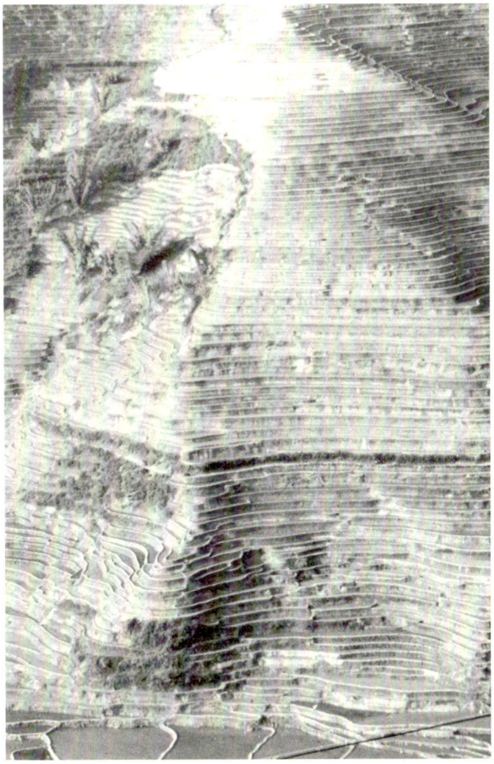

图456
绿春县哈尼族的梯田，从山脚到山头，多达上百层

图457　绿春县大寨村哈尼族犁之一——大叶形铧犁

图458　大寨村哈尼族犁之二——三角形铧大木壁犁

图459　大木壁犁的后视形状

图460　绿春县哈尼族居住土墙瓦房，犁具一般挂置于墙壁之上

图461（上）、462（下）　绿春县大水沟村哈尼族的尖三角铧木壁犁和耕田情景

图 463（上）、464（下）
绿春县大水沟村哈尼族的大三角铁铧方形木壁犁

图465　在红河县西北部山地，分布着哈尼族的一个很有特色的支系——奕车人。图为奕车人的村寨和梯田景观

图466　红河县金竹林村奕车人的三角框架犁。其犁犁身弯曲度较大，犁辕比较平直

图467

奕车犁和一般哈尼族犁相同，犁铧大犁壁也大。犁铧肩宽270毫米、长310毫米，犁壁宽250毫米、长350毫米，犁身和犁柄长度为1500毫米，犁辕长1340毫米，犁柱全长900毫米，自插销至犁底长550毫米，犁柱沿犁辕至犁身的距离为250毫米

图468

元江县东南部与红河县相邻的小羊街乡，亦是哈尼族的聚居区。图为小羊街乡哈尼族的村寨和梯田景观

图469　元江县小羊街哈尼族犁与相邻的红河羊街奕车犁大致相似。但前者用材较粗，且犁辕较曲

图470　小羊街哈尼族犁田场景

图471
元江县因远镇北泽新寨哈尼族犁。其犁铧甚大，呈宽叶形，而以木制作的犁壁却很小

图472　因远北泽新寨哈尼族犁田场面

图473　元江县因远镇有哈尼族17500余人，又有白族4680多人（1994年）。白族居住坝区，与哈尼族交往甚密，其犁具也与该区哈尼族犁相同。图为因远旧白泽村白族犁。其犁身和犁柄长1100毫米，犁辕长1350毫米，犁柱全长840毫米，犁底至犁辕上面长600毫米，犁铧肩宽160毫米，中部最宽260毫米，长480毫米。牛轭开口宽640毫米，深380毫米，轭木中部宽、厚皆为50毫米，头部为40毫米，轭绳长1980毫米

图474（上）、475（下）
蒙自县石马脚村壮族犁。此式犁很注意犁身和犁辕的曲线造型，尤其是其木犁壁的偏弧形加工技艺，亦可谓犁中之绝活(高翔摄)

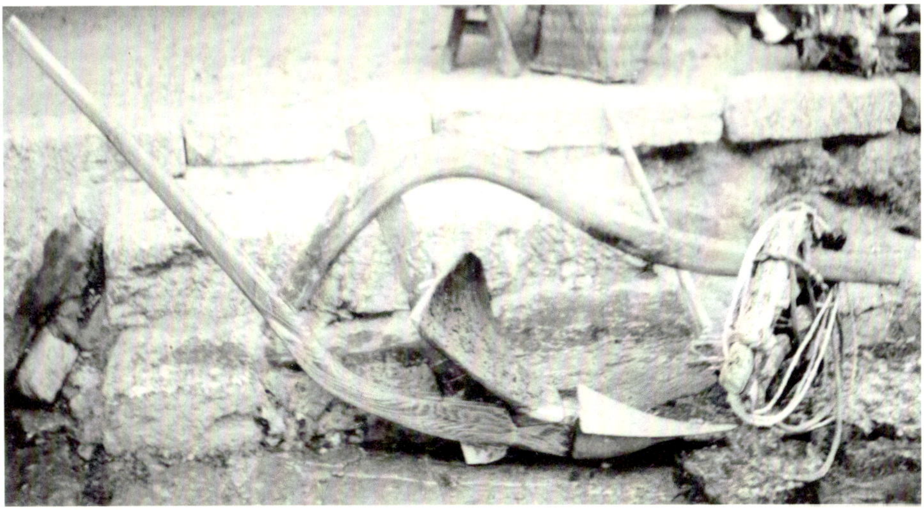

图476
红河县干旱山原上的彝族聚落景观

图477　元江县湿热河谷中的彝族聚落景观

图478
元江流域第二类型犁——彝族长犁底曲辕犁

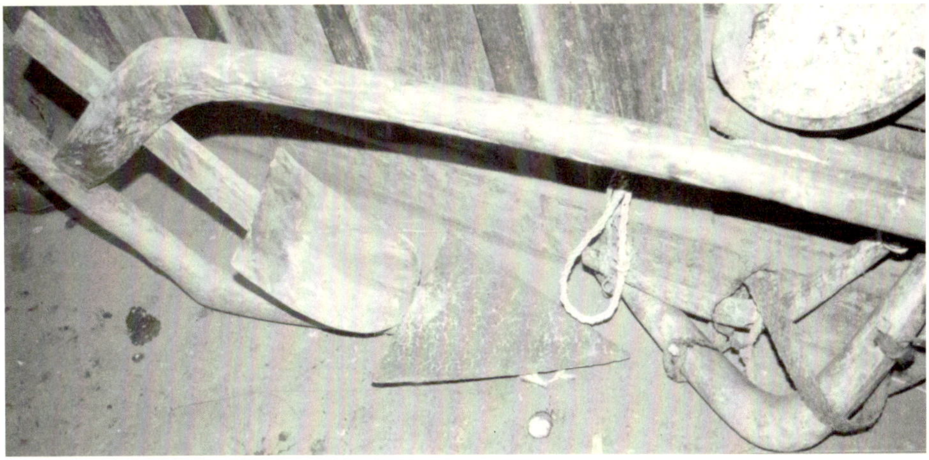

图479　石屏县牛街乡邑黑吉村的彝族犁。从图中可以看到，彝族犁与哈尼族犁有很大差别。彝族犁犁身下部弯曲成长犁底，框架接近四角形，犁辕前部直长，犁壁呈上方下圆形，具有滇西北四角框架长直辕犁的某些特征（李晓斌摄）

图480　石屏县牛街斐脚村彝族的旱地犁（街顺宝摄）

图481（上）、482（下）
红河县西部山区彝族的
小型四角框架旱地犁

图483
建水县普古鲊村哈尼族犁。此犁之犁辕为哈尼族式曲辕，而框架和犁底则显然是彝族犁的特征

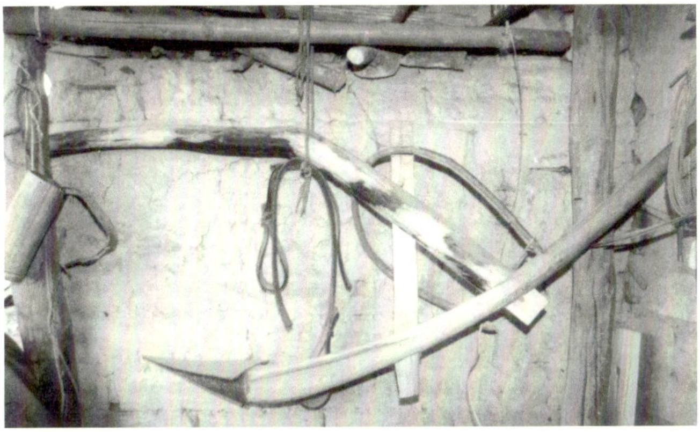

图484（中）、485（下）
元江流域第三类型犁——小三角框架犁。小三角框架犁在云南有两个主要的分布地区，一个是前面讲过的滇西北中甸县的三坝彝族山区，二是下节将要介绍的滇东南地域。元江流域有大量彝族聚居，又邻近滇东南，所以零星分布着小三角框架犁，也就不足为奇了。图为建水县哈尼族的犁具，然而由于其具有小三角框架和宽犁身的特征，因此当属于彝族犁

图486、487

弥勒县西一乡彝族犁。此式犁框架很小，然而犁身却特别宽大，可以说是壁身一体的形制（街顺宝摄）

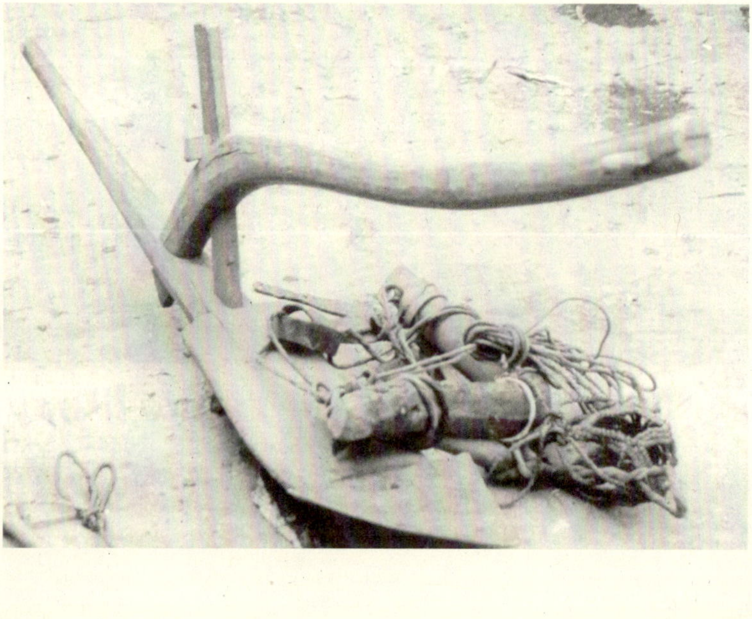

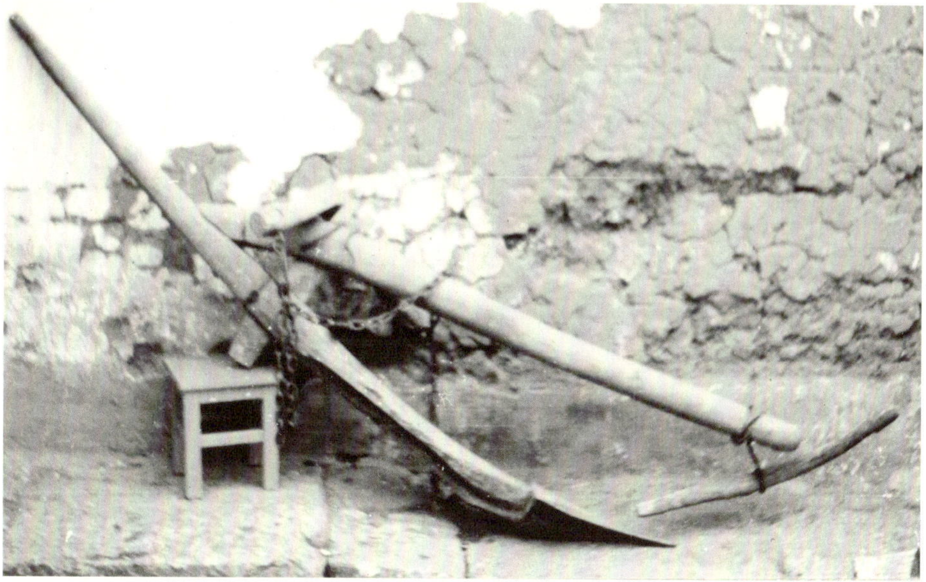

图488　蒙自县白露脚村彝族的旱地犁。此犁亦是犁身犁壁一体的形制，其造型十分流畅舒展（高翔摄）

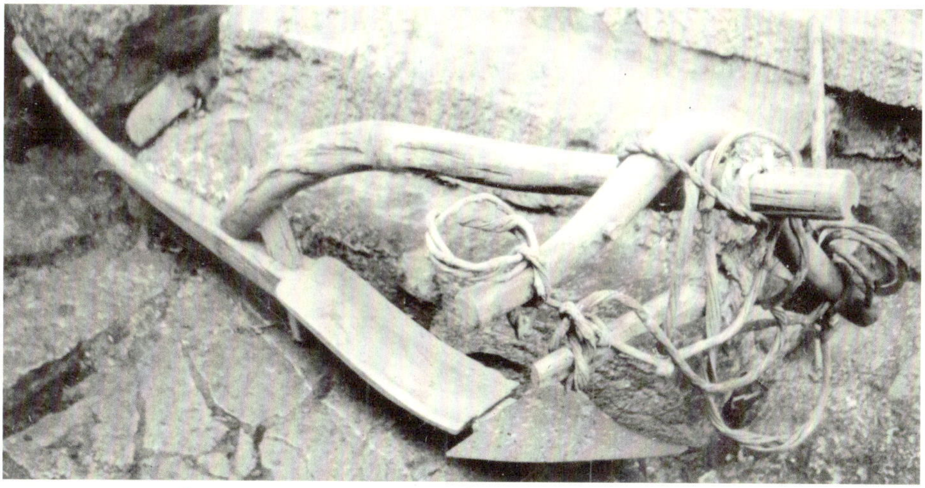

图489　蒙自县石马脚村壮族也使用这种设计大胆夸张的彝族犁（高翔摄）

图490
绿春县黄茅岭乡头道桥村傣族（黑傣支系）的小三角框架有底犁。此式犁与下节将要介绍的滇东南犁同类，是滇东南犁的西渐

图491
元江县曼样村傣族（水傣）的铁犁

图492
蒙自县十里铺村彝族的铁犁。近年来，元江流域也出现了以铁犁取代传统木犁的趋势（高翔摄）

第五节　云南东南部的犁

云南东南部，即文山壮族自治州以及与之相邻的曲靖和红河两地州的东南部分，是云南又一个十分特殊的地域。从自然地理看，该区到处为喀斯特地貌，虽然地势比较低缓，地形以丘陵和盆地为主，然而却是一个石头遍布的世界。从人文地理看，那里虽然也和云南其他地区一样，分布着众多的民族，诸如彝族、苗族、瑶族和汉族等，然而却主要是壮族的聚居地。而从本文探讨的对象——犁具来看，该区显然又是一个别具风格的犁文化区了。

滇东南的犁，主要是小三角框架短犁底有壁犁。这种犁的犁柱与犁身结合部位较高，故形成特殊的小三角形框架结构。其犁用材均匀，制作较为精细。犁辕有直辕和曲辕之分。犁底有以犁身自然弯曲而成和单件制作之别。用三角形犁铧。犁壁有铁壁和木壁两种，铁壁较大，用于水田犁，木壁较小，用作旱地犁。单牛牵引，或用水牛或用黄牛。

滇东南犁的小三角框架结构形式，不见于中原和江南的犁具之中，而在云南，相同的框架形式却存在于中甸三坝彝族村寨。无独有偶，滇东南尚有一种宽犁身彝族犁也与中甸彝族犁如出一辙。滇东南和滇西北相距千里，犁型却如此相近，不言而喻，这显然是彝族南下迁徙及其文化传播的结果。

然而，如果从滇东南犁的犁壁和犁底来看，显然又与中甸彝族犁迥然有别了。如前所述，滇东南不仅有自北方迁入的彝族，还有汉代之后不断来自内地的汉族，有元明清经贵州、广西源源而来的苗族和瑶族，更有在该区生存历史极为悠久的壮族。因此，滇东南的犁不仅具有彝族犁的特征，而且还不同程度地融入了其他民族的文化因素。特定地域内特定民族的相互交流和影响，才会产生出富于地域特色的新型犁具。

图493　文山州广南县坝子中的
壮族村寨

图494　依田傍山的
壮族人家

图495　喀斯特地貌典型的
锅状山地

图496　喀斯特山地石多成灾，土贵如金。为了生存，人们不得不在遍山的石头缝隙之中栽种玉米

图497
滇东南第一类型犁——小三角框架短底犁。在滇东南的犁具之中，壮族水田犁形体舒展，线条流畅，部件齐全，制作精细，最为雍容别致。图为广南县小广南村壮族的水田犁

图498　小广南村壮族水田犁框架小，犁身直，有短犁底，犁辕微曲且长，大三角形犁铧，大铁犁壁，犁柱上挂有刮板，犁铧左侧镶一圆形木棍，以作扛犁时护身之用

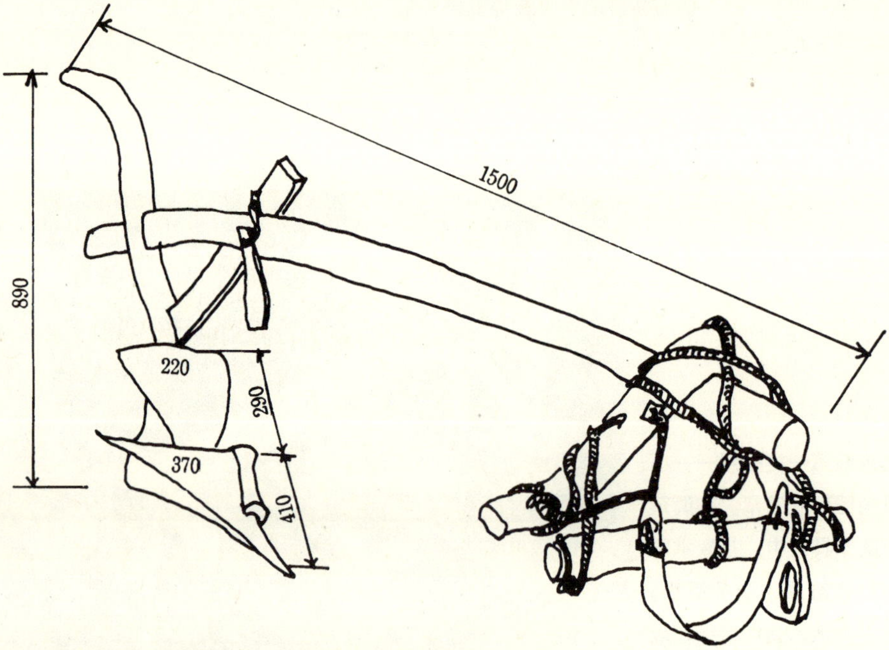

图499　小广南村壮族水田犁测绘图

图500　小广南村壮族犁有短犁底（长约200毫米），系以天然弯曲木材制成

图501　壮族犁田用水牛。图为小广南村寨中心水牛憩息的场所

图502
壮族与水牛有不解之缘，白天牵牛到田中放牧，傍晚则赶回家中喂养。小广南壮族居土墙瓦房，楼上人居，楼下一半为厨房，一半作牛圈，人和牛由同一道门出入，中间仅以木栏隔开

图503
广南县南屏镇农民扛犁出田情景。其犁与小广南村水田犁基本相同，只是犁辕稍短

图504
广南县安王村彝族的水田犁。小广南村壮族犁犁辕向下微曲，而安王村彝族犁的犁辕则向上翘曲，其犁壁上圆下方，也与小广南犁不同

图505 安王村彝族的旱地犁。旱地犁不使用大型铁犁壁，而装配较小的木犁壁

图506 安王村彝族耕作旱地情景

图507
广南县董那孟村壮族
安装犁具情景

图508
广南县峰岩洞村为汉族聚落。该村所用犁具与周围壮族、彝族的相同，也是小三角框架短犁底犁。村中有一二户人家擅长制作犁具。照片中小女孩手拿的小木犁，是其父为她制作的玩具

图509 峰岩洞村汉族的旱地犁。耕作旱地也可以不装配犁壁

图510 峰岩洞村汉族耕作旱地情景

图511　峰岩洞村汉族妇女耕作旱地。妇女操犁耕作，在云南仅见于广南汉族，其他地区皆沿袭男耕女织的传统

图512　丘北县普者黑彝族村庄风景

图513　普者黑彝族的田园

图514
普者黑湖畔的农地

图515
普者黑彝族的水田犁。该区彝族犁仍然是小三角框架结构，但与广南犁有两点明显不同：其一是犁辕平直；其二是犁底不全是犁身之弯曲延长而成，亦有以单独木料制作的

图516（上）、517（下）

普者黑彝族水田犁之二。由于犁底为单独的木材，所以较平且长。因是水田犁，故犁铧和犁壁都比较大

图518（上）、519（下）
普者黑彝族的旱地犁。旱地犁装配木犁壁。木壁后背凿楔形槽，加木楔可使之固定于犁身之上

图520　普者黑彝族旱地犁之三。其犁有犁评，可调节耕作之深浅

图521　丘北县白石岩村彝族的木壁短底旱地犁（高翔摄）

图522（上）、523（下）
丘北县壮族犁。其犁壁之长，可谓铁壁中之冠
（高翔收集，尹绍亭摄）

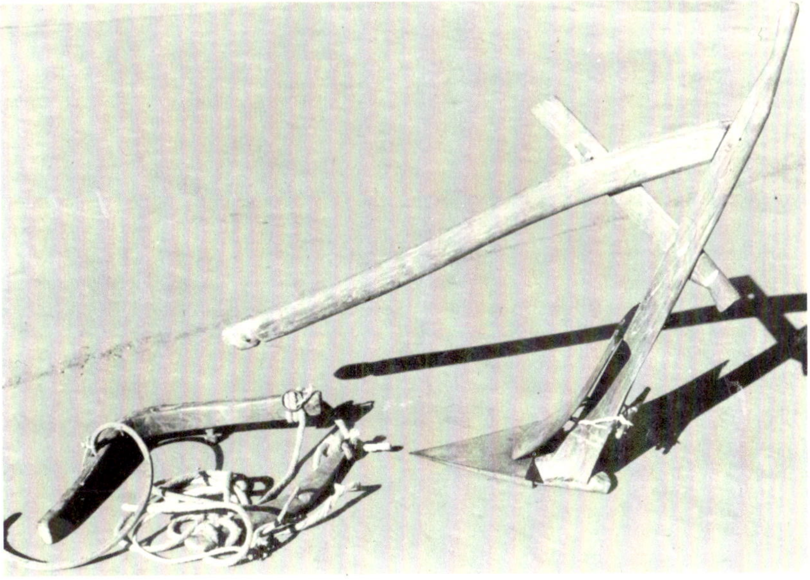

图524
滇东南的小三角框架短犁底有壁犁，其分布的北界在曲靖地区南部。图为罗平县彝族犁（罗钰摄）

图525（中）、526（下）
滇东南第二类型犁——小三角框架或无犁柱宽犁身犁。此犁见于广南县峰岩洞村，无犁柱，与该区小三角框架犁迥然不同，按国外学者的分类，当属印度犁变种的马来犁型。其犁下部呈宽板状，兼有犁壁之功能，从这一点和整个犁型来看，似与滇西北中甸三坝彝族犁有亲缘关系。向村民询问之，回答果然是从附近彝族村寨买来的彝族犁

图527　河口瑶山之瑶族犁，亦为宽犁身犁（高翔摄）

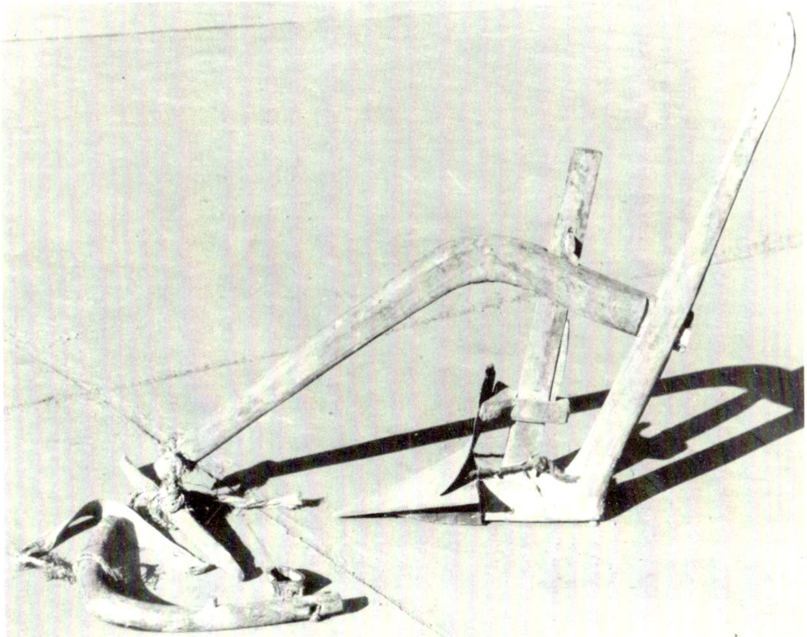

图528　滇东南第三类型犁——四角框架曲辕犁

图529　西畴县法兜村壮族的四角框架曲辕犁，犁柱起自犁底，故成四角框架，犁辕下垂，弯曲度大，类似江东犁

通过对云南各地域犁具的介绍，可知云南犁的种类和形态是比较丰富的。但就宏观而论，可以归纳为四个系谱：一个源于黄河流域，一个来自古代的江南，一个产生于滇、黔、贵相邻地带，再一个就是从滇南到华南的地域类型。前两个系谱是自犁的起源中心传来的古犁，后两个系谱则可能是古犁南传之后的地域变异形态。

第四章 耖耙图谱

明代顾岕所著《海槎余录》载：“黎族四五月晴霁时，必集众砍山木，大小相错，更需五七日，皓洌则纵火，自上而下，大小烧尽成灰，不但根干无遗，土下尺余亦且熟透矣。”云南有很多民族和海南岛的黎族一样，也从事如上文所载的刀耕火种农业。传统的典型的刀耕火种，是不使用犁亦不使用耖耙耕作土壤的。之所以不耕，那倒不一定是因为不识犁耙，而是仰赖了火耨的功效。火把树木烧成灰肥，把害虫尤其是杂草烧死，同时还把土壤烧松，烧透。这样一来，自然不必再行耕耙之举了。

不过，不耕不耙的刀耕火种只是一个例外，对于其他农业来说，收获的成败多寡，在很大程度上则取决于耕耙的功夫。耕和耙可以说是一对“孪生兄弟”，有耕就有耙，只有耕得深，耙得细，庄稼才会茁壮成长。这个道理我们的祖先懂得很早，战国时期的《庄子·则阳篇》就曾说道：“深其耕而熟耰之，其禾繁以滋。”“深耕而熟耰”，千百年来，中国农民的大部分时间就花在这四个字上。关于耕的农具，前章已经备述，主要就是犁；而关于耰的农具，种类却比较多，王祯《农书》中便记录着耰、耙、耖、劳、碌碡、砺礋、铁搭、耘荡和刮板九类。

以上九种碎土农具，在今云南农村几乎都能见到，只是分布地区有所不同。滇西北的迪庆高原，是一个很有特色的地区，那里的藏族不仅喜欢用耰，而且还使用一些比较大型的碌碡和砺礋。滇南西双版纳一带，没有碌碡、砺礋和耰，然而却有十分发达的耖具，耖具分布的北缘，可达到滇中昆明一线。相对而言，踩耙的分布要广泛一些，不仅滇南有，滇北的一些坝子之中也能看到。然而，分布最为普遍的却是钉耙，这种农具由于具有多重的使用功能，故而受到所有地区和所有民族的青睐。云南的碎土农具，概括而言比较简单，然而具体内容仍很丰富，如与中原相比较，那就相得益彰，更有意义了。

第一节 耰、耙（pá）和朳

最简单的碎土农具是耰，耰即木榔头，适用于旱地敲打土块。云南大理、迪庆和丽江有耰。大理白族的耰有两种形式，一种槌头为圆木，与王祯《农书》中的腰鼓形耰近似；另一种名为“扑板”，头部用宽厚木板制成，兼有敲土和拍平土壤的作用。迪庆藏族使用木榔头较为普遍，每家皆置大小木榔头数把，其槌头形状与大理的耰不同，为尖嘴式。尖角耰又见于丽江宁蒗等地。泸沽湖畔摩梭人的耰最为简单独特，取一段带枝的树木，削枝为柄，斫干为槌，便可用于敲打土块了。

耙，俗称钉耙，主要有铁制和木制两种，铁制的又称铁搭。耙可掘土、碎土、松土、平土、集肥、除草、翻草、拢草等，用途广泛，是最为常见的农具之一。耙小者仅2齿，大者可达20余齿；根据用途，又有细齿和宽齿之分，长柄和短柄之别。

朳是无齿之耙，以木板制作，是起垄、整地、平土的工具。用于水田平荡土壤者，则称之为田荡或刮板。田荡和木朳，既可荡田泥，又可平旱地，秋收之后，还是场圃晒粮不可缺少的朳粮工具。

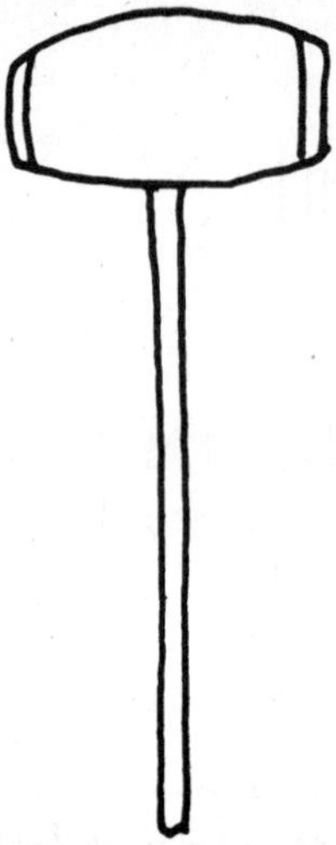

图530

王祯《农书》中的耰。书云："耰，椎块器。……首如木椎，柄长四尺，可以平田畴、击块壤，又谓木斫……"

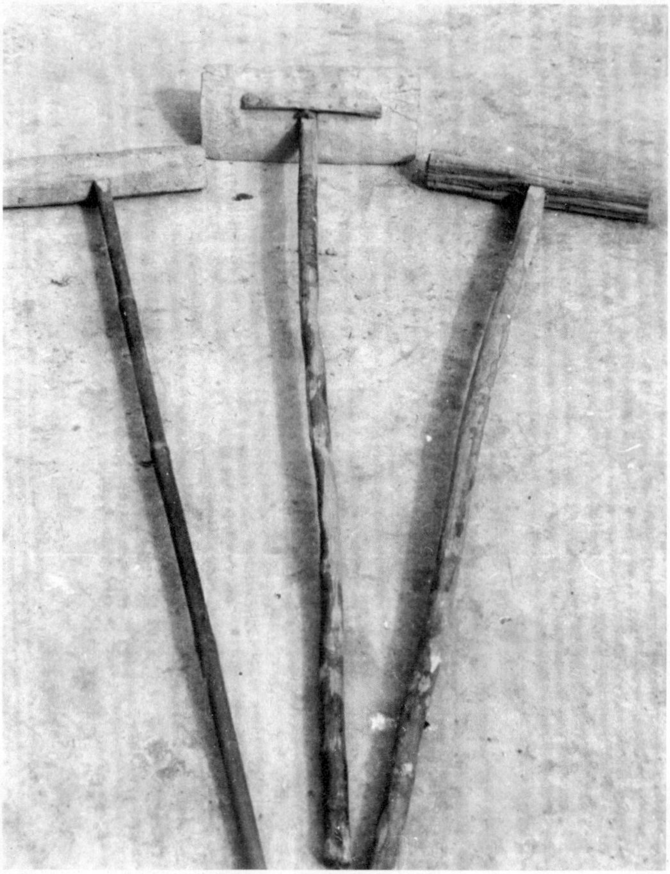

图531

大理市沙村白族的耰及扑板

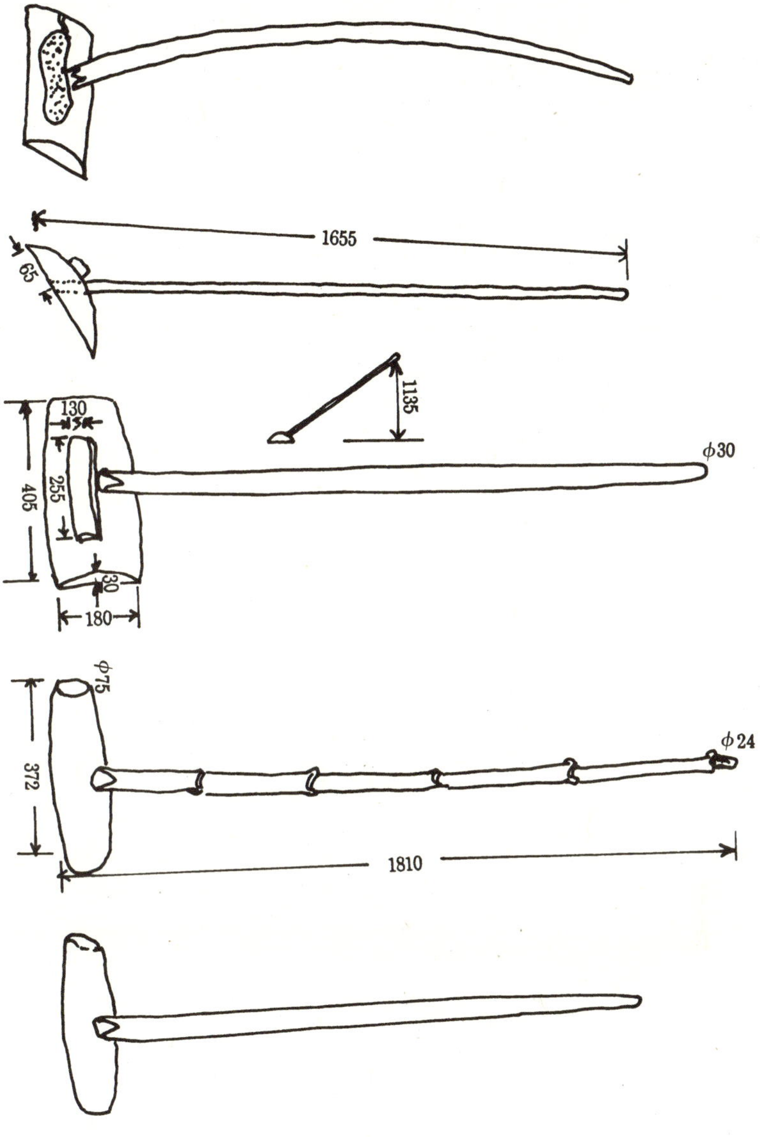

图532　大理市沙村白族耰和扑板的测绘图（渡部武图）

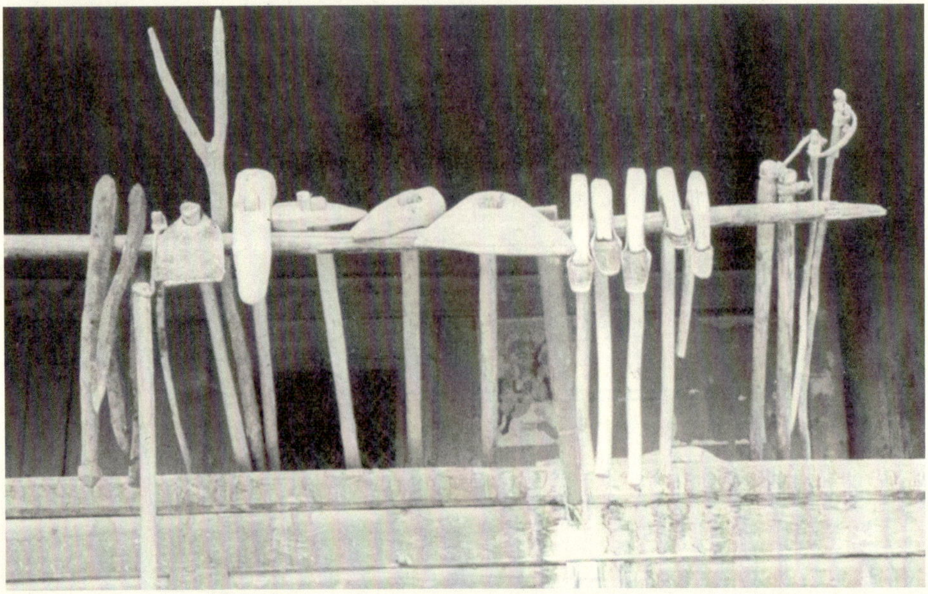

图533　中甸县藏族的钁、杁和其他农具

图534　德钦县巨水村藏族的钁

图535

宁蒗县泸沽湖摩梭人的木耰和铁铲（李晓斌摄）

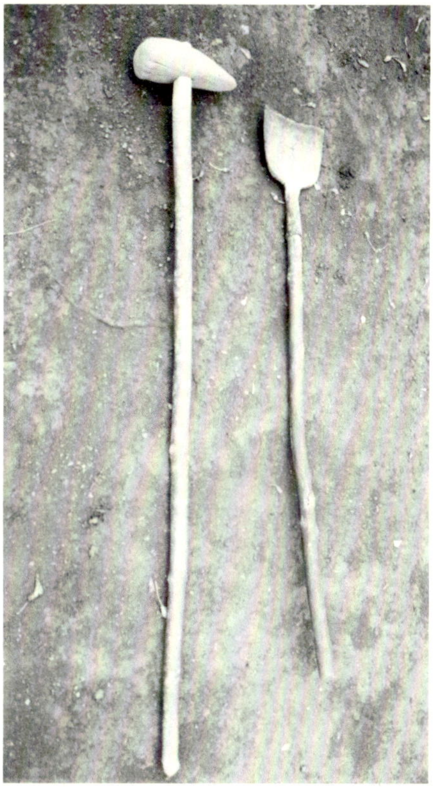

图536

摩梭人用树的枝和杆做成的木耰

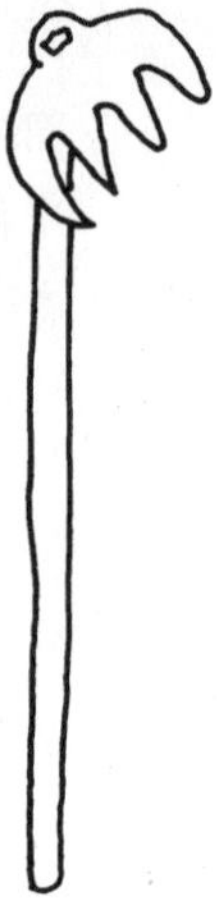

图537
王祯《农书》中的铁搭。《农书》说："铁搭，四齿或六齿。其齿锐而微钩，似耙非耙，斸土如搭，是名铁搭。铁搭就带圆銎，以受直柄，柄长四尺。南方农家或乏牛犁，举此斸地以代耕垦。取其疏利，仍就镉块壤，兼有耙钁之效。"

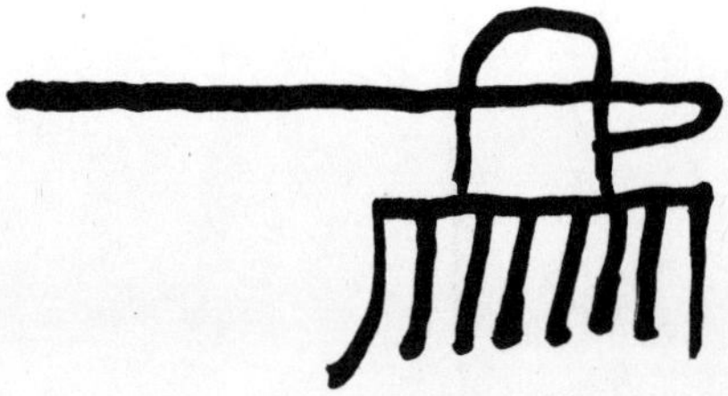

图538
纳西族象形文字中的"钉耙"
（方国瑜、和志武图，1981年）

图539　丽江纳西族铁匠打制的各式钉耙、斧头和锄镐（王焱摄）

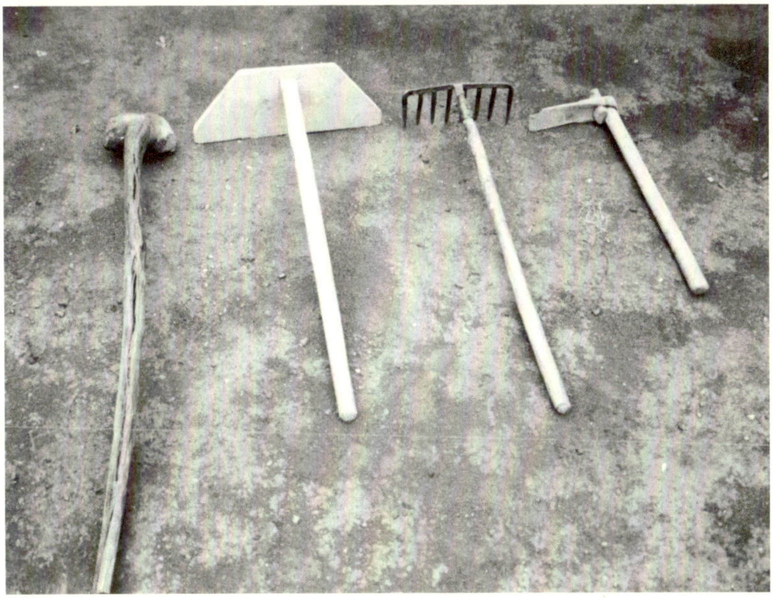

图540　泸沽湖摩梭人的耰、机、钉耙和小锄（李晓斌摄）

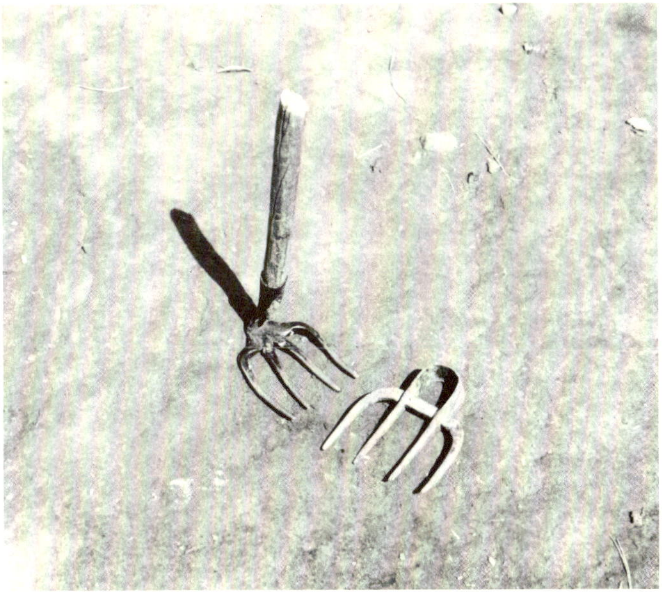

图541
昆明市卧龙岗村苗族的小钉耙

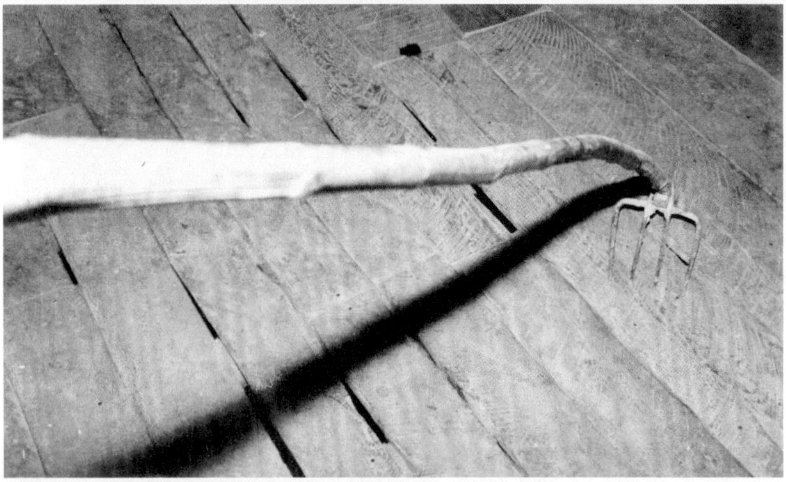

图542　景洪市曼斗寨傣族的长竹柄小钉耙

图543
龙陵县松山汉族的小钉耙

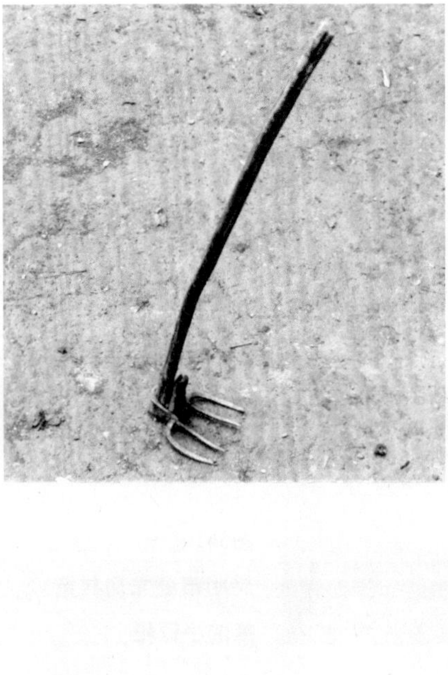

图544　昆明市西山区白鱼口村汉族的竹柄二齿钉耙

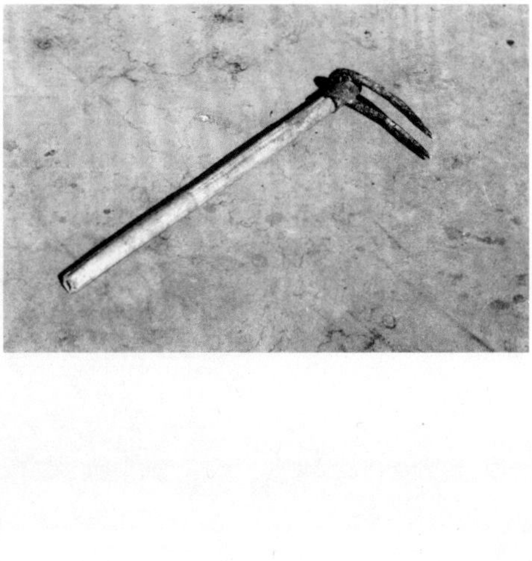

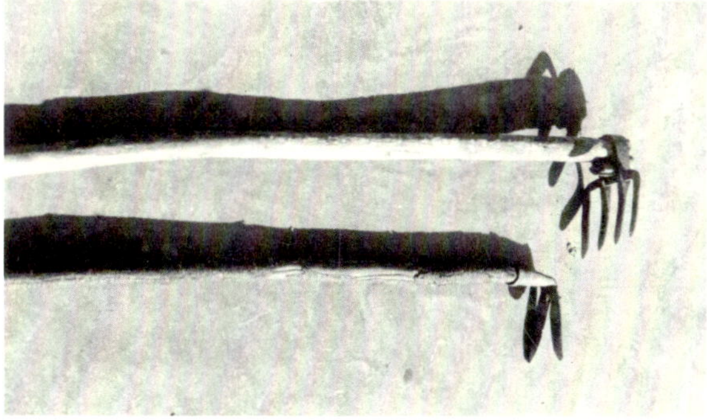

图545
大理市喜洲镇白族的二齿和四齿钉耙

图546
肩荷钉耙、耰到田间劳动的白族妇女

图547
大理市金龟寺村白族妇女耕作的情景。以锄头挖沟，以木耙碎土，两者配合使用

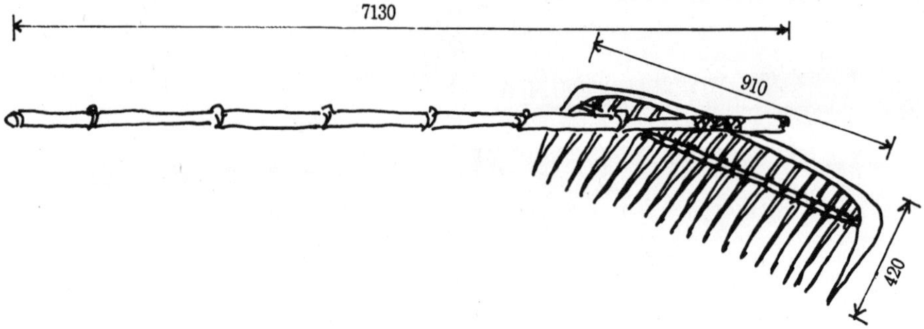

图548 大理市沙村白族的特大钉耙及测量图

图549 此种钉耙专门用在洱海之中打捞水草

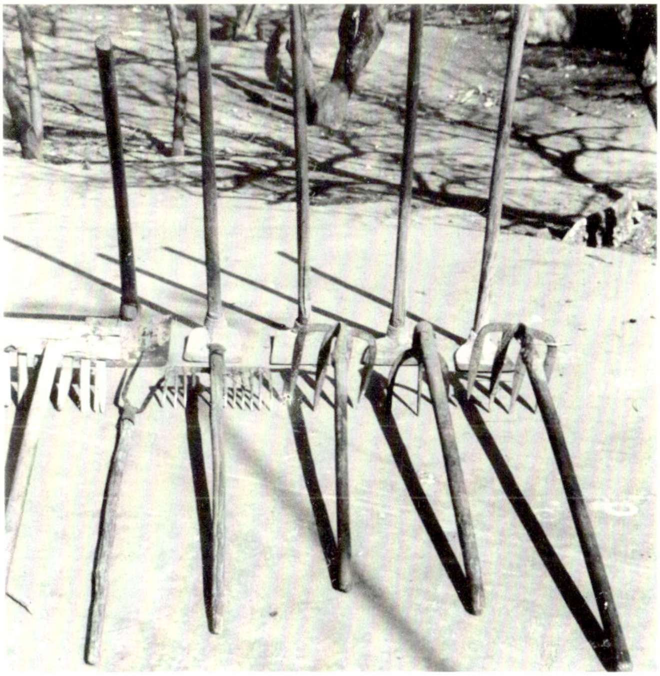

图550

白族是一个犁、锄、耙都十分发达的民族。图为大理沙村一个农户的各式锄头和铁木耙

图551

耙不只是坝区民族的重要生产工具，在山地民族中使用也极为普遍。图为沧源县永和寨佤族妇女用木耙翻晒、细碎厩肥

图552　中甸县三坝乡纳西族妇女用耙拢草

图553　景洪市安麻老寨拉祜族的竹齿木耙

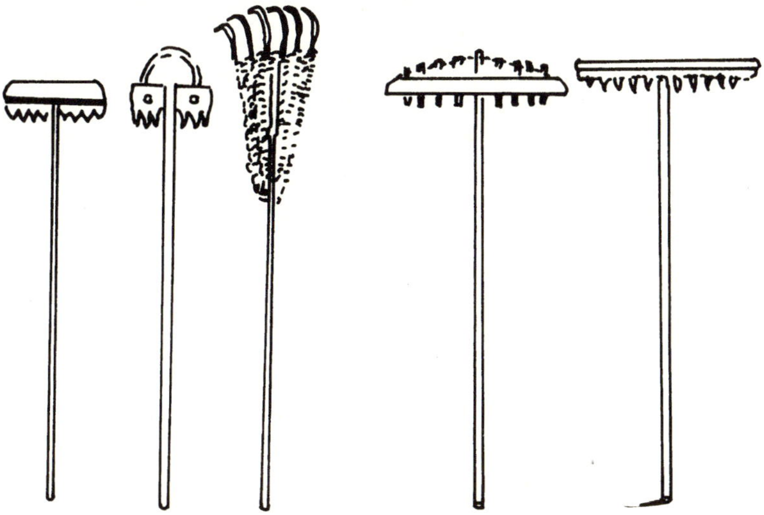

图554　王祯《农书》中的小耙、耘耙、竹耙、谷耙和大耙。这些耙既用于碎土、整地、疏渣，亦用于秋收晒粮

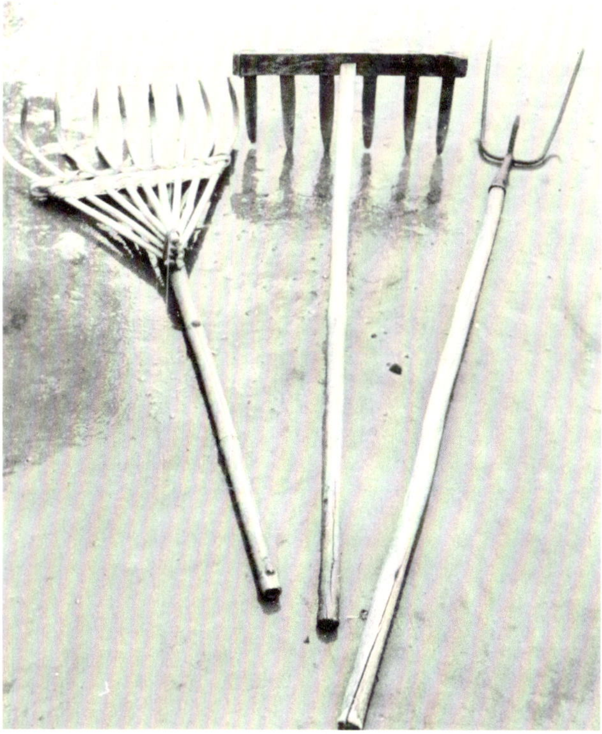

图555
呈贡县新草房村汉族的竹耙、木耙和铁叉

图556
维西县依垮底村傈傈族的锄具和耙。其耙或以铁丝制作，或取天然树枝烘烤制成

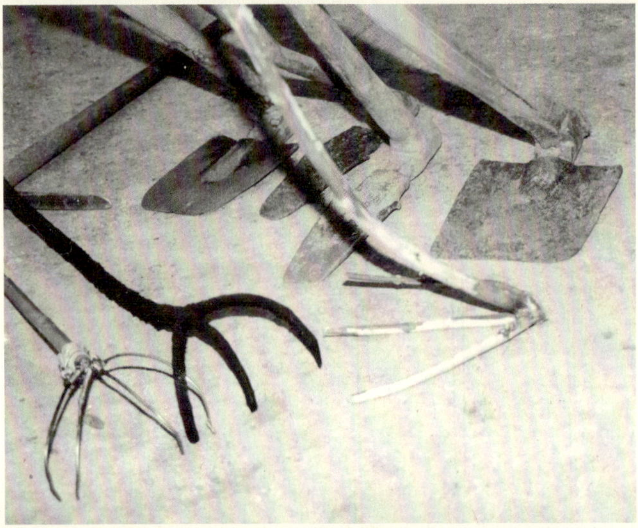

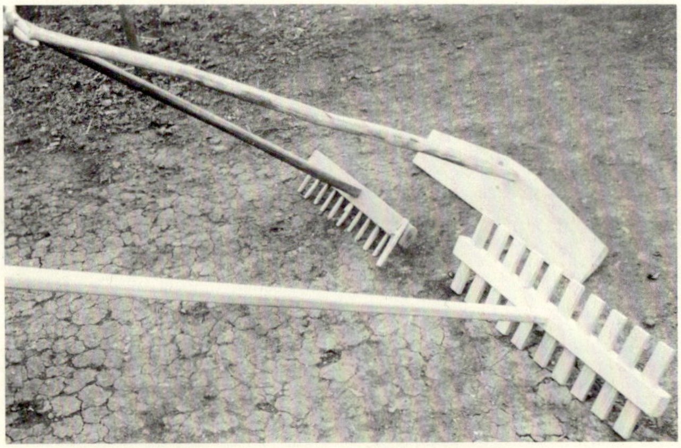

图557（中）、558（下）
孟连县那允寨傣族的各式木耙和杌。其做工精细，为木耙和杌之上品

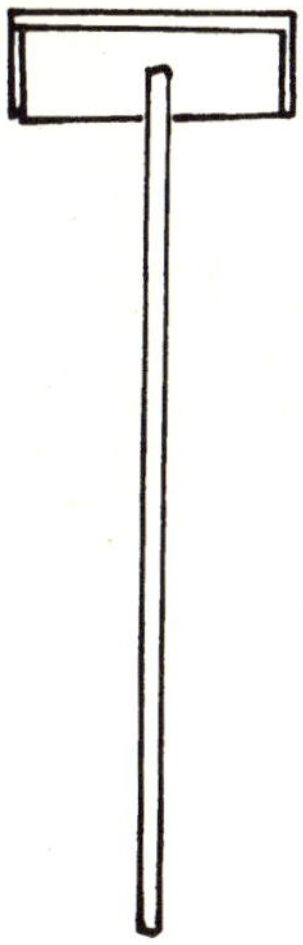

图559　王祯《农书》中的朳。朳即无齿之耙，
用于田地“平土壤”或秋收“聚谷实”

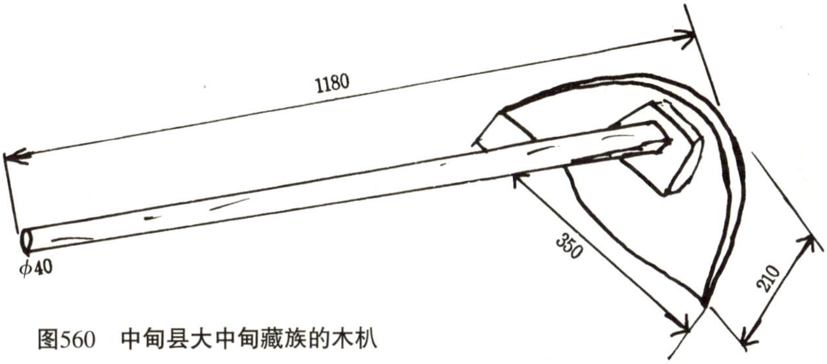

图560　中甸县大中甸藏族的木朳

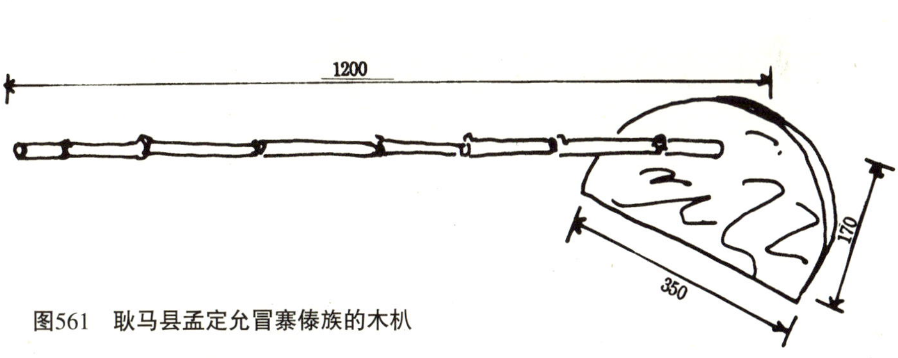

图561　耿马县孟定允冒寨傣族的木朳

图562　昆明市西山区五松包村苗族的机，其实是耙机结合之具

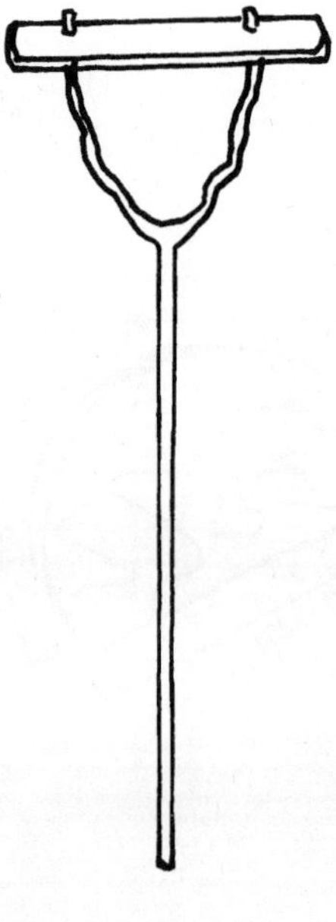

图563

王祯《农书》中的田荡。释为“均泥田器。……田方耕耙，尚未均熟，须用此器平着其上荡之，使水土相和，凹凸各平，则易为秧莳。”

图564
元阳县头道桥
傣族的田荡

图565　元江县者嘎村傣族荡田插秧

图566
福贡县木古甲村怒
族荡田

图567　土壤荡得熟透，才利于秧苗生长

图568　昆明市杨林汉族的田荡，荡头以圆木制作；
荡杆为竹，特长，便于在田埂操作

第二节　碌碡和砺礋

迪庆高原的藏族，不仅具有和中原类似的耰，而且还有与之相同的碌碡和铁木砺礋。碌碡即石木磙子。王祯《农书》说："碌碡字者皆从石，恐本用石也。然北方多以石，南人用木，盖水陆异用亦各从其宜也。其制可长三尺，大小不等。……俱用畜力挽行，以人牵之，碾打田畴上块垡，易为破烂。及碾捍场圃间麦禾，即脱稃穗。"藏族的碌碡，以石制碾辊，用途如《农书》所言，既用于碾压土垡以碎土，亦用于碾压青稞大麦以碎穗。滇中昆明附近汉族农村亦有碌碡，但现在只用于谷物和豆类脱粒，而不用于碾土了。碌碡的碾辊之上如有木齿和铁齿，则称为砺礋。陆龟蒙《耒耜经》云："自耙至砺礋，皆有齿。"诗云："他山有奇石，镌凿烦良工。制成三尺余，簨轴旋其中。齿齿铓锷坚，就彼破块功。一转土膏润，再转春泥融。砺辘复砺辘，妙用终无穷。遄观万倾绿，粼粼漾春风。不辞处泥滓，但愿歌年丰。"诗歌生动地表现了砺礋的功用。藏族的砺礋有两种，一种是木辊木齿，另一种为铁轴铁齿。纵观云南全境，只有中甸藏族使用砺礋，汉藏文化的相互影响，于此亦可见一斑。

图569　中甸县大中甸草原的藏族村舍和种植了青稞的旱地

图570　中甸县大中甸草原的农地景观（王焱摄）

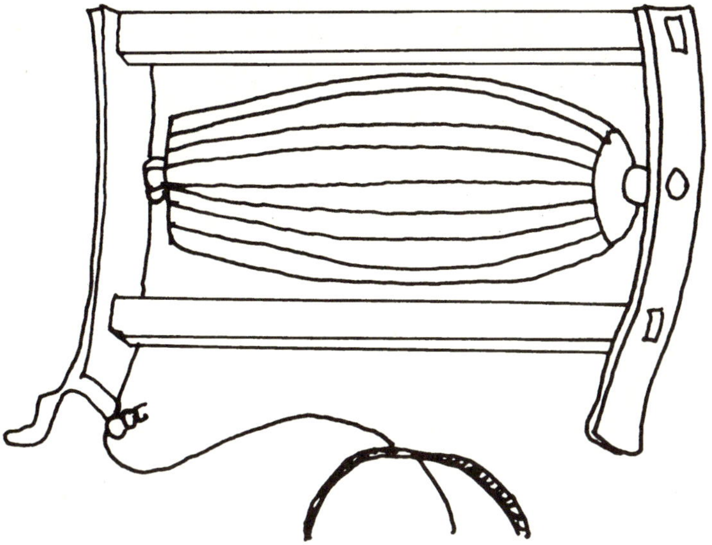

图571　王祯《农书》中的碌碡

图572　中甸县藏族的碌碡。其框架长1100毫米，宽960毫米；石碾左端直径为370毫米，右端直径为400毫米

图573 昆明市郊汉族农村，至今仍有用于谷物脱粒的牛拉石碌碡。此图摄于呈贡县新草房村

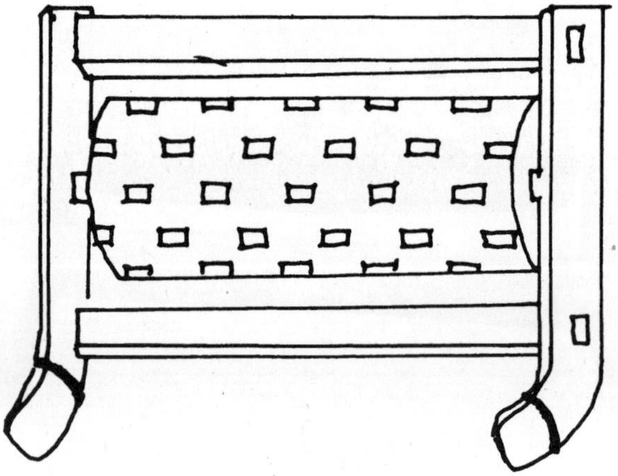

图574 王祯《农书》中的石砺碎

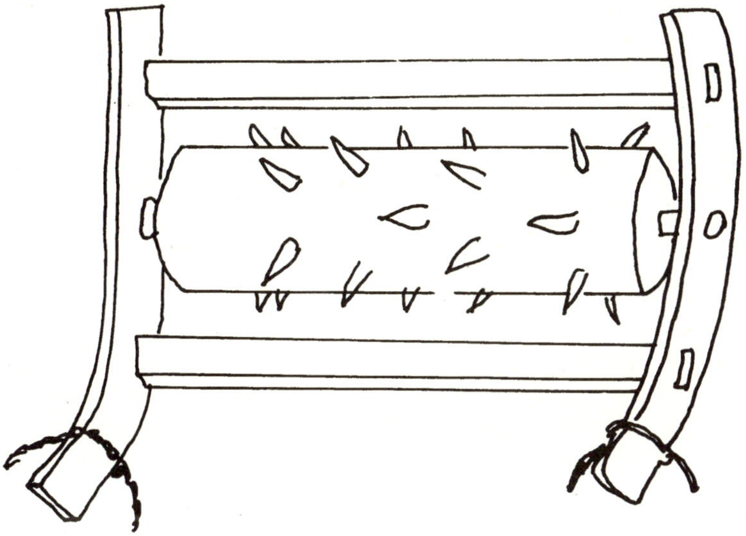

图575　王祯《农书》中的木砺础

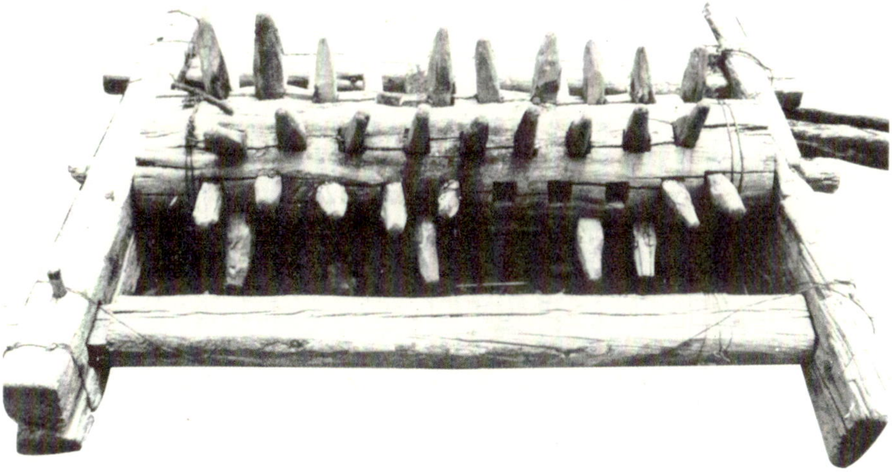

图576　中甸县藏族的木砺础。其中轴长1500毫米，直径为300毫米，木齿约长180毫米。与轴平行之框木全长1720毫米；与轴垂直之框木全长1500毫米，厚220毫米，宽110毫米

图577　中甸县藏族的铁砺碎

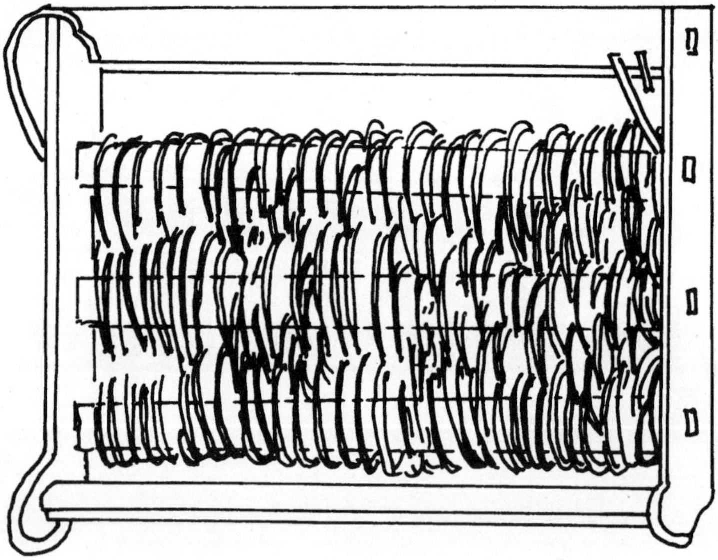

图578　王祯《农书》绘有“劳”，并云：“劳，无齿耙也。但耙梃之间用条木编之，以摩田也。”作者在云南各地调查，至今未见过此种“劳”

第三节 耖

与滇西北藏族等使用耰、砺礋、磟碡截然不同，滇南傣族、壮族等使用的主要碎土农具是耖。耖是一种长齿耙，其形状如坐椅，又似“而”字，故又名“而字耙”。耖始见于宋代，南宋楼琫《耕织图》中有农夫耖田的图像，并配诗曰：“脱袴下田中，盎浆着塍尾。巡行遍畦畛，扶耖均泥滓。迟迟春日斜，稍稍樵歌起。薄暮佩牛归，共浴前溪水。”王祯《农书》绘有耖图，并作如下解释：“耖，疏通田泥器也。高可三尺许，广可四尺，上有横柄，下有列齿，其齿比耙齿倍长且密，人以两手按之，前用畜力挽行，一耖用一人一牛。有作连耖，二人二牛，特用于大田，见功又速。耕耙而后用此，泥壤始熟矣。”云南耖与《农书》所载完全相同，既有一人一牛耖，又有二人二牛耖。二人二牛耖仅见于昆明效区农村，为汉族耖。其通体以木条制作，宽约1500毫米，高约500毫米；耖背之上水平装两根木条，前面用作牵引杆，后作手柄；二牛抬杠牵引，一人在前挽牛，一人在后执耖。一人一牛耖有壮族耖、哈尼族耖和傣族耖等。文山壮族耖安装细短铁齿，形体较为轻巧。元江、红河等地哈尼族耖为竹木结构，耖体大于壮族耖，耖齿亦较长。从滇西到滇南的德宏、临沧、思茅、西双版纳一带，是云南耖具的主要分布地，傣族是使用耖的能手。傣族治水田甚为精细，有犁、堆、翻、耙四道工序，工序过程如下：板田灌溉六七日后进行犁耕。犁后修补田埂。再灌水入田，以泡死草和虫。半月之后以耖翻转土壤，使表土朝下底土朝上成垄状，名之为“堆”。六七天后再翻腾一次，称之为“翻”。晒三天，灌水泡土，又三天后，复以耖耖土一遍，叫作“耙”。最后使用平耙平整土壤，然后插秧。

图579　明代《便民图纂》中的耖田图 ①

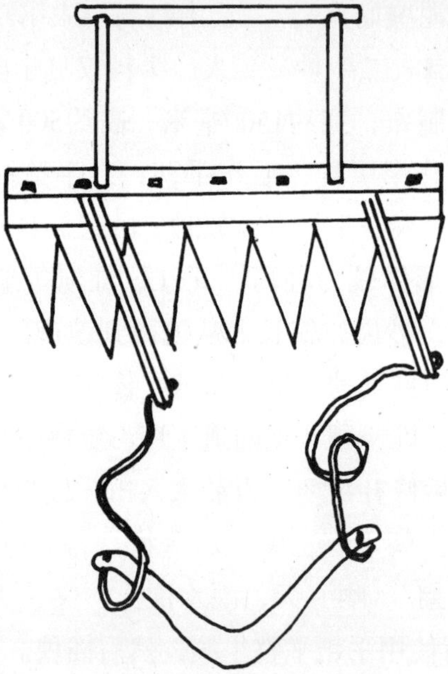

图580　王祯《农书》中的耖

① 采自中国农业博物馆：《中国古代耕织图选集》，1986年。

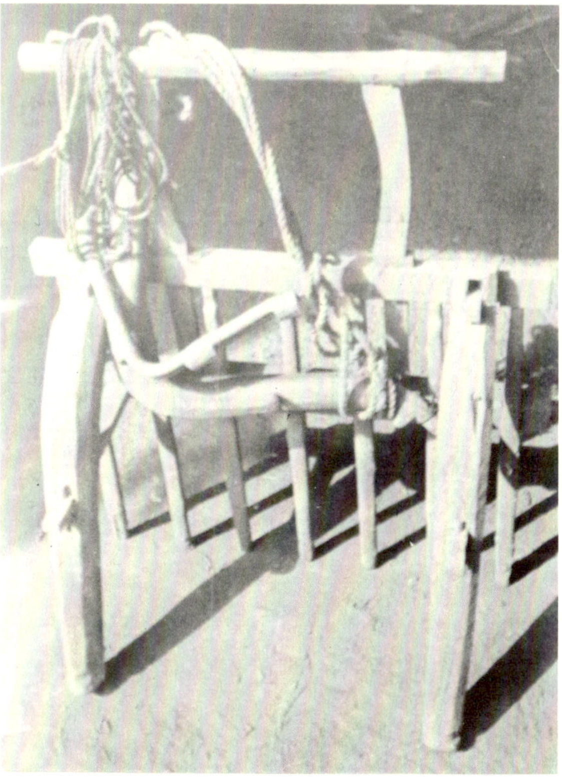

图581　勐海县勐混傣族的长齿木耖

图582　景洪市曼嘎上寨傣族的长竹齿耖

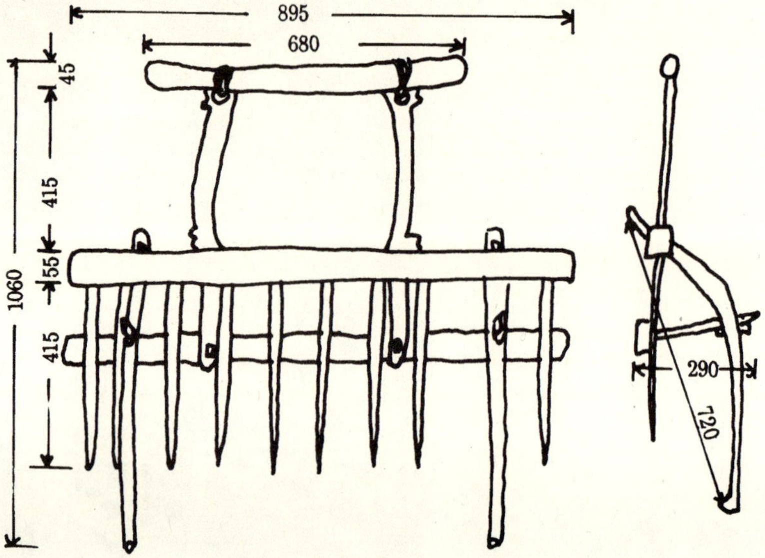

图583　曼嘎上寨傣族耖测绘图（渡部武图，1993年）

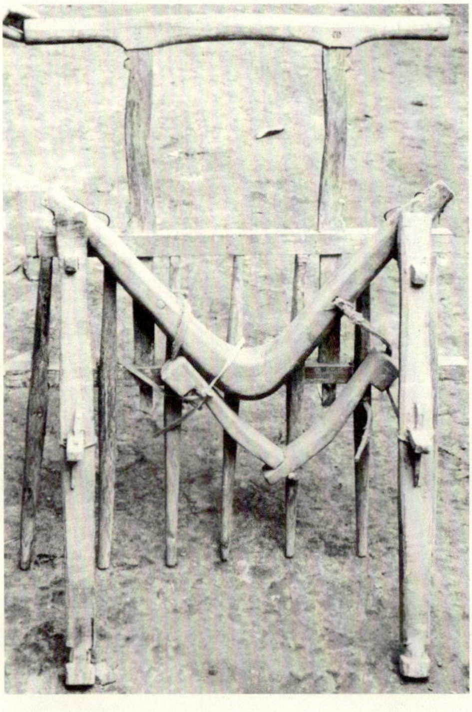

图584　景洪市勐罕乡傣族的长齿木耖

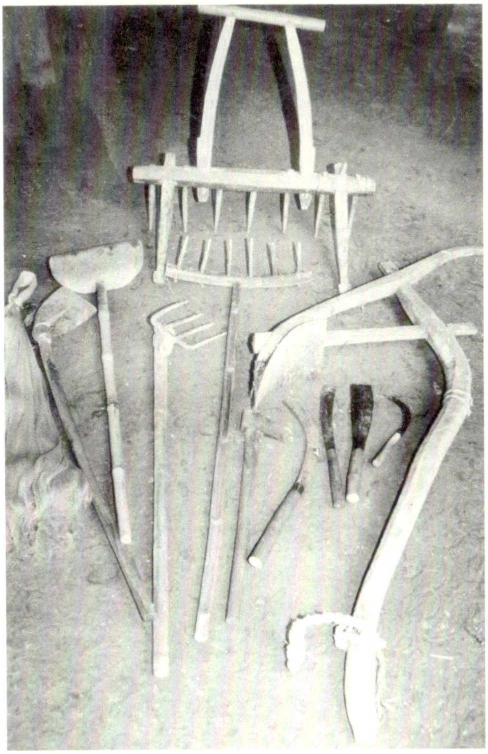

图585　耿马县孟定允冒寨傣族的木耖和其他农具。该耖高853毫米，扶手长451毫米，齿轴长972毫米，木齿长306毫米，两根拉杆长567毫米

图586　景洪市蛮乱典寨傣族耖田场景

图587　西双版纳傣族治田有犁、堆、翻、耙四道工序，图为用耖“堆”后的水田

图588　利用“堆”土后的间隙修整田埂

图589　景洪市安麻老寨拉祜族的耖和耙，其耖与傣族耖相似

图590　景洪市向东寨哈尼族的长齿木耖

图591
元江流域耖与西双版纳耖形制不同，元江耖为短齿型。图为建水县普古鲊村哈尼族耖

图592
元阳县全福庄哈尼族耖

图593　红河县金竹林村奕车人（哈尼族）的耖。耖高470毫米，扶手宽940毫米，齿轴宽1190毫米，齿长200毫米

图594
元江县小羊街哈尼族的耖

图595 元江县小羊街哈尼族耖田场景

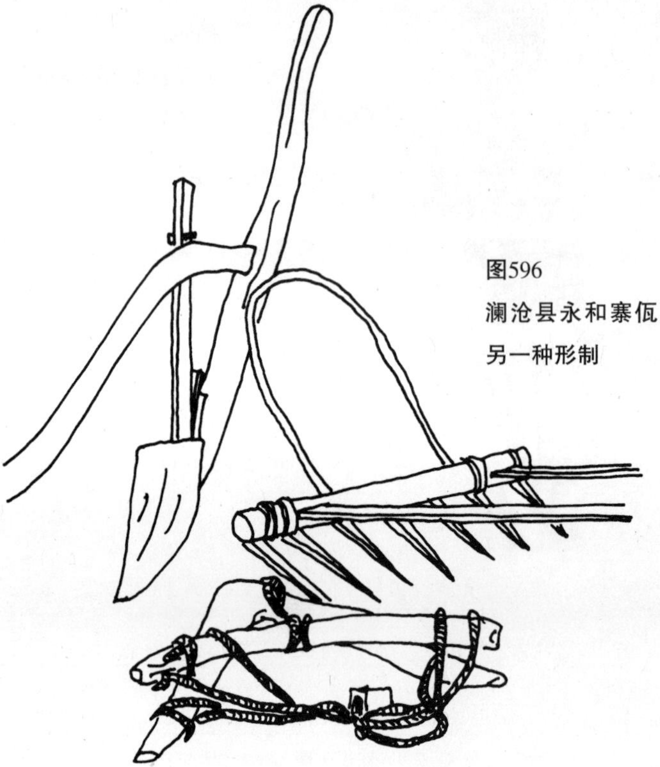

图596
澜沧县永和寨佤族的耖又是另一种形制

图597
广南县小广南村壮族的短铁齿耖

图598
孟连县芒掌寨傣族也使用短铁齿耖

图599
芒掌寨傣族耖极有特色，如图中所示的耖具，形制与西双版纳傣族的耖相去甚远

图600　昆明市郊农村汉族的耖与滇南少数民族的耖不同，通体以木条制作，齿长约400毫米，耖宽约2000毫米；扶手水平前伸，兼作牵拉杆

图601　昆明市郊农村的耖不像滇南的耖只用一牛一人操作，而是二牛抬杠，一人驱牛，一人掌耖

图 602
维西县塔城村傈僳族的旱地耖（李晓斌摄）

图603　图中耖地之法见于江川县南部。耖者蹲于耖上，一手执耖柄，一手拉住牛尾

图604　罗平县布依族耖田情景（罗钰摄）

第四节　耙（bà）

在云南，耙和耖一样，亦是重要的碎土农具。如前所述，耖的分布仅在滇中以南地带，而耙的分布却几乎遍及全省。关于耙的种类，王祯《农书》中辑录了方耙和人字耙。云南无人字耙，但有方耙和一字耙等。方耙是耙具中的主要类型，其耙体由两条边木和两块齿板构成长方形或前窄后宽的梯形框架。方耙齿板上安装尖刀状短竹、木或铁耙齿，根据耙的大小，耙齿有多有少，少者一排仅为3—4齿，多者一排可达10余齿。方耙通常以单牛牵引。为增加压力，提高碎土效果，操作者皆立于耙上，故方耙又名踩耙。一字耙见于丽江坝子。这种耙没有框架结构，耙体仅为一根长达2米多的方木，耙齿安装于方木之上。丽江纳西族耕作水田一般进行两犁两耙。两犁即先干犁一遍，然后灌水再犁一遍；耙田第一次使用一字耙，第二次使用无齿平耙。纳西族的一字耙耙田方法与犁田相同，亦为二牛抬杠，水黄牛搭配，二人操作，一人踩耙，一人挽牛。前章说过，纳西族等的四角框架长直辕犁与甘青高原的古代犁具极为类似，而甘肃嘉峪关魏晋壁画“耙地图”中的耙和耙地方式又与丽江纳西族的几乎无异，滇西北确实具有较多的氐羌民族农耕文化的特征。

耙具之中还有一类平耙。平耙无耙齿，王祯《农书》称其为“平板”和“刮板”。水田泥土经耖耙翻堆细碎之后，还必须用平耙、田荡等将泥土搅熟刮平。云南常见的平耙，是以木板或长木加手柄、拉杆或拉绳构成，可用人力牵拉，亦可使用畜力。为了使种子和秧苗更好地附着泥土，有的民族还需要耱田，其工具仅为一根长竹或长木。

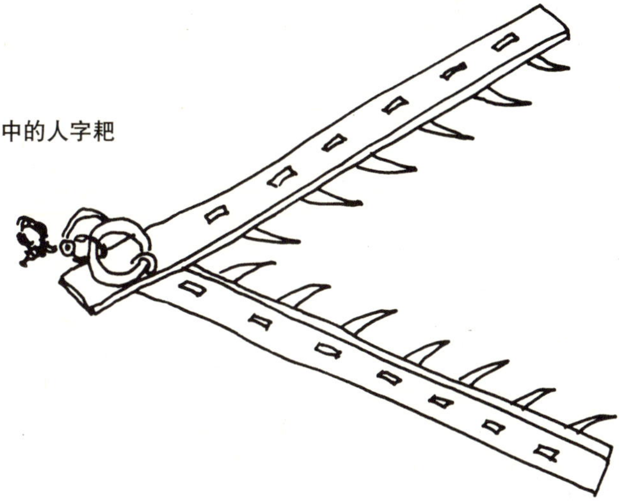

图605　王祯《农书》中的人字耙

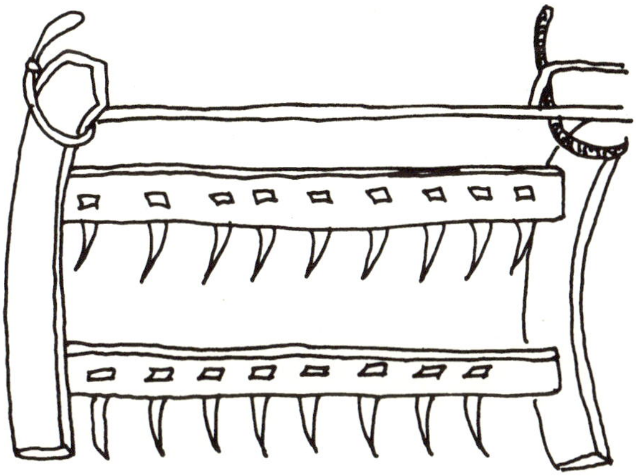

图606

王祯《农书》中的方耙

图607

纳西族象形文字中的“耙”（方国瑜、和志武图，1981年）

图608
景洪市曼贺冬寨哈尼族的小方耙。耙齿较粗，前排仅有三齿，后排有四齿（渡部武图）

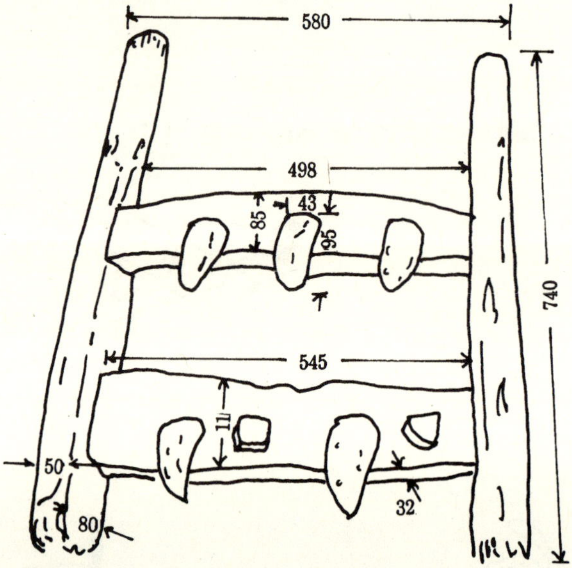

图609　曼贺冬寨哈尼族的粗齿方耙。耙宽835毫米、长830毫米，耙齿根部宽厚约60毫米、齿长约115毫米

图610
景洪市摩登寨哈尼族的细齿方耙

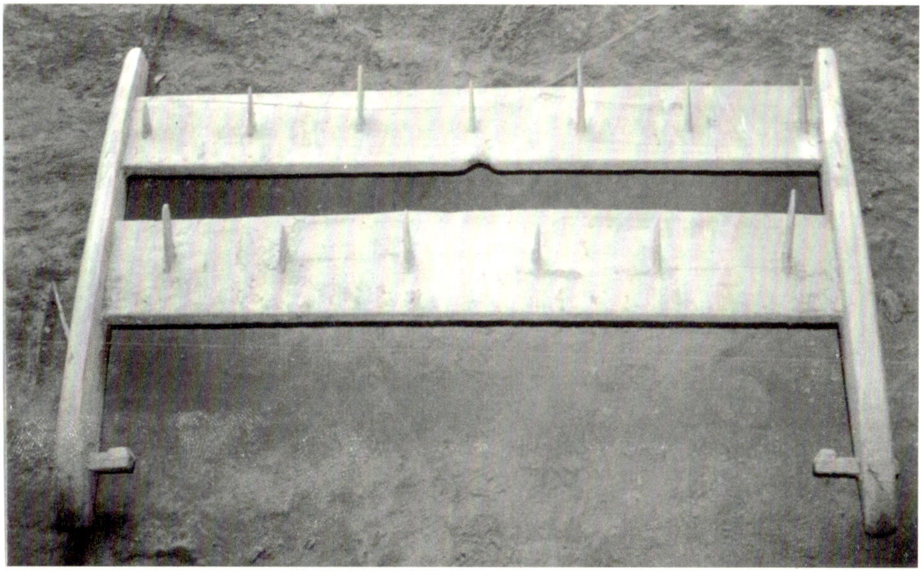

图611　景洪市曼斗寨傣族的竹齿方耙。耙前宽1140毫米、后宽1300毫米，两边木长880毫米，齿最长为110毫米

图612　耿马县孟定允冒寨傣族的长竹齿方耙。该耙前宽784毫米、后宽894毫米，边木长916毫米，前齿长约140毫米，后齿长约230毫米

图613　景洪市曼景法寨花腰傣的铁齿方耙

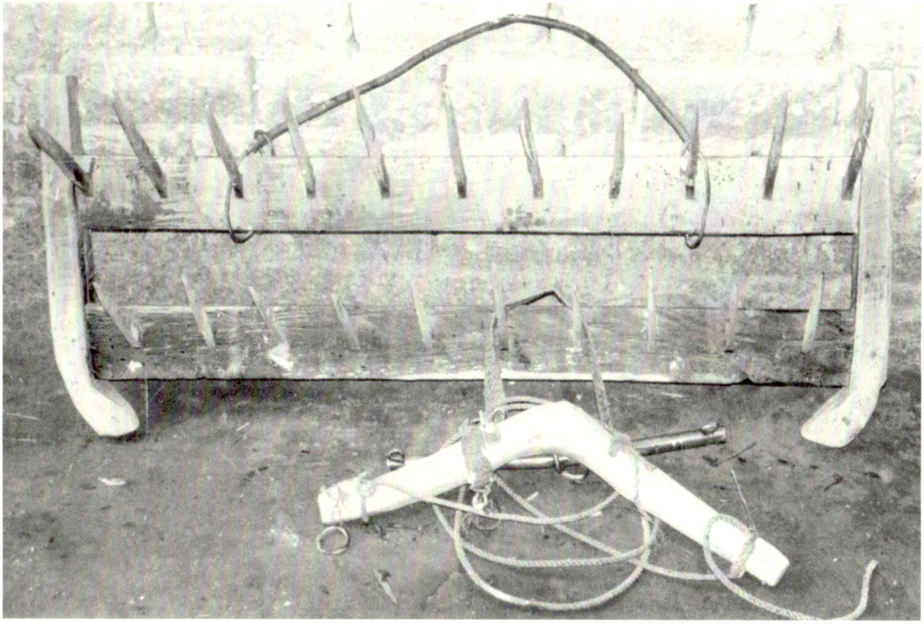

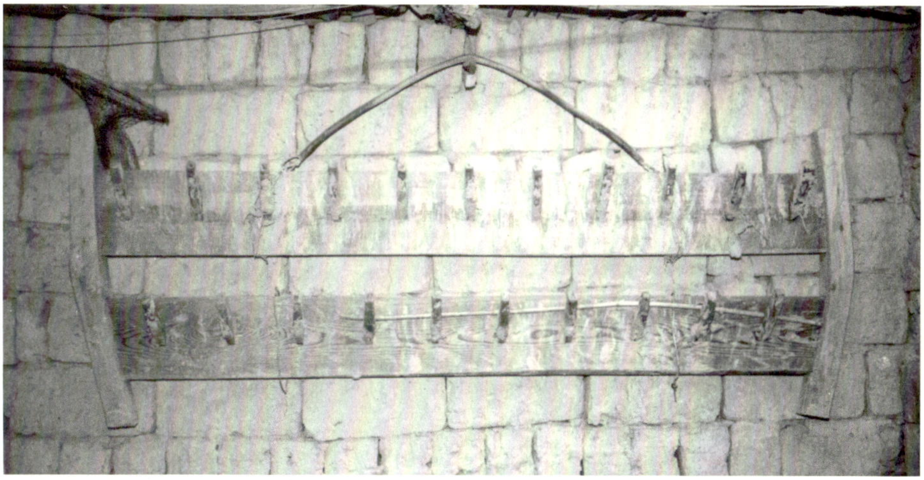

图614（上）、615（下）　元江县大水平村傣族的方耙。上者耙齿尖长，用于破碎泥土；下者耙齿很短，且为平头，用作耱田

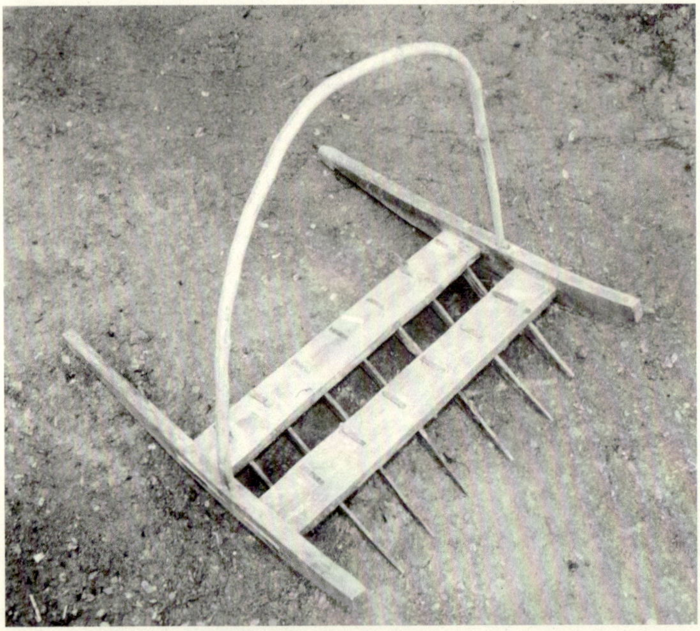

图616　景洪市基诺山基诺族的铁长齿方耙。该耙配有扶手，便于操作

图617　新平县小团山村彝族的短木齿方耙。该耙亦有扶手，与上图基诺族耙相同

图618
路南县五棵树村撒尼人（彝族）的犁和长方耙

图619　广南县小广南村壮族的铁齿方耙。该耙宽1200毫米，两齿板距离390毫米

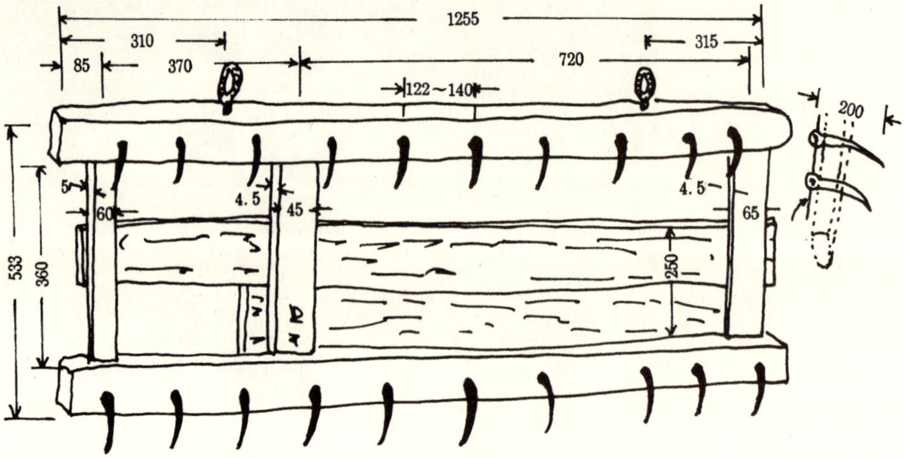

图620　大理喜洲沙村白族的大方耙（渡部武图）

图621　元江县养马河村彝族的方耙和田荡

图622　昆明市西山区五松包村苗族的大方耙

图623　昆明市白鱼口村汉族的大方耙

图624（左）、625（右）呈贡县新草房村汉族的铁齿宽方耙

图626 广东省连县出土的西晋犁田耙田模型（渡部武图，1989年）

图627 广西壮族自治区梧州南朝墓出土的耙田模型（渡部武图，1989年）

图628　雍正《耕织图》中的耙地图 ①

图629　广南县南屏镇汉族耙旱地

① 采自中国农业博物馆：《中国古代耕织图选集》，1986年。

图630　丘北县城郊彝族耙水田

图631　元江县者嘎村傣族耙田场景

图632　者嘎村傣族耙田，如仅为细化土壤，则将方耙踩平；如细土又兼平土，则如图示，踩耙者重心前倾，使耙体前俯后翘

图633　江川县南部汉族耙地，为了增加压力而在耙上放置重石

图634

蒙自县十里铺村彝族耙地，耙者一手执绳驱牛，一手拉住牛尾巴，以保持身体平衡（高翔摄）

图635（中）、636（下）

丽江纳西族的一字长耙和耙地操作方式。此式耙无框架，耙齿安装于一根长木之上，形制甚为独特，在云南仅见于丽江，而甘肃嘉峪关魏晋墓壁画中的耙地图却与之极为相似

图637（上）、638（下）　甘肃嘉峪关魏晋墓砖壁画耙地图 ①

① 采自中国农业博物馆：《中国古代耕织图选集》，1986年。

图639　甘肃嘉峪关魏晋墓砖壁画耙地图 ①

图640　酒泉石庙子滩魏晋墓砖壁画耱地图（渡部武图，1989年）

① 采自中国农业博物馆：《中国古代耕织图选集》，1986年。

图641　雍正《耕织图》中的耙田图[①]

图642　怒江福贡的手耙

① 采自中国农业博物馆：《中国古代耕织图选集》，1986年。

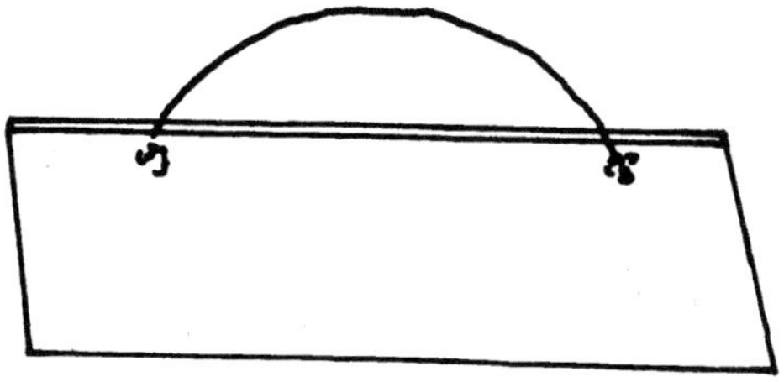

图643
王祯《农书》中所记平板。书云："平板，平摩种秧泥田器也。用滑平木板，长广相称，上置两耳，系索连軶，驾牛或人拖之：摩田须平，方可受种。"

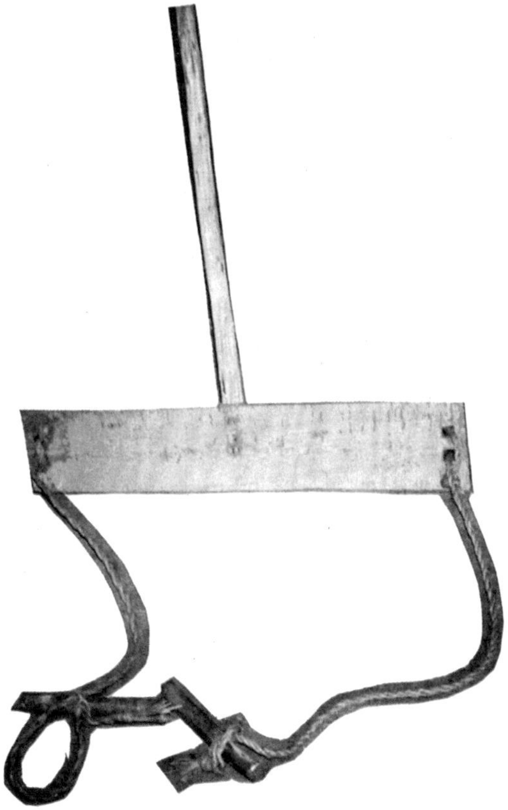

图644
景洪市曼贺冬寨哈尼族的平板。其板长1030毫米，宽200毫米，柄长1135毫米

图645　勐海县那赛寨拉祜族的平耙

图646　中甸县三坝乡纳西族的平耙。其耙板长1650毫米，宽230毫米，手柄长670毫米，拉杆长1400毫米

图647（上）、648（中）福贡县木古甲村怒族以平耙荡泥

图649　水田经耖、耙之后，很多民族还使用长木或长竹认真将田磨平，以便插秧。图中所示为景洪市蛮乱典寨傣族耱田的长竹

第五章　播种和灌溉

农事活动一年有两个最繁忙的季节，一个是播种插秧，再一个是秋收，这对任何农耕民族均无例外。傣族于每年4月过傣历年泼水节，到了5月，就是“关门节”了。“关门”两字非常形象，把门关上，谢绝串门访友，不再举行公众娱乐活动；小卜冒（少男）和小卜哨（少女）即使处于热恋之中，也要暂时冷却一下。人们必须不误农时、全力以赴地把秧插好。这种时候，山地民族也同样不敢稍有懈怠。平时男人们几乎每天都要过一把打猎瘾，而播种时节却不得不“解甲归田”，不许再玩弩舞枪。然而，如此重要和关键的农事活动，从农具来看，却比较单调，与耕作农具相比，是显得逊色了。即便我国内地，纵观古代农书，比较重要的播种农具也只有东汉时发明的耧车。在这方面，云南现实的播种农具多少可以补充史书记载的不足。云南虽然未见耧车那么复杂的播种机具，然而却有如刀耕火种的掘棒等播种农具，而且仅掘棒便有四五种之多。如果说到播种之后的灌溉，那么又是另外一番景象了。我国古代的灌溉文明，足以使每个炎黄子孙由衷地赞叹和感到自豪。春秋时代楚相孙叔敖主建的芍陂，战国时代魏国西门豹兴修的西门渠，战国秦蜀郡守李冰领导修建的都江堰以及郑国在秦国修筑的郑国渠等，都是水利史上的伟大工程。至于春秋发明的桔槔，西汉出现的辘轳，东汉创造的翻车，唐代见世的筒车以及宋元时期进一步发展的驴转、水转翻车和驴转筒车、高转筒车等，也充分体现了我国劳动人民的智慧和我国古代灌溉技术的成就。由于自然条件等的差异，在长期的生产实践中，云南不少民族也曾发明和积累了丰富的有别于内地汉族的灌溉技术和经验。然而自东汉始，由于受内地的影响和推动，云南便出现了官民兴修水利的壮举。而有的地区至今所使用的灌溉机具，显然也是自内地传来的。不过，迄今为止，似乎尚无人去重视各民族现实生产中的灌溉农具，因而它们还是鲜为人知的。

第一节　播种掘棒

播种掘棒和刀斧一样，同为刀耕火种农业的典型农具。然而，并非所有的刀耕火种农业都使用掘棒播种。在云南，只有种一年便抛荒休闲的不实行轮作的刀耕火种农业，即山地民族称之为“种懒活地”的刀耕火种，才使用掘棒进行播种。

根据掘棒有无铁刃、铁刃形状以及手柄的长短，可将其分为五式。

一式为无铁刃掘棒。此式掘棒以竹木制作，一般长1000毫米左右，也有短及尺余的；其头部削成尖状，若在火中稍加烧炙，则比较耐用。怒江和独龙江峡谷中的怒族、傈僳族和独龙族等，过去常使用这种简单的竹木掘棒进行播种。峡谷坡陡谷深，使用掘棒不宜过长；不装铁刃，可以省钱，而且制作极为方便。怒族和独龙族播种，凿穴和点种均由一人操作。播种者右手持棒凿穴，左手点种于穴内，然后以脚拨土或以竹帚拂地覆盖籽种。

二式为小条形铲头短柄掘棒。此式掘棒虽有铁刃，但铲头很小，手柄亦较短，适于在陡坡操作。此式掘棒见于西双版纳、思茅、临沧的佤、哈尼等民族之中。

三式为大铲头掘棒。此式掘棒铲头比二式的宽且长，木柄亦较粗长，分布于西双版纳勐腊县一带。

四式为铁锥掘棒。此为勐腊县哈尼族和克木人所用之掘棒，其棒头非通常所见的铁铲，而是安装铁锥。

五式为小铲头长柄掘棒。此式掘棒以竹为柄，柄长可达3—4米。使用长柄可增加凿穴的力量，同时可直立操作，避免弯腰劳累，又便于和点种者配合。基诺族、布朗族、佤族和克木人皆用此式掘棒。为了给劳动增加欢快的气氛，人们或在棒上系挂铜铃，或将铅粒置入竹柄之中，铜铃和铅粒随棒起落，发出有节奏的叮咚和击节之声。播种又多实行互助协同劳动，众多男女配对，响声此起彼伏，平添了许多情趣。

除了上述五式掘棒之外，尚有一些特殊的播种工具。以基诺族为例，过去还曾经使用过两种掘棒。一种是石刃掘棒，即在竹柄上安装尖状石片，以便凿土。另一种仅为一根长竹，将一头削尖，在紧靠尖头的竹节上穿一小孔，再把以上竹节打通，放入陆稻籽种。播种时竹尖插入土壤，轻轻晃动，谷粒便沿孔而下落入穴中。这种掘棒的结构和原理，多少有些类似于王祯《农书》中的瓠种。此外，在一些山地民族之中，偶尔还可以看到用刀具凿穴播种玉米的情景。

刀耕火种农业，既有不实行轮作的刀耕火种，亦有实行轮作的刀耕火种。不轮作的刀耕火种是纯粹的“刀耕”，而轮作的刀耕火种则必须进行锄耕和犁耕。耕作方式不同，播种方式也不一样。与“刀耕”相适应的播种方式是点播，即使用掘棒的播种；而与锄耕和犁耕相应的播种方式则是撒播，即用手把陆稻籽种均匀地撒到地面，然后以锄头或犁耕作，以疏松土壤并覆盖籽种。点播和撒播两种方式，各有优缺点。从播种的速度和劳动量看，点播不需要耕作土地，所以比较省力省时间。以播种一亩地而言，两人点播约需半天时间，两人犁耕撒播约需大半天，两人锄耕撒播则约需两天。从中耕除草来看，点播有株行距，操作方便；而撒播无株行距，操作较为困难。然而点播也有缺陷，如数粒种子置入一穴，对其生长不利；而撒播籽种分散，利于分蘖，而且单位面积的播种密度较高，能够较充分地利用土地。目前，点播播种方式已大为减少，撒播已成为主要的播种方式，其原因并不在于播种方式本身，而是因为很多实行“刀耕”的森林地已经退化为必须进行锄耕和犁耕的草地了。

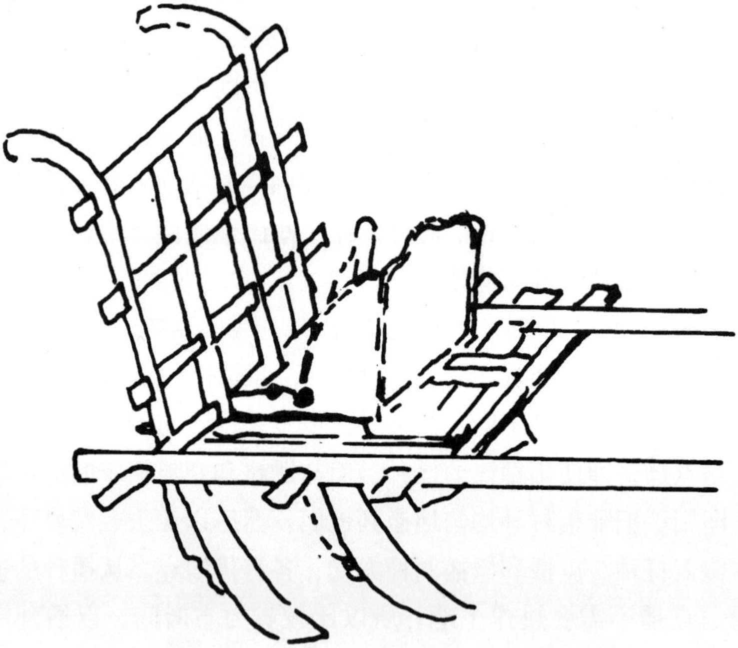

图650　王祯《农书》所载我国东汉时代发明的播种耧车

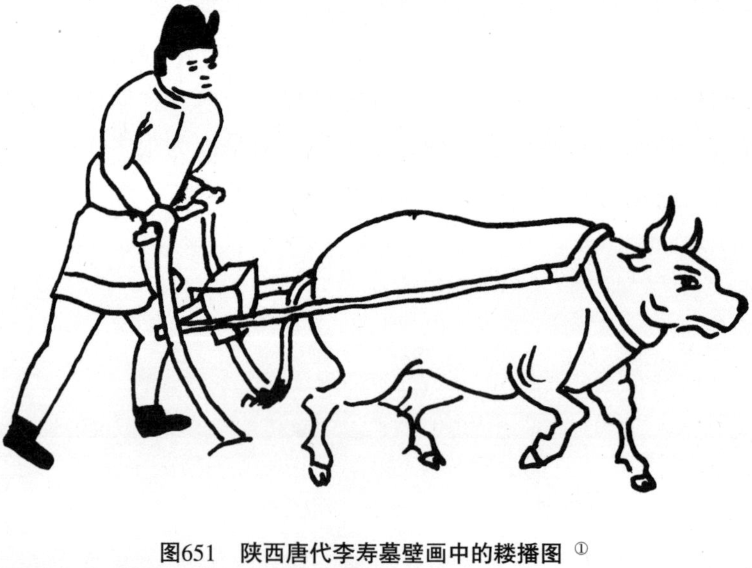

图651　陕西唐代李寿墓壁画中的耧播图①

① 采自中国农业博物馆：《中国古代耕织图选集》，1986年。

图652　纳西族象形文字中的“掘棒”和“点播播种”（方国瑜、和志武图，1981年）

图653
孟连县班帅下寨佤族人家的粟种和辣椒

图654（上）、655（中）耿马县孟定允冒寨傣族用竹制小掘棒栽种大蒜

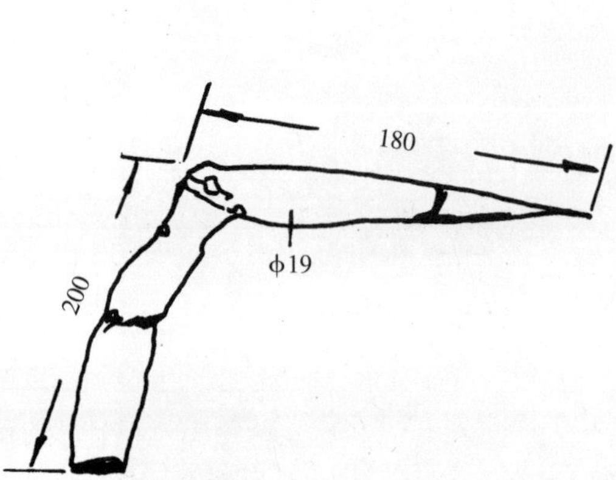

图656
允冒寨傣族的小竹掘棒实测图

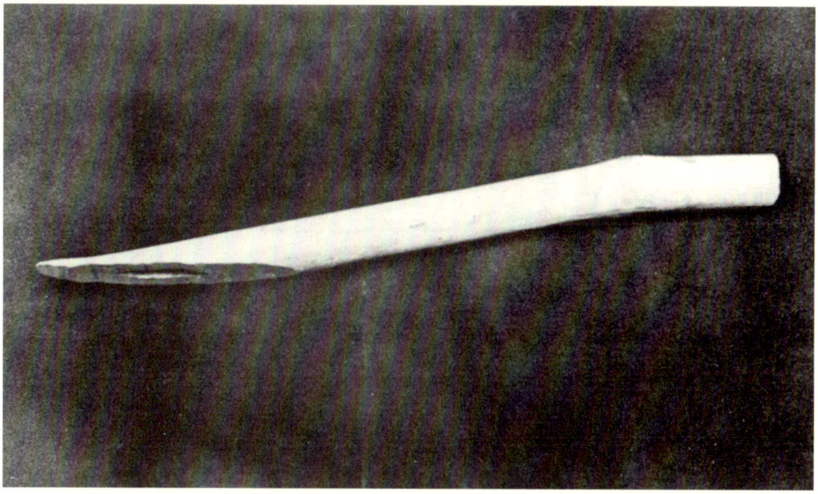

图657　刀耕火种农业的一式掘棒——德宏州景颇族的竹掘棒（罗钰摄）

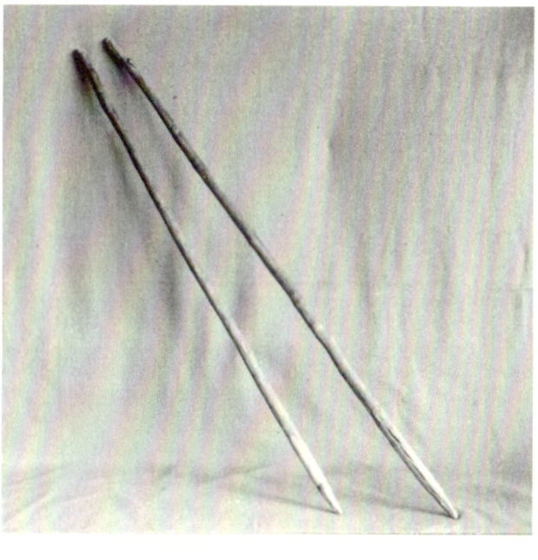

图658　贡山县独龙族的木掘棒（云南民族博物馆藏品，刘龙源摄）

图659
播种仪式，图为布朗族长老祭祀神灵（许云华摄）

图660
独龙族使用木掘棒播种情景（杨光海摄）

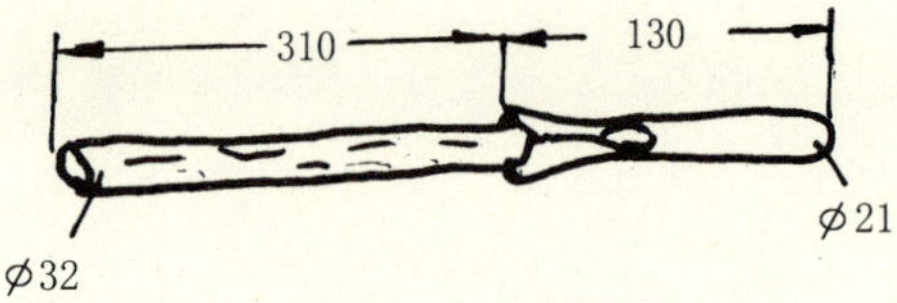

图661　二式掘棒——澜沧县南段寨拉祜族的小条形铲头短柄掘棒

图662
三式大铲头掘棒
(西双版纳州文物管理所藏品)

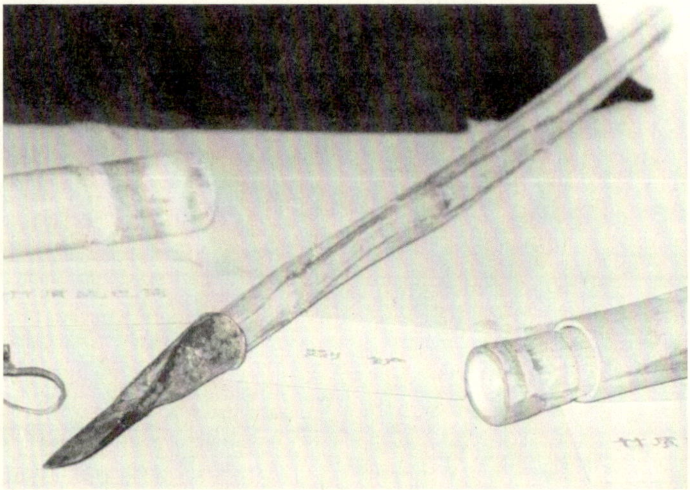

图663
勐腊县芒果树乡哈尼族的
大铲头掘棒

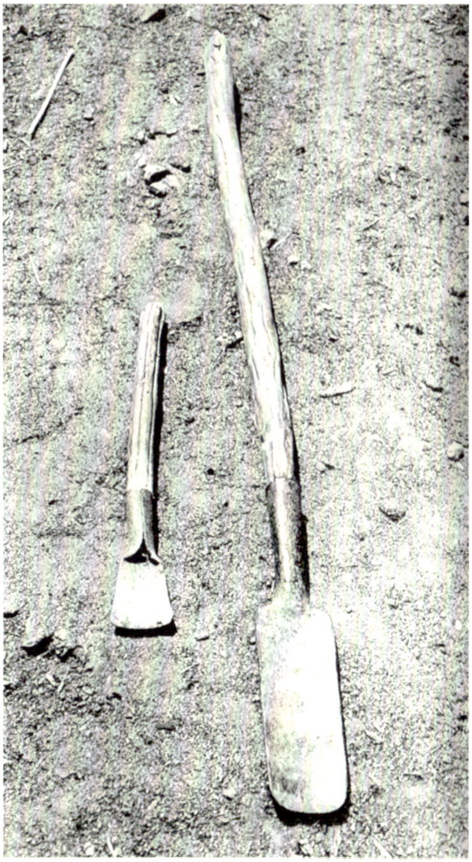

图664
勐腊县芒果树乡瑶族的
大铲头掘棒

图665
四式铁锥掘棒——勐腊县芒果树乡哈尼族的铁锥头掘棒

图666　芒果树乡哈尼族用铁锥头掘棒点播陆稻

图667　五式小铲头长柄掘棒，见于景洪市曼播新寨（克木人）

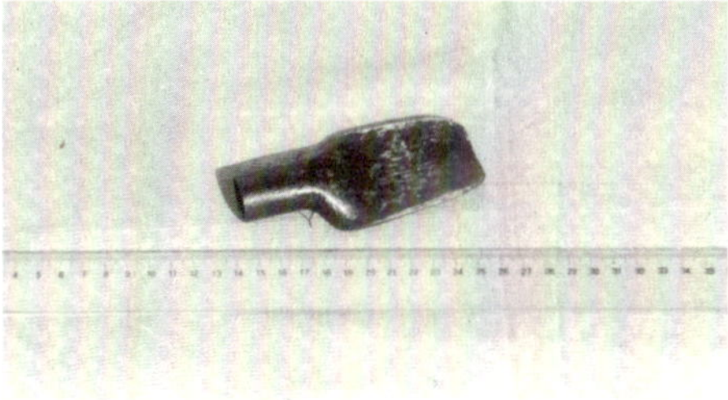

图668　五式掘棒的小铲头

图669　曼播新寨克木人点播陆稻情景

图670　布朗山布朗族播种陆稻情景。播种自下而上，沿坡地横向往复运作（云南民族博物馆提供）

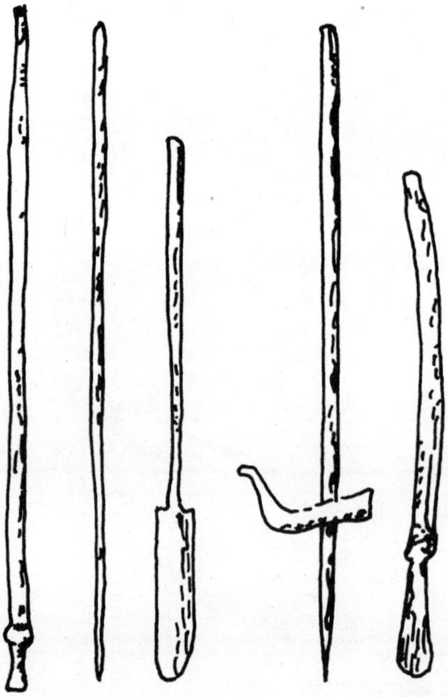

图671
图为东南亚的各式掘棒。1式为经过简单加工的尖头掘棒；2式为扁平尖头掘棒；3式为装有扁平铁刃的掘棒；4式为装有脚踏的掘棒；5式为安装有肩铁铲的掘棒（家永泰光图，1980年）

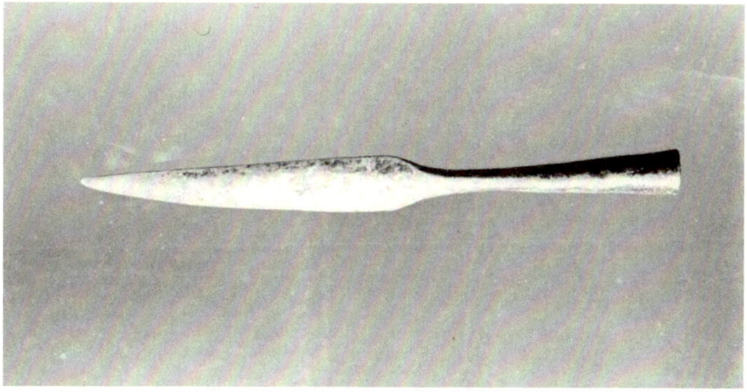

图672 德宏州景颇族的铁矛。一些山地民族也使用刀具凿穴播种（罗钰摄）

图673 基诺山巴雅中寨基诺族撒播陆稻。烧地后不进行锄、犁耕作，采用掘棒点播，锄、犁耕作的土地要采用撒播播种方式

图674　纳西族象形文字中的“撒播播种”（方国瑜、和志武图，1981年）

图675　甘肃嘉峪关魏晋墓砖壁画播种图 ①

① 采自中国农业博物馆：《中国古代耕织图选集》，1986年。

图676　德钦县巨水村藏族牛耕播种玉米

图677　广南县峰岩洞村汉族牛耕播种玉米

图678 甘肃嘉峪关魏晋墓砖壁画耕种图 ①

第二节 贮种葫芦

葫芦，是人们喜爱的栽培作物，在植物分类中，它属于茎蔓生草本植物。栽培葫芦无需大块土地，但需要空间，因此人们常将其植于屋边院头，或搭制木架，使之攀援滋生；或引其上屋，让其自由繁衍。栽培葫芦，大致有两方面的功用，两个功用，皆与其形状有关。李时珍的《本草纲目》把葫芦依形状分为五种："长如越瓜，首尾如一者为瓠；瓠之一头有腹而长柄者为悬瓠；无柄而圆大形扁者为匏；匏之有短柄大腹者为壶；壶之细腰者为蒲芦。"葫芦的这五个种类，除第一种"长如越瓜"之外，其余四类皆"圆大有腹"，这无疑是大自然赐予人类的一种天生的容器。然而其大腹细颈、光滑溜圆、外实内虚的形状特征，又很容易给人以神秘之感，使人浮想联翩，将其和孕育婴儿的母腹联系到一起，进而视之为生命之源而顶礼膜拜了。

① 采自中国农业博物馆：《中国古代耕织图选集》，1986年。

人类把葫芦作为神圣之物，历史相当久远。我国很多民族的创世神话，便与葫芦有不解之缘。例如闻一多先生就曾考证，中国古代传说中的创世造物始祖伏羲、盘古和槃瓠，都是一个人，而且“伏羲与女娲名虽有二，义实只一。二人本皆谓葫芦的化身”[①]。如果说闻一多的推断只是一家之言的话，那么现存众多少数民族传承的神话便无可置疑了。彝族《创世纪》说，在远古洪水泛滥的时代，从葫芦里走出了一对男女，由于他们的结合，人类才得以繁衍。[②]拉祜族长篇史诗《牡帕密帕》记载，人类最初的祖先是从葫芦里孕育出来的一对兄妹，名叫扎笛和娜笛。两人结婚后生了九对孩子，这九对孩子后来又相互婚配繁衍出拉祜、汉、傣、彝、哈尼、佤等九个民族。[③]西双版纳景洪市勐罕地区的傣族流传着这样一个故事：很早以前有一个女人，她希望有101个孩子，所以吃了101个螃蟹，于是生了101个娃娃。她把这些孩子全部装入一个葫芦之中，又在葫芦上开了101个孔，孩子们从不同的孔出来，便成了不同的民族，所以傣族传说古代有101个民族。基诺族传说该族的女始祖名叫阿么小白，她种了一个葫芦，长得很大，成熟后剖开，里面长满了稻谷、棉花、豆类等各种种子，自那以后，基诺族才有了栽培作物。以葫芦象征孕育的习俗，目前尚保留于一些民族之中。例如新平彝族举行婚礼，要让新郎和新娘踩着摔破的葫芦碎片登堂入室，便是这种意蕴。[④]澜沧拉祜族大年初一要用葫芦去“抢新水”，据说谁家先抢到新水，谁家的稻谷便先成熟。[⑤]而当每年秋收完毕之后，拉祜族又要在寨中广场供奉葫芦，人们吹奏芦笙，敲锣打鼓，围绕葫芦尽情跳舞，以庆丰收。话题转到本节的重点，那就是葫芦贮种的问题。用葫芦贮存作物种子，不仅易于密封，而且还方便携带。然而联想到以上各种创世神话和象征祈愿的习俗，播种葫芦存贮过的籽种，也许会更好地发芽生长、开花结实吧。

---

① 《闻一多全集》第一册，生活·读书·新知三联书店1982年版，第60、61、79页。

② 普珍：《中华创世葫芦》，云南人民出版社1993年版，第27页。

③ 拉祜族简史编写组：《拉祜族简史》，云南人民出版社1986年版，第8—9页。

④ 普珍：《中华创世葫芦》，云南人民出版社1993年版，第1页。

⑤ 澜沧拉祜族自治县概况编写组：《澜沧拉祜族自治县概况》，云南民族出版社1985年版，第26页。

图679　孟连县班帅寨佤族种于家边的葫芦

图680　景洪市曼档寨傣族栽种的葫芦

图681 澜沧县拉祜族庆祝丰收跳芦笙舞时供奉的葫芦

图682
勐海县班倒新寨拉祜族春节跳芦笙舞时供奉的葫芦和鲜花等（罗廷振摄）

图683　澜沧县拉祜族“跳芦笙”

图684
拉祜族男子的背包上也挂一个小葫芦

图685　男子吹芦笙，妇女敲铓打鼓，围绕场中供奉的葫芦彻夜欢跳

图686

楚雄州彝族用葫芦制作的面具（云南民族博物馆藏品，刘龙源摄）

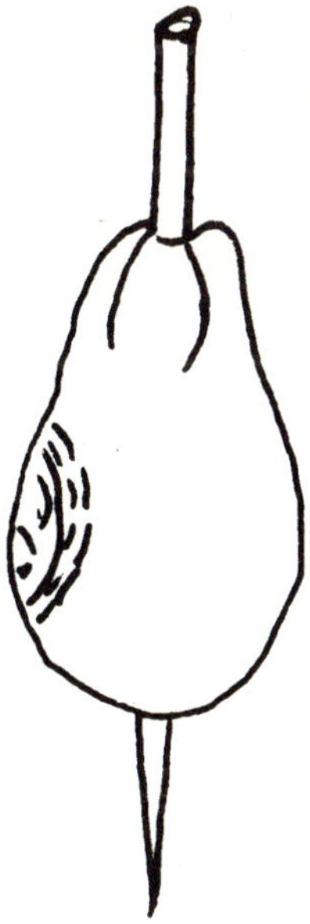

图687

王祯《农书》记录的用葫芦制作的播种器——瓠种

图688、689、690、691　西双版纳文物管理所收藏的贮种葫芦

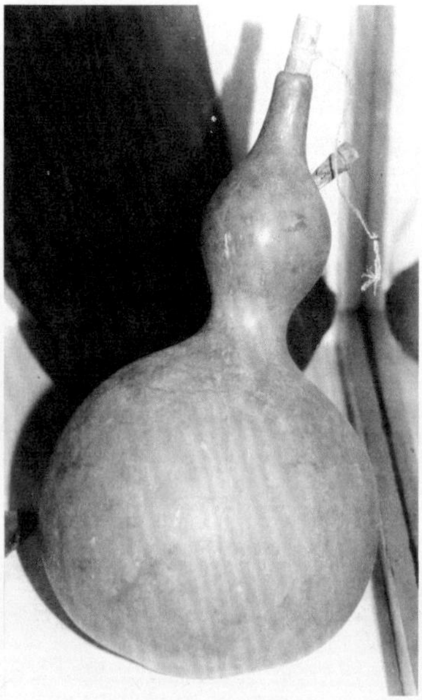

图692　景洪市曼斗寨贮种葫芦

图693　景洪市曼嘎寨傣族的贮种葫芦

图694
景洪市曼档寨傣族的贮种葫芦

图695
景洪市曼档寨傣族的
贮种葫芦

图696 景洪市曼夺寨基诺族
贮存棉花籽种的葫芦

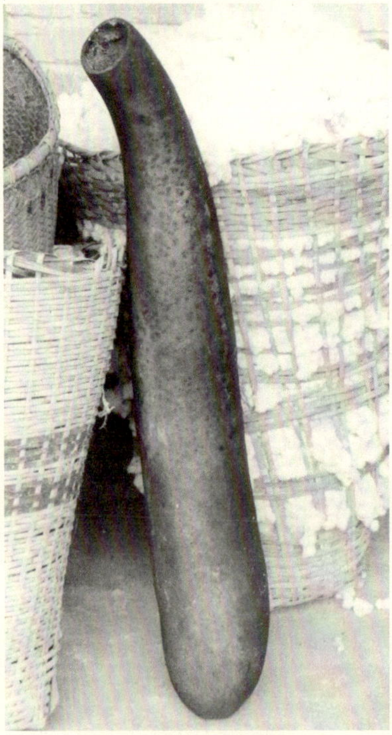

图697 景洪市曼贺冬寨哈尼族
制作的贮种葫芦

图698（左）、699（右）　孟连县班帅寨佤族的贮水葫芦

图700　景洪市嘎洒寨傣族的长柄浇水葫芦瓢

图701　傣族儿童使用葫芦挑水（云南民族博物馆供稿）

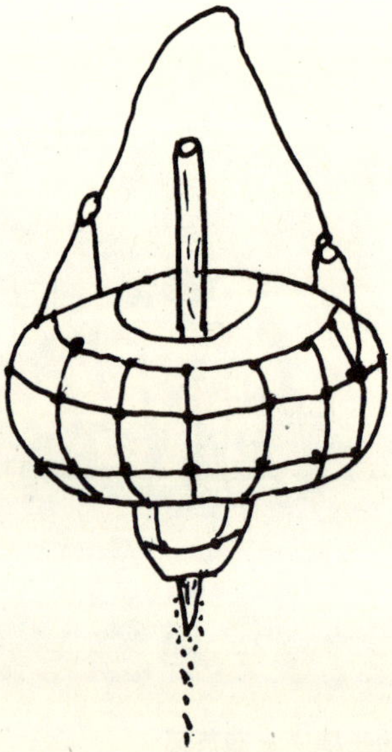

图702

佤族喜喝水酒，图为沧源县坝尾村所见滤酒葫芦。喝酒之前，将酒糟置入葫芦内，注入干净冷水，待五六分钟之后，轻轻提起葫芦之中的木棍，水酒即顺着木棍头部流出

第三节　灌　溉

云南农业灌溉的历史，可以追溯到新石器时代。在大理苍山之麓，考古学者曾经发现过水塘遗址，水塘有堤坝，可储积自苍山流下之水，用以浇灌田园。[①]

有关灌溉的较早的考古资料，还有数件东汉时期的陶质水田模型。滇池东岸呈贡县小松山东汉早期墓出土的陶质水田模型，呈长方形，长320毫米，宽200毫米。一端是大方格，表示蓄水池，另一端为大小不等的12个小方格，代表水田。池田之间有沟相连。[②]另一个发现于呈贡县七步场东汉墓中的水田模型，水池中增加莲蓬、水鸭、青蛙、螺蛳、团鱼等水生植物和动物。在连接水池和田的渠道上还架设着一道小桥。[③]大理大展屯东汉墓出土的水田模型呈圆盘形。圆盘中间由一道高约40毫米，厚10毫米的堤埂将其分隔成两半，一半是水池，池中有莲花、田螺、蚌、贝、泥鳅、青蛙、水鸭等12种水生植物和动物；另一半表示水田。堤埂中央有一宽20毫米、高15毫米的出水孔。[④]此外，在通海县亦发现过东汉水田池塘模型。[⑤]

从上面几件水田模型可知，东汉时代滇中等地已经普遍修造陂池用于灌溉，这从历史文献的记载也可以得到印证。《华阳国志·南中志》载："朱提郡（今滇东北地区）……先有梓潼文齐，初为属国，穿龙池，溉稻

① 吴金鼎等：《云南苍洱境考古报告》甲编，重庆李庄，1942年。

② 呈文：《东汉水田模型》，《云南文物》第7期，1977年7月，第74页。

③ 张增祺：《古代云南边疆和祖国内地政治、经济、文化上的密切关系》，《云南文物》第8期，1979年2月，第22页。

④ 大理州文物管理所：《云南大理大展屯二号汉墓》，《考古》1988年第5期，第454页。

⑤ 王国辉、白子麒、吴建伟：《通海镇海东汉水田池塘模型》，《云南文物》第31期，1992年3月，第13—14页。

田，为民兴利……”《后汉书·南蛮西南夷列传》也记载道：“(西汉末年）以广汉文齐为（益州郡）太守，造起陂池，开通灌溉，垦田二千余顷。”文齐兴修陂池，可以说是开了云南大规模修筑水利设施的先河。

云南自汉代以后，随着农业区域的扩大，水利事业亦不断有所发展。关于这方面的资料，在地方志之中颇多记载，这里只挑选比较特殊的“地龙”略作介绍。目前，在滇西祥云县的米甸、弥渡县的西河灌、下海子以及大理地区，尚利用着若干条修筑于明代的“地龙”。所谓地龙，又叫作闷沟或龙沟，即埋于地下的倒吸虹管。地龙或为石砌水道，或为无数相连的陶管。短者数百米，长者达10余公里。龙头需选择在高地水源丰富之处，依靠高水位的压力，水便自动沿管道流淌。[①]地龙埋于地中，不易遭受破坏，所以经久耐用。偶尔源头有泥沙进入，水流不畅，可放大水冲灌。据调查过地龙的田怀清先生告知，弥渡农民还有放黄鳝于地龙之中，靠其爬行蠕动疏浚泥沙的方法。

当代云南农业的灌溉，基本上沿袭着传统的方法。概括而言，大致有三种情况，一是靠雪水灌溉，二是靠雨水灌溉，第三则是利用河水进行灌溉。

位于喜玛拉雅山南麓的德钦高原等地区，地势高峻，山顶常年积雪，山坡大都荒凉不毛，只是在深陷的山谷之中，才有适于藏民生存的片片绿洲。雪山是绿洲灌溉的源泉。每当初夏，冰雪消融，雪水汩汩而下，汇成溪河，注入山谷。藏民们于是沿谷开渠，架设渡槽，引水入田。又在田里用木啄掘沟，使水流遍田头地脚。像这样进行灌溉的旱地，藏族称之为水浇地。每年浇灌从春节前后开始，其时小麦、青稞等冬季作物经过两次除草，需要及时补充水分。从春节到6月，必须连续浇灌五六次。6月收割小麦、青稞，接着犁地播种玉米和荞。7月除草一次，再浇灌1—3次。8月施肥。9月、10月收获玉米和荞，同时放羊入地吃草，并运肥和施肥。11月又灌溉，然后犁地播种小麦、青稞等。一年之中，浇地次数多达10余次。

云南是山的王国，不少民族靠耕种旱地为生。旱地没有灌溉设施，完

① 何超雄：《祥云明代的水利工程——地龙》，《云南文物》第14期，1983年12月，第24—25页。

全依赖雨水灌溉，即俗话说的“靠天吃饭”。由于云南大部分地区受太平洋和印度洋季风控制，属于海洋性季风气候，所以一年分干湿两季：5—10月为雨季，其余月份为干季。这样的气候，为耕种旱地提供了一个基本的条件。陆稻、玉米等通常于四五月份播种，此后进入雨季，作物便可吸收雨水而生长。除旱地之外，云南还有不少“雷响田”。所谓雷响田，即仰赖雷鸣下雨灌溉栽种水稻之田。在不少地方，迎风坡雨水极为充沛，农民也常常因地制宜，在高处修筑陂池，储积雨水，并开渠架槽，浇灌梯田。例如清代嘉庆《临安府志》就有元江流域南部哈尼族灌溉梯田的记载：“依山麓平旷处，开作田园，层层相间，远望如画，至山势峻急，蹑坎而登，有石梯磴。水源高者，通以略杓，数里不绝。”如今的元江流域，仍然是云南依赖雨水灌溉的最发达的梯田农业地带。

引河川之水灌溉农田，是最为常见的灌溉方式。其一般的做法，是依地势高低挖掘沟渠，辅以堤坝，将水导入田中。除此之外，在河中设置筒车扬水亦十分普遍。在从滇中至滇东南一带，还有和内地完全相同的翻车。至于坝区水田的灌溉程序，则大同小异。下面仅以勐腊县小勐仑乡蛮边寨为例，进行简单的介绍。

蛮边寨傣族于农历四月犁田，犁后搁置一段时间，叫作晒田。五月初放水入田，泡一个星期，淹死害虫。然后犁二道田，并修补田埂，再灌水没过土垡，以灭杂草。半月后用耖堆土，堆后又灌溉，将土壤泡烂。一个星期后再以耖翻土一遍，搁置三天，再灌水三天，又耖，并耙平，这才插秧。栽秧后三日内不灌溉，以免冲倒置根不稳的秧苗，但水位需保持在淹过苗根的程度。第四天灌水，这时要举行一个仪式，在入水处插置“达辽”（竹编的避邪物），叫作“祭水口”。此后需防止水田漏水，尤其要注意黄鳝和螃蟹打洞破坏田埂。一个月之后，稻秧长根，即排水出田，以利其生长。这种状况延续一周，待稻秧长出新叶之后，始放水入田。此后灌溉一直保持到10月，待谷穗灌浆饱满，便停止灌溉，并按从低到高的顺序把田水排干，以待收获。

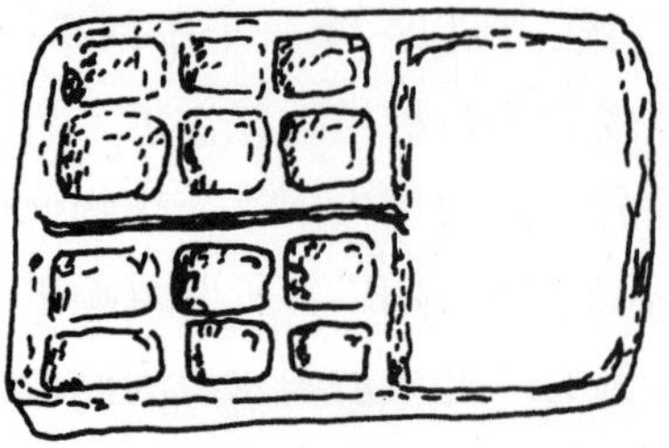

图703
呈贡县小松山东汉早期墓出土的水田模型（呈文，1977年）

图704
呈贡县七步场村东汉墓出土的水田模型（云南省博物馆供稿）

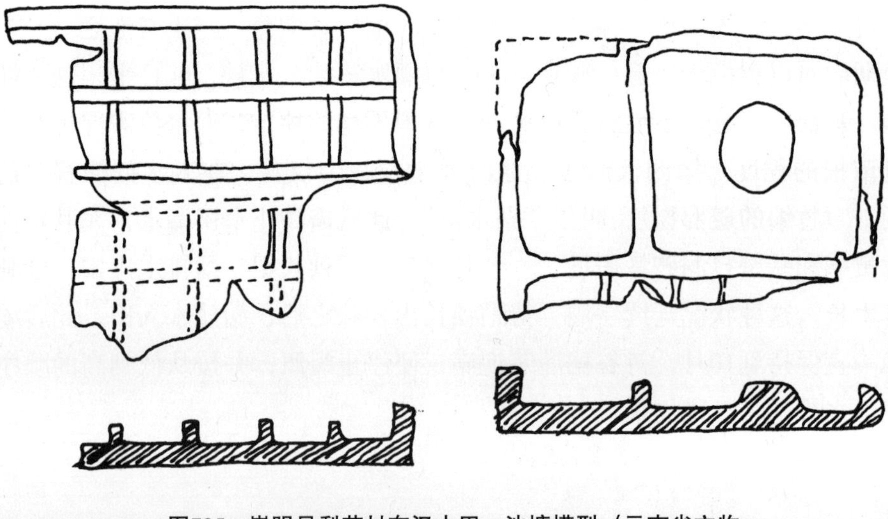

图705　嵩明县梨花村东汉水田、池塘模型（云南省文物考古研究所，1989年）

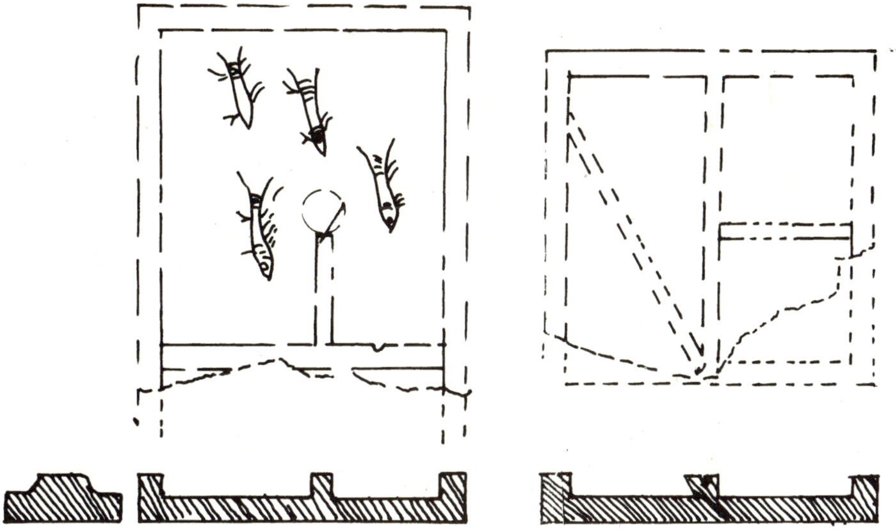

图706　通海县镇海东汉水田模型（王国辉等，1992年）

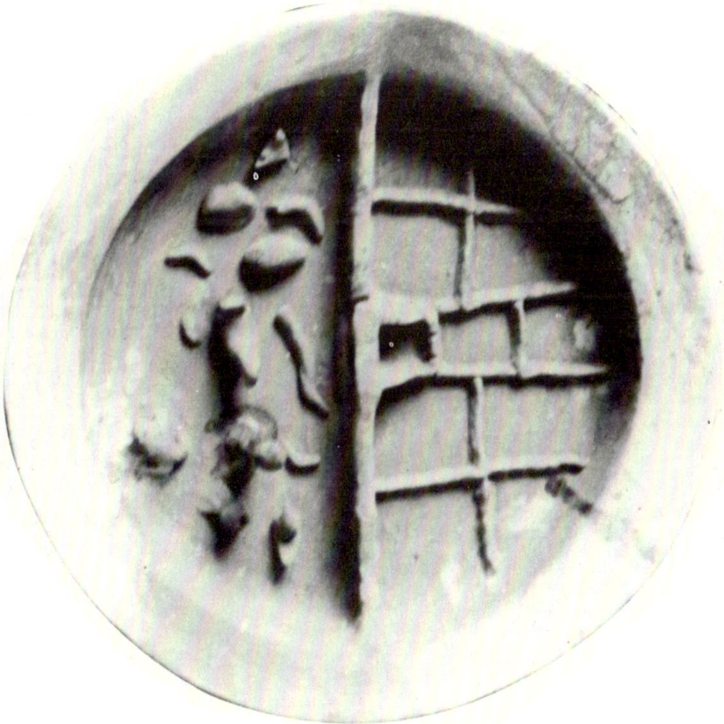

图707　大理市大展屯2号汉墓出土的水田模型（田怀清摄）

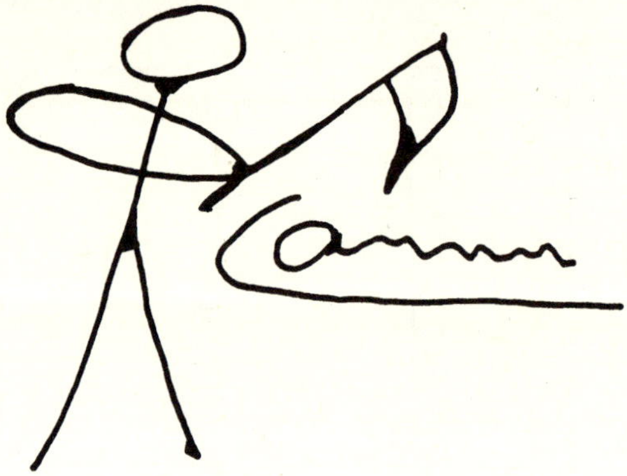

图708　纳西族象形文字中的“开沟灌溉”
（方国瑜、和志武图，1981年）

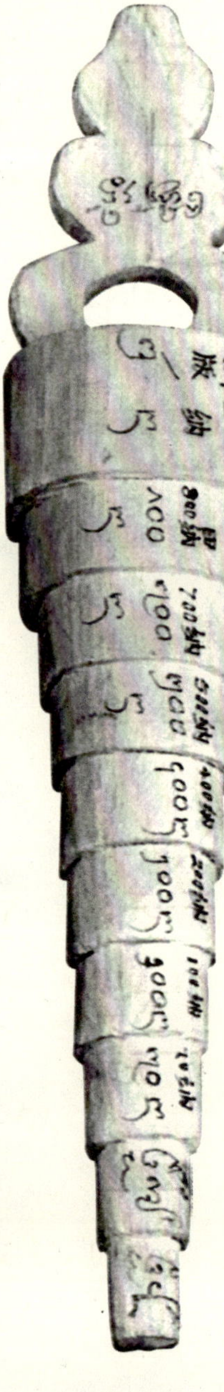

图709
西双版纳傣族的灌溉分水器（云南民族博物馆藏品，刘龙源摄）

图710　大理州博物馆展出的明代“地龙”陶管

图711
德钦高原靠雪水灌溉的
山谷绿洲

图712　高山冰雪消融，雪水入谷成溪。藏民或开沟筑坝，或架设渡槽，把水引入农田

图713　溪水入田，藏民们又用木啄把水引到田头地脚

图714　大理市郊区农村白族妇女挑水浇地场面

图715（上）、716（下） 云南东南部文山州的大部分地区，属于喀斯特地貌。那里石头遍布，地表水渗漏严重，取水极为困难，所以人们多修筑陂池水塘，贮积雨水，以供人畜和浇灌农地之用

图717（上）、718（下）　广南县峰岩洞村修筑于旱地里的水池

图719　施甸县的梯田景观。其山顶上的圆形水田，就是一个可积雨水的陂池

图720
元江流域以梯田壮观而闻名遐迩。用哈尼族的话说，那是因为“山有多高，水有多高”的缘故。高山流水，其实是季风雨的恩惠。图为绿春县大水沟村的梯田和水渠

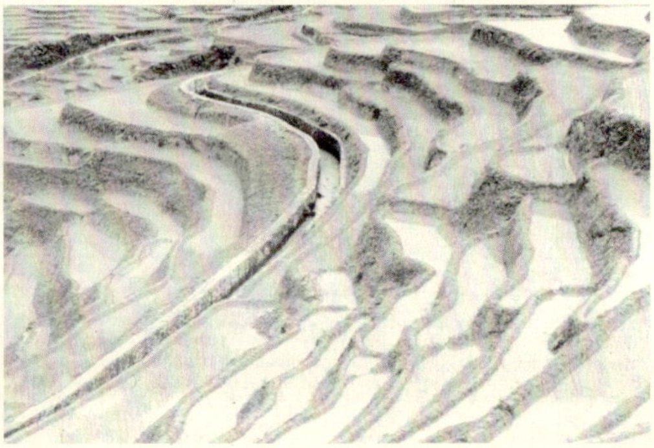

图721　元江县小羊街乡哈尼族的梯田和水渠

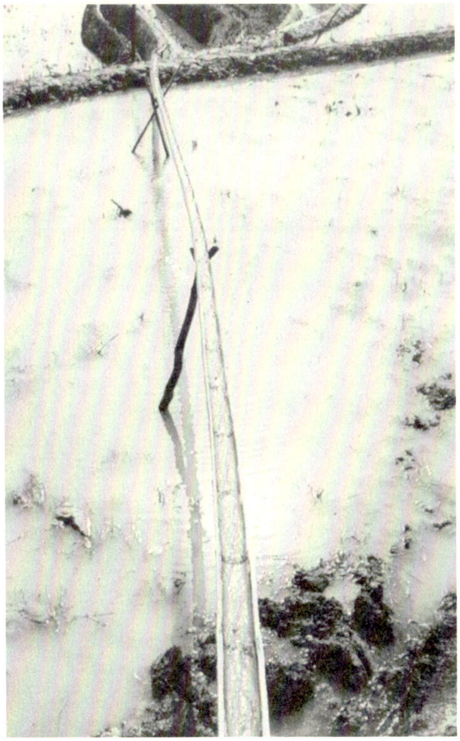

图722（左）、723（右）
绿春县哈尼族引水灌田的竹渡槽

图724　景洪市安麻老寨拉祜族的渡槽

图725（左）、726（右）
景洪市大勐龙乡傣族农田中的水坝和水沟

图727　筒车，云南俗称水车，是常见的灌溉机具，其分布地主要在滇南。图为墨江县农民新造而尚未造成的筒车

图728　河流水浅，可用石头等拦筑水坝，以增加冲击筒车的水流，从而提高筒车的汲水效率

图729
开始运转汲水的新造筒车

图730　罗平县布依族的筒车（罗钰摄）

图731　墨江县筒车灌溉梯田景观

图732　石屏坝区彝族使用的翻车。云南的翻车分布在北起昆明、陆良，南至石屏、丘北这一区域之内（李晓斌摄）

图733　翻车又名龙骨车，车身成槽形，两头安装轮轴，轴上套链状刮水板。使用时将车的下部放入水中，转动上部的主动轮轴，刮板循环转动，即可提水（李晓斌摄）

图734
石屏县农民使用翻车提水灌溉（李晓斌摄）

图735（上）、736（下）
路南县农民用翻车提水灌田

图737
景洪市曼档寨傣族利用沟渠灌溉甘蔗地

图738
红河哈尼族的梯田灌溉沟渠，沿山势修筑，可长达数十公里

图739
红河哈尼族、彝族营造的梯田往往多达上百梯层，陡坡梯田以自高处森林流向层层梯田的所谓“跑马水”灌溉，河谷低地的梯田则主要利用河沟水灌溉

云南文库·学术名家文丛

图740
景洪市傣族的秧田

图741
景洪市大勐龙乡傣族拔秧情景

图742
元江县者嘎村傣族拔秧

图743
元江县小羊街乡
哈尼族拔秧情景

图744
丽江县纳西族栽秧情景

图745
福贡县怒族栽秧情景

图746　元江县哈尼族栽旱秧

图747　景洪市曼迈寨傣族的插秧分行器

图748 拔秧、栽秧和薅草时节，正值雨季，所以需备雨具。图为王祯《农书》所绘之斗笠

图749 王祯《农书》所绘蓑衣

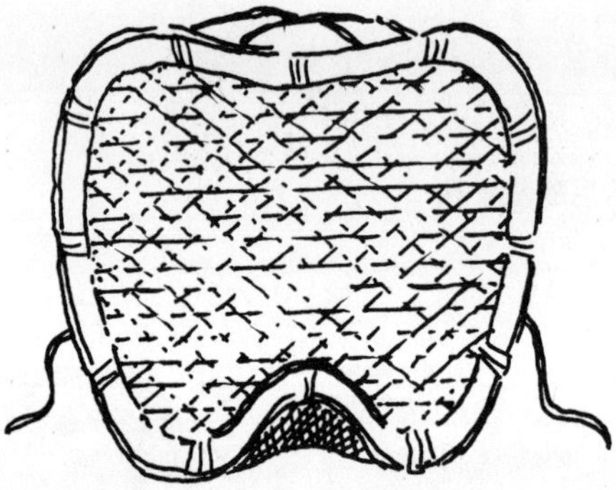

图750 王祯《农书》所绘覆壳。覆壳以竹篾编制，成龟壳状。下有卷口，可通风，又可防雨水浸入衣服，是避雨防晒的用具

图751 云南的棕制斗笠和蓑衣
（云南民族博物馆藏品）

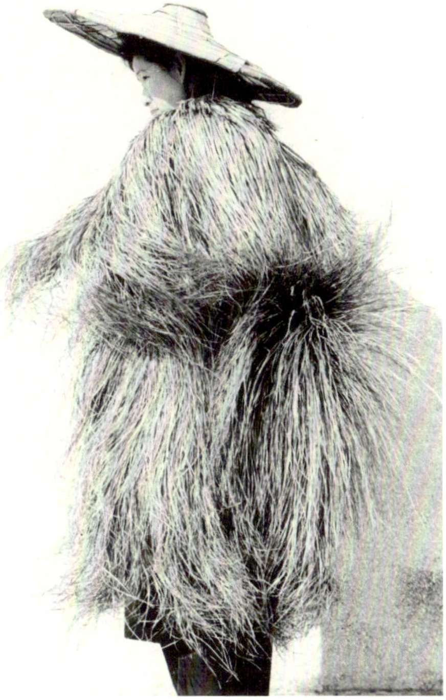

图752（上）、753（下）
楚雄州彝族以笋壳制作的斗笠和用茅草编织的蓑衣（正反面）（云南民族博物馆藏品）

图754　红河县哈尼族栽秧之后，在住房墙壁上悬挂插有秧苗的竹筒，以祈求水稻丰收

图755　西双版纳的傣族，在水稻生长期间，要持续灌溉，同时在田埂上插置“达辽”和金刚钻，以驱邪祛灾（王国祥摄）

图756（上）、757（下）
西双版纳傣族在水田中悬挂的“达辽”，这是傣族常用的驱邪祛灾之物（王国祥摄）

第六章　箩篮马帮车舟

人类和袋鼠一样，是一种勤于负载并善于负载的动物。关于这一点，只要看看农民，便会有深切的感受。每天下地劳作，他们必须携带生产工具、种子肥料、饭盒水壶等；收工回村，又要捎带谷物瓜果、蔬菜薯蓣、木料竹材、稻草麦秸、柴薪饲料、猎物鱼虾等；至于秋收时节，运粮送草之繁忙就更不用说了。那么农民有哪些运输工具呢?主要是箩、篮、箕、筐等这些以竹子制作的器物。

竹子是人类最喜爱、利用范围最广、使用最频繁的植物之一。我国南方多竹，云南亦以竹产富饶而闻名。目前，云南天然竹类植物共发现27属200余种，分别为全国和世界竹类总数的70%和40%左右。[①]竹类丰富，名目亦多，常见的如龙竹（Dendrocalamus giganteus Munro）、藤竹（Dinochloa puberula MuClure）、长舌巨竹（G. ligulata Gamble）、麻竹[S. latiforus（Munro）MuClure]、绿竹[S. oldhami（Munro）MuClure]、大泡竹（Schizostachy um funghoni MuClure）、苦竹[Pleioblas tusamarus（Keng）Keng f.]、甲竹（L. fimbrililigulata MuClure）、毛笋竹[Gigantochloa levis（Blanco）Merr.]、小叶龙竹（D. membranaceus Munro）、版纳甜竹（D. hamiltonii Nees et Arn.）、黄金间碧竹（B. vulgaris Schrad.）等等。竹子的王国，自然会造就一个竹文化的世界。人们种竹美化居住环境，食用竹笋、竹虫，以竹子建房屋、搭桥梁、做船筏、造水车、制弓箭、编渔具、贮粮食、存泉水、烧米饭、腌酸菜、制绿茶，无所不用其极。如果要涉猎竹物领域的话，那可是一个大千世界了。仅就农具而言，其中的竹具就不胜枚举。书归正传，本章辑录的对象，只是运输的农具。

关于人类的负载方式，我们知道很多非洲民族能用头顶重物，亚洲的朝鲜人也可与非洲人媲美，而大部分中国人却只习惯于用肩挑和背背。在云南，一般而言，山区坡陡谷深，道路狭窄崎岖，适宜使用背箩、背篮等背具；坝区平坦，行路方便，所以多使用挑箕、挑筐等挑具。不言而喻，依靠人力肩挑背负搬运物资是十分辛苦的，因此在有条件的地方，人们也尽可能地利用牛马、木车、舟筏运送物资。至于驾驶现代“铁牛”拖拉机和卡车从事运输，目前在很多农村也不再是新鲜事了。

① 《云南发现一批竹类新种》，1995年5月3日《人民日报》。

第一节 背 具

人力背运物资，是云南各民族的一种重要的传统运输方式。背具按种类分，有背箩、背篮、背筐、背架、背桶、背袋、背包、背绳等；按背负方式分，则有以下几种。

一、头背。头背，即以头负重。使用头背的箩、篮和筐，其背带中部都有一段较宽的带子，以增加额部受力面积。以布制作的背包，背带一般都比较宽，装置物资多时，也可用头背。此外，一些民族还有专门的头背带，用以背运体积较大或凌乱的物资。

二、肩板背。头背之法，难以承受较重的物资，故很多民族采用了头肩结合、以肩为主以头为辅的背运方式。即在背带上增加一块肩板，板呈凹形，以后颈套置于两肩之上。由于板面较宽，受力面积大，故可省力。肩板可与任何背具配套，单纯的背绳也可以和肩板配合使用。

三、双肩带背。此式背法，是在背箩、背篮、背架之上纵向设置两条背带，以双肩负带受力。为了分散肩部负荷，亦可增设头带作为辅助。肩带受力部位有一定的宽度，多以棕和藤篾编制。

四、双肩绳背。此背法主要见于滇西北藏族和傈僳族等民族中。其特殊之处在于他们的背绳和背箩是脱离的，只是在使用的时候才缚在一起。背绳不仅和背箩配合使用，而且还常常单独用于背运青稞、大小麦和油菜等。

五、单肩背。此式背箩、背篮、背筐只缚一根背带，背法有胸肩斜挎和单肩挎两种。

六、腰背。腰背之具主要是小型精致的腰箩，劳动时随身携带，用以装刀、饭盒、纺锤、蔬菜等，鱼腰箩也属此类。

图758　晋宁石寨山出土的滇国贮贝器M12:1上，刻画着一幅上仓图。图中滇人搬运粮食的形状令人十分诧异，他们不是用肩和背背，也不是用肩挑，而是以头顶。这种运物方式只有在非洲和朝鲜才能看到，而在云南少数民族的现实生产活动中是绝对找不到的。那么，滇人究竟是什么民族？其头顶运物的方式是不是已被其后裔所改变？这还是一个谜

图759
人类在没有发明运输工具之前，大概就是像图中这位汉族小姑娘一样，直接用肩膀扛运物资（李晓斌摄）

图760
扛木料和扛竹子，在农村是最平常的活计。图为福贡县元垮比村傈僳族妇女扛竹子建新房

图761　景洪市曼播新寨克木人的背箩。其背带中部较宽，以便用头背负。头背是云南的背运方式之一，以下便是各种头背之具

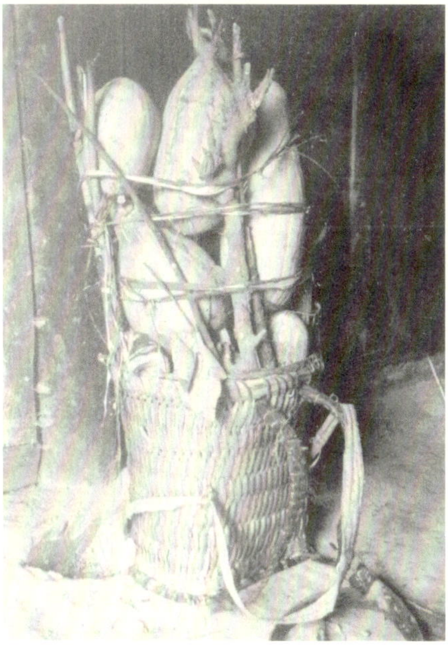

图762　广南县安王村彝族的头背箩。箩口之上以树枝围拦，以增加背运南瓜的数量

图763
绿春县大寨村哈尼族儿童背菜回村

图764
孟连县班帅新寨佤族妇女头负背箩步行的辛苦情景

图765
福贡县元垮比村傈僳族妇女背婴儿的头背篮

图766
福贡县瓦最村傈僳族以竹篮背运盛水的竹筒（和永祥摄）

图767　福贡县元垮比村傈僳族以背带背运篾笆的情景

图768　贡山县培里村傈僳族妇女背运木材

图769
勐海县西定、巴达地区的布朗族，常背运以茅草编成的草排（用以建盖草房屋顶）到坝区集市出售。其背法为背带头背式

图770
元江县小羊街乡哈尼族妇女以头背带背运芦苇

图771　基诺族非常喜欢用自织的大布袋背饭盒、野菜、粮食、生产工具和贮水竹筒等等

图772　景洪市小勐养地区的控格人（属彝族）也习惯用口袋背竹筒（王国祥摄）

图773
景洪市曼贺冬寨哈尼族的肩板背篮

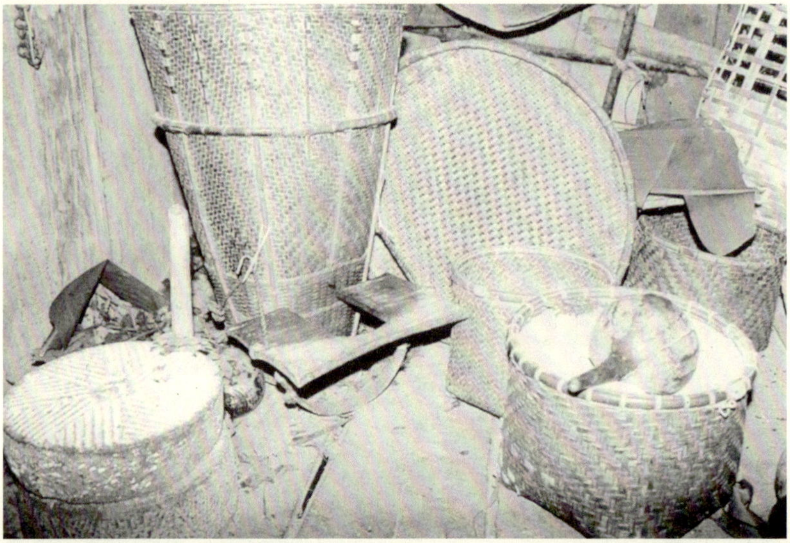

图774　景洪市巴卡小寨基诺族的用具。其中的肩板背篓无论从造型和编技来看，都堪称精品

图775
景洪市巴坡寨基诺族少女，用背篓把刀耕火种地中砍伐的部分树木作柴薪背运回村

图776
景洪市巴拉寨哈尼族
背篮儿童

图777
景洪市曼贺冬寨哈尼族
的背篮儿童

图778
景洪市叭街寨哈尼族妇女
的背篮和腰箩

图779
景洪市曼贺冬寨哈尼族妇女
以带肩板的背绳缚口袋背运
玉米

图780（左）、781（右）
元江县因远镇哈尼族妇女用肩板背箩运送秧苗

图782
景洪市勐罕乡山区的哈尼族妇女行路纺线情景。哈尼族妇女出门劳动一般身带两件工具，一是背上的大竹篮，用以背农作物等；一是腰间别致的腰箩，可装纺锤和棉花

图783　昆明市五松包村苗族的大背篮。图中的大背篮无肩板，亦无头背带，而是用纵向的双肩带负荷，这又是另一种背法

图784　广南县南屏镇苗族妇女用双肩带背箩背运柴薪

图785　红河县山区的瑶族妇女和她们的背篮

图 786
中甸县九龙村背箩的彝族妇女

图787　广南县峰岩洞村70高龄的汉族背柴老奶奶

图788　峰岩洞村背红薯藤的儿童（李晓斌摄）

图789（上）、790（下）出门背孩子，回村背作物或柴薪，这是勤劳的峰岩洞村妇女的写照

图791
背红薯的峰岩洞村姑娘

图792　峰岩洞村妇女背运南瓜

图793
元阳县全福庄哈尼族的背架

图794
昆明市五松包村苗族的背架

图795
中甸草原上背箩采集的藏族姑娘。藏族的箩和背箩之法皆与滇南不同

图796 迪庆州藏族的背箩，既不是头背、肩板背，也不是纵向的双肩带背，而是用绳子把箩捆到肩上的一种特殊的背法

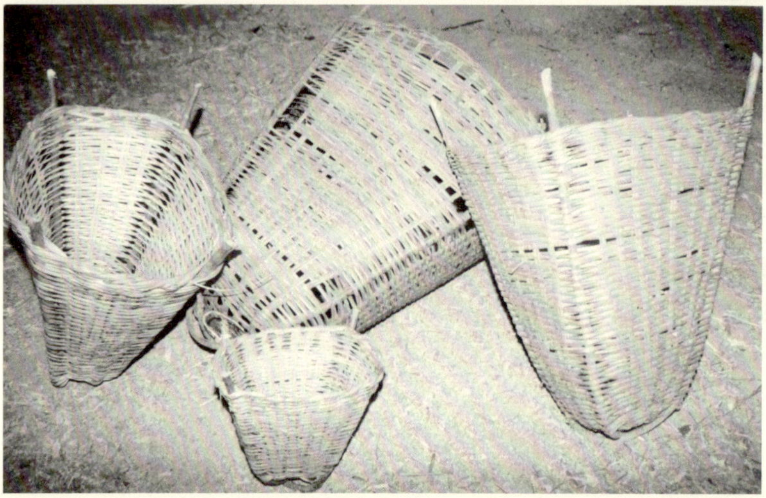

图797　中甸县乃日村藏族的背箩。其箩上没有固定的背带，使用时用绳缚肩

图798　乃日村藏族妇女用木桶背水的情景

图799
德钦县巨水村的妇女用背绳背运青稞

图800
中甸县东嘎村彝族背荞，其绳背之法与该区藏族的相同（李晓斌摄）

图801
东嘎村彝族妇女用绳缚口袋背运粮食（李晓斌摄）

图802
昆明市卧龙岗村苗族的背绳

图803
景洪市曼浓干寨傣族的背绳

图804
贡山县独龙江地区独龙族的单肩背藤篾箩。单肩背箩有两种背法，一是套头胸肩斜挎，一是单肩挎。单肩挎箩一般较为小巧

图805　景洪市曼浓干寨傣族妇女一肩扛竹，一肩斜挎背箩

图806　曼浓干寨傣族妇女挎箩采豆的情景

图807
广南县者兔村壮族
妇女的小挎篮

图808
福贡县施朵村傈僳族妇
女背箩摘蚕豆的情景
(和永祥摄)

图809
澜沧县上允镇集市上
背箩的拉祜族妇女

图810
勐海县山区的布朗族妇
女背运山货到勐遮市场
出售

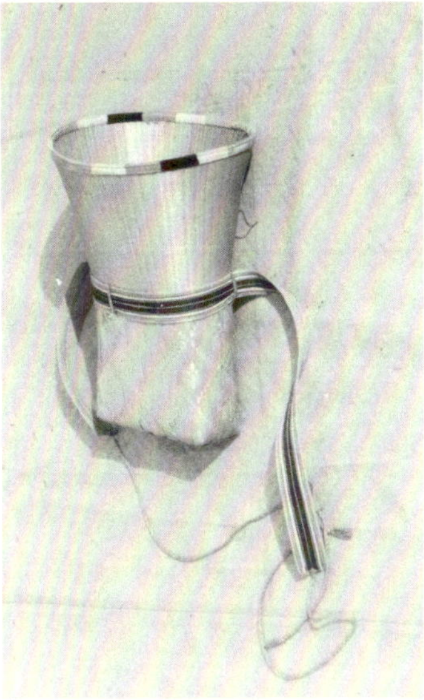

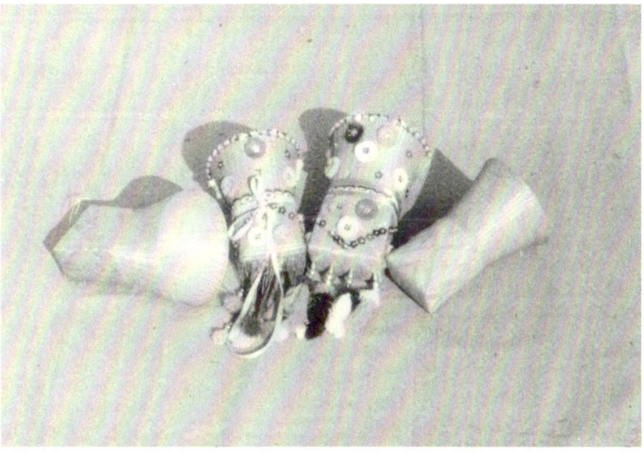

图811（左）、812（右）　背箩之中形状最小、编技最精的是腰箩，而腰箩又以新平县花腰傣的腰箩最负盛名。其箩不仅造型优美，编制精细，而且还缀有彩色花珠作装饰，看上去简直就是精美的工艺品（云南民族博物馆藏品）

图813
景洪市叭街寨哈尼族的腰筒，用于装纺锤和棉花，以便行路或闲暇时纺线之用

图814
身系腰筒以纺锤纺线
的哈尼族妇女

图815
哈尼族的腰箩，亦是箩之精品。其圆鼓状的造型、精致的人字形编技以及黑线长穗装饰，构成鲜明的特色

图816
景洪市蛮乱典寨傣族的渔箩。渔箩亦为腰箩之一种

第二节　挑　具

在传统运输农具中，背具是一大类，挑具又是一大类。比较挑具和背具，其不同之处主要有四：第一，背篮、背箩等一般较大、较深，而挑篮、挑箩、挑箕等则较小、较浅；第二，背具以单件为单位，而挑具则以一双为单位；第三，背具负载靠背带和背板，挑具则靠扁担或竹杠；第四，如上所述，背具有头背、头肩背、双肩背、单肩背和腰背几种，而挑具则全用肩膀担挑。

挑具按挑法分，有高挑和矮挑两种。所谓高挑，即以扁担直接插入箩、篮、筐边沿所设双耳的挑法；如嫌高挑起置不便，则可加绳索或竹把于双耳，以延长扁担到挑具的距离，谓之矮挑。挑具如按种类分，则有挑篮、挑箩、挑筐、挑笼、挑箕、挑桶、挑架、挑袋等。此外，竹筒、挎包等也是常见的挑具。

图817　景洪市曼浓干寨傣族编制竹箕

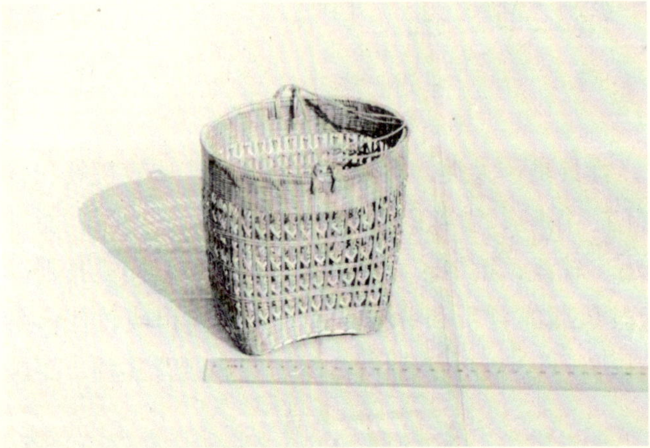

图818
傣族编制精美的
小挑篮

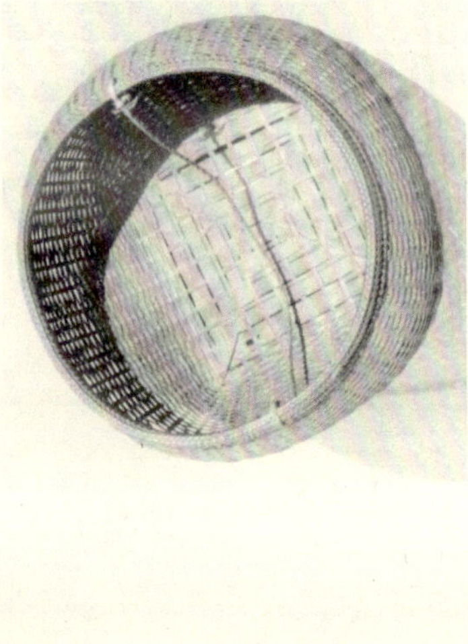

图819
傣族小提箩或称小挑箩
（云南民族博物馆藏品）

图820
傣族小挑箩（云南民族博物馆藏品）

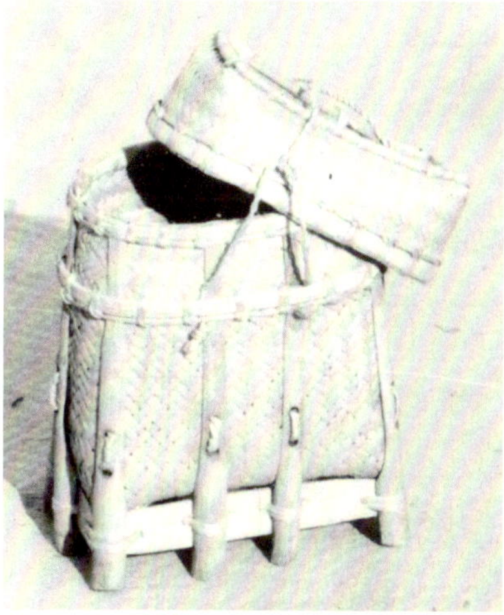

图821
基诺族小竹箱（云南民族博物馆藏品）

图822
布朗族小竹箩（云南民族博物馆藏品）

图823　小提篮是傣族妇女常用的装菜和洗菜的工具

图824　景洪市曼迈寨傣族姑娘携带的挑箩和小挑篮

图825
勐海县丫口老寨哈尼族的挑篮和茶箩（云南民族博物馆藏品）

图826
景洪市曼档寨傣族的
扁担和小挑箩

图827
景洪市勐罕乡傣族妇女出门所带的四件用具：肩上的手锄、锄把挑着的竹箩、箩中的刀和手上挂着的草帽

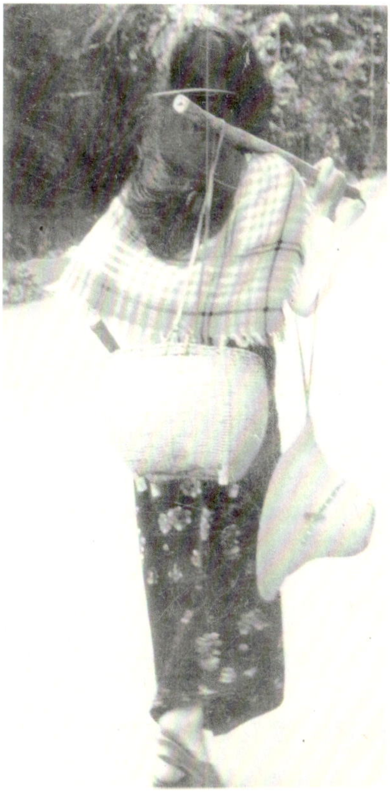

图828　景洪市曼档寨傣族编制的准备到市场出售的木底竹箩，这是傣族最有特色的挑箩之一

图829
勐海县勐遮市场上傣族出售的赕佛用的木底漆箩

图830　勐海县曼散老寨布朗族妇女赕佛颂经情景。置有蜡烛的红漆提箩是每人必备之物

图831　景洪市曼迈寨傣族姑娘所挑的木底竹箩

图832　景洪市曼播新寨克木人编制竹挑箩

图833　勐海县丫口老寨哈尼族编技极佳的竹箩

图834　景洪市曼迈寨傣族姑娘的挑箩

图835　勐海县勐遮市场上傣族出售的有盖挑箩

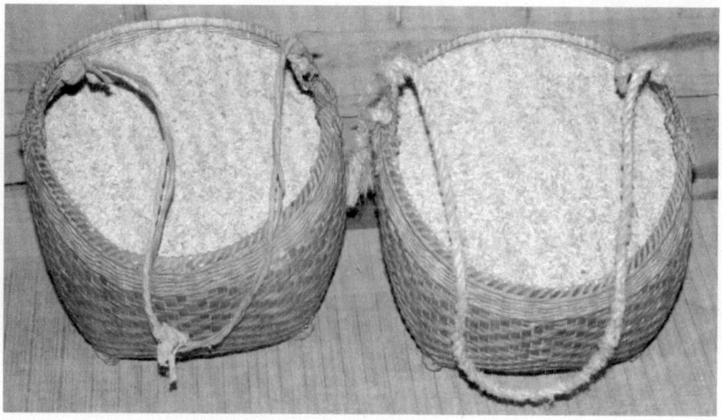

图836　景洪市曼斗寨傣族的挑箩

图837
耿马县孟定市场上所见傣族的挑篮

图838　梁河县孟连村汉族编挑篮

图839　广南县者兔村壮族养鸭的挑笼

图840　建水县普古鲊村哈尼族姑娘编竹筐

图841　景洪市曼播新寨克木人的竹把挑箩

图842　澜沧县上允镇集市上拉祜族妇女出售的挑箩

图843
挑箕是又一类挑具。图为景洪市曼斗寨傣族妇女挑肥料

图844
广南县董那孟村壮族少年的运具

图845
董那孟村壮族妇女挑烟叶

图846
路南县豆黑村撒尼人（彝族）挑肥料

图847
元江县农贸市场出售的挑筐

图848
澜沧县上允镇集市上所见拉祜族编制出售的挑筐

图849
元江县新白泽村哈尼族用绳子挑秧苗

图850　广南县董那孟村壮族妇女挑树条

图851　景洪市曼档寨傣族用木条制作的挑架

图852　广南县峰岩洞村汉族妇女用木桶挑肥料

图853（上）、854（下）
勐腊县芒果树乡瑶寨的
瑶族以竹筒挑水

图855（左）、856（右）　瑶族儿童用竹筒挑水

图857　瑶家装水的竹筒

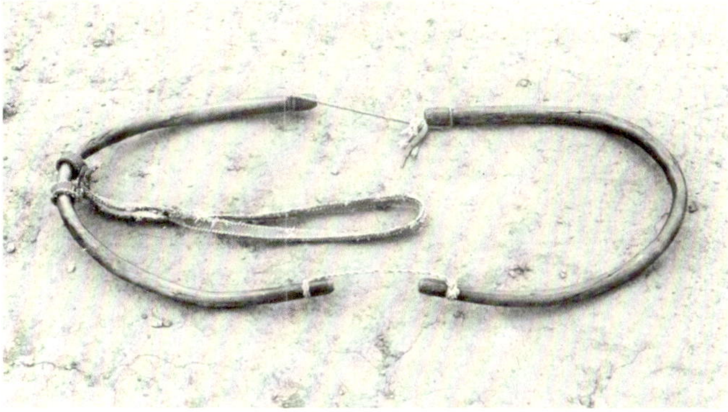

图858
昆明市卧龙岗村
苗族以木条制作
的挑夹

图859
以挑夹挑猎具

图860
苗族的挑夹和挑笼

图861
傣族以龙竹根雕制的饭煲

图862
景洪市嘎洒寨傣族儿童肩挑饭煲和提篮，给田间劳动的大人们送饭菜

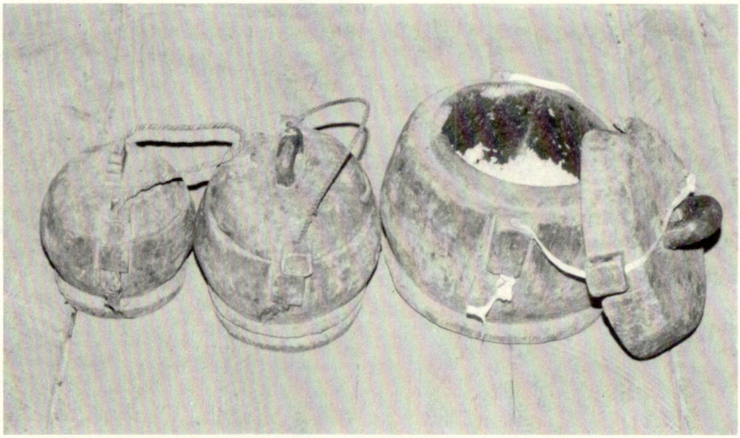

图863
景洪市曼档寨傣族的竹饭煲

第三节　马帮、车、舟

云南是山的国度，在万山丛中，有数不清的神秘而崎岖的驿道。行走其间，常常可见乱石路面上一串串清晰的小石坑，那是骡马运输物资走出来的印迹。每个小坑，不知有过多少马蹄的践踏，又不知经历过多少岁月的磨蚀。成队的骡马运输在云南叫作马帮，历史的云烟尚未把这一古老的事物淹没，在幽寂空旷的山谷中，依然时时可见“山间铃响马帮来”的情景。岂止如此，在一些交通闭塞的地方，马帮仍然是运输的命脉。例如地处滇西北极边之地的独龙江，那里聚居着数千名独龙族人，其生活所需的大部分物品需仰赖内地供给，于是，每年均有成百上千的骡马翻越险峻的高黎贡山往返于怒江和独龙江之间。

骡马可驮运物资，亦可驾车运输。而在云南传统的木车之中，却以牛车为多。滇东南壮族、苗族等的牛车，车体较小，驾一头黄牛，用竹篾围成车箱，有的还设车篷，很有特色。滇中撒尼人（彝族）的牛车，有木轮双辕单牛车，亦有铁轮单辕二牛抬杠车，形状较为古朴。瑞丽傣族的牛车，车轮高大，以木制作，别具一格。中甸藏族的牛车，车体较长，后宽前窄，装置三个木轮，驾驭两头犏牛或黄牛，是云南最大的牛车。

云南虽处高原，但湖泊江河众多，给不少民族提供了舟楫之利。西双版纳澜沧江沿岸的傣族，擅长制造和使用船筏。其木船有两种，一种是尖头船，平时作运输之用，泼水节时安装木雕的龙头龙尾，即为竞渡的龙舟；另一种是独木舟，系以粗大树木凿空而成。丘北县普者黑湖畔撒尼人（彝族）的木船，是比较独特的窄形尖头船，船体长度可达七八米，但宽度仅容一人。滇中有滇池、抚仙湖、星云湖、阳宗海等构成的湖泊群，该区汉族的一般船只是宽形的尖头木船。洱海白族的船与滇中汉族的船相似，但洱海还有方头形木船和篾篷船等。滇西北泸沽湖畔摩梭人使用的木船名为“猪槽船”，即形似喂猪木槽的独木舟；而金沙江畔的纳西族则有十分罕见的羊皮筏，那就是孙冉在著名的昆明大观楼长联中所写的元代蒙军强渡金沙江使用的“革囊”。

然而，并非所有的河川都可通航，在水流湍急的怒江峡谷便很难看到船筏。在那里，过去人们渡江运物不靠船也不靠桥，而是靠溜渡。20世纪50年代以前，怒江溜渡所使用的溜索大多以藤篾制作，现在已被钢索所取代。溜渡有单索溜和双索溜之分，单索水平安装，渡时以手攀索前行；双索高低安装，往来靠高低差产生的惯性滑行，速度极快，令人感到惊心动魄。

图864　贡山马帮行进的情景。他们满载物资，翻越高黎贡山，向神秘的独龙江进发

图865　丽江县纳西族至今仍盛行以骡马驮运物资（王焱摄）

图866　这些在大理市场上出售的柴薪，系山区彝族用马驮运而来的

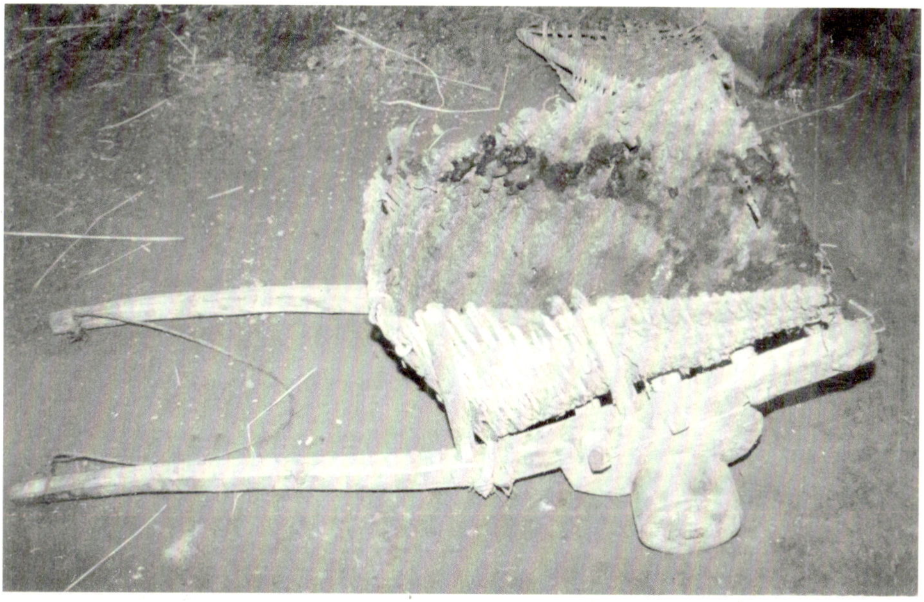

图867　景洪市曼档寨傣族制造的小型手推车

图868　路南县豆黑村撒尼人（彝族）的双辕木轮牛车

图869
豆黑村撒尼人（彝族）
的单辕二牛抬杠车

图870　丘北县城郊壮族的牛车

图871
寻甸县多姑村彝族的
马车

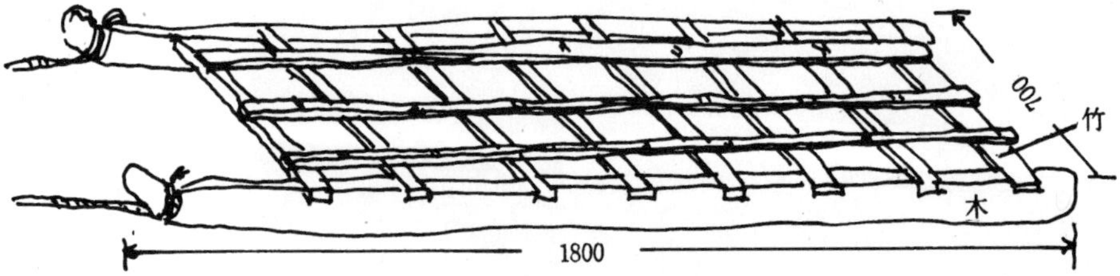

图872　景洪市曼贺冬寨哈尼族近年发明的适宜在崎岖山路上运输粮食的牛拉架（渡部武图，1993年）

图873
曼贺冬寨哈尼族使用牛拉架运输玉米的情景

图874（上）、875（下）

滇池之滨汉族新造的尖头木船。木船造好后，要举行下水仪式。图为人们把贴着红纸对联的新船送往水边

图876
船入水后即放鞭炮驱灾祝福

图877
大理市沙村白族的尖头形木船

图878
洱源县双廊村的小方头篾篷船

图879
大理市沙村白族
的方头木船

图880　沙村白族驾驶方头木船打捞水草

图881（上）、882（中）、883（下）

丘北县普者黑村撒尼人（彝族）临湖而居，因此出门用船，运输靠船，打渔更少不了船。其木船虽然是用木板组装的，然而却像独木舟，又窄又长

图884
宁蒗县泸沽湖摩梭人的猪槽船（云南民族博物馆供稿）

图885　富民县汉族和彝族的木船

图886
景洪市巴拉寨哈尼族的竹筏

图887
景洪市曼斗寨傣族驾驶竹筏所使用的水扒

图888
滇西北怒江、独龙江峡谷，山高谷深，自古交通困难，两岸之间横亘江河，可望而不可及。20世纪50年代以前，渡江主要靠溜索，渡小河除溜索之外，还搭建藤桥和竹桥。

图889　双人携带生产工具溜索过江的场景

图890　图为20世纪50年代怒江、独龙江人民溜渡情景。其时溜索以藤和竹子纤维扭接而成，很不安全，溜渡坠江身亡者时有发生。

图891
20世纪50年代后，为了安全，藤竹溜索被淘汰，代之以钢索溜渡。安全性能和强度提高，溜渡速度增快，承载重量也大幅增加，一次可渡两人，生产工具物质耕畜等均可随人一起溜渡。80年代以后，政府大力改善当地交通，一座座大桥横空出世，天堑变通途。

第七章　秋收画卷

秋天收获的农具，是一个不小的“家族”。在这个“家族”之中，有两组“成员”：一是收割之具，二是脱粒之具。

收割之具人们最为熟悉，镰刀就是它的主要“成员”。镰刀种类不多，只有两类。一类是爪镰，用于割取谷物的穗头；另一类是安装木柄之镰，用于收割稻麦茅草等。前者是新石器时代的石刀、陶刀和蚌刀的承袭；后者则是石镰的“后裔”。爪镰收割效率低，而且不能收取谷物的茎杆；有柄镰刀收割效率高，而且可割稻草麦秸。爪镰形式单一，木柄镰刀有宽、窄、长、短之别，平刃和锯齿刃之分。

谷物收割之后，为便于脱粒，需使其干燥，但又不能任其置于地中，以免动物糟踏或下雨受潮霉烂，故必须妥善收集保存。此时常见的短期保存方法有两种，一种是将谷物收集起来，就地堆积成谷堆；另一种是利用木材搭成粮架，把谷物挂到架上。

脱粒农具是收获农具“家族”中最兴旺发达的组成部分，粗略统计一下，便有棍、连枷、爪、架、板、箱、箩、槽、石碾等10余个种类。脱粒农具的种类之别不像有的农具那样，只是局部结构或者大小的不同，而是较多地表现为形态方面的差异。而且，它们之中几乎没有铁器，在这里我们又能看到一幅幅竹木农具的秋收脱粒图。

第一节　刈田图

迄今为止，我们尚未见过不使用镰刀的民族。镰刀极其平常，然而历史却十分悠久。在我国很多新石器时代的遗址中，都曾出土过用于割取穗头的石刀、蚌刀和陶刀。最早的石刀没有孔，后来逐渐发展成为单孔和双孔石刀，形状则有方形、叶形和半月形等。[①]早期的石镰发现于裴李岗遗

① 中国农业博物馆农史研究室：《中国古代农业科技史图说》，农业出版社1989年版，第47—48页。

址，镰身作拱背三角形，通体磨光，刃部有锯齿，柄部较宽，便于捆缚木柄。[①]石镰有平刃和凹刃的，有齿和无齿的，以无齿的居多，大多装柄使用。从夏代开始，我国出现了铜镰，春秋时期制造出铁镰，此后镰刀的形状也变得丰富了，有铚（短镰）、钹镰（铁刃窄长、弯曲像钩）、锯镰、推镰等。

云南元谋大墩子、宾川白羊村、祥云清华洞、大理马龙以及鲁甸马厂等新石器时代遗址曾普遍出土过新月形穿孔石刀。中原地区的石刀，刃口均开于凹部，而云南的石刀则多开于背部。[②]云南铜镰产生于滇国时代。昆明双龙坝、呈贡龙街、江川李家山等地发现的铜爪镰，在形制上承袭了石刀和蚌刀，使用方法是把绳子穿于圆孔内，套在中指上收割穗头。[③]晋宁石寨山曾出土五件铜镰，其刃略有弧度，前端为尖锋，刃后端接圆筒以纳木柄，其形制与现代使用的镰刀基本相似。[④]

云南目前各民族使用的镰刀，仍然是爪镰和有柄镰两类。滇东南布依族的摘刀、苗族的禾剪以及元江流域傣族的割刀属爪镰。有柄镰中有锯齿镰，其刃口呈齿状，刀叶窄且曲度不大，形如月牙，绝大部分无柄銎，刀根呈尖状，可直接插入木柄之中。有柄镰中又多平刃镰，其刃口无齿，刀叶宽，有柄銎。锯齿镰主要用于收割稻麦。平刃镰用途较广，刀叶细长者适于收割谷物，宽短者适于割草，刀叶长且头钩者可芟谷茬和杂草，刀叶宽短厚实者可砍柴薪，加长手柄，又可捞割湖中的水草或树上的花果。

① 中国农业博物馆农史研究室：《中国古代农业科技史图说》，农业出版社1989年版，第47—48页。

② 阚勇：《试论云南新石器文化》，《云南省博物馆30周年纪念文集》，1981年，第64页。

③ 王大道：《云南滇池区域青铜时代的金属农业生产工具》，《考古》1977年第2期，第94页。

④ 王大道：《云南滇池区域青铜时代的金属农业生产工具》，《考古》1977年第2期，第94页。

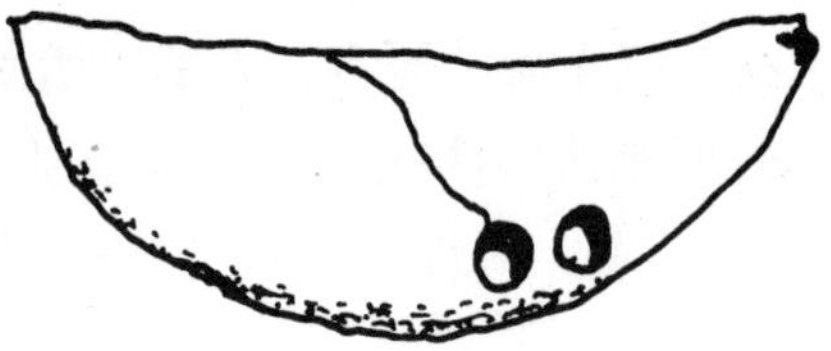

图891　浙江吴兴钱山漾遗址出土的石刀

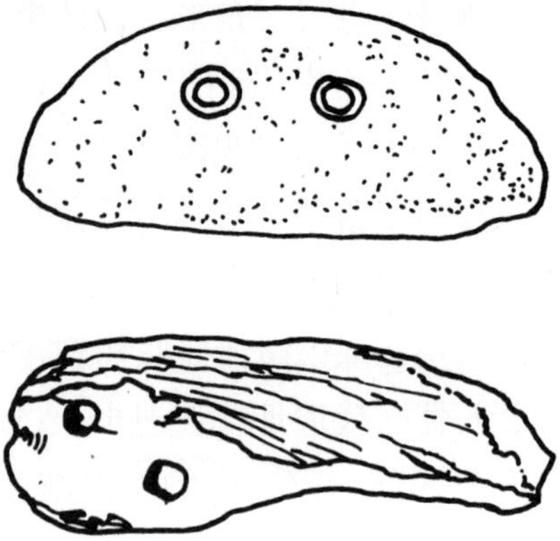

图892　辽宁东沟后洼遗址出土的蚌镰

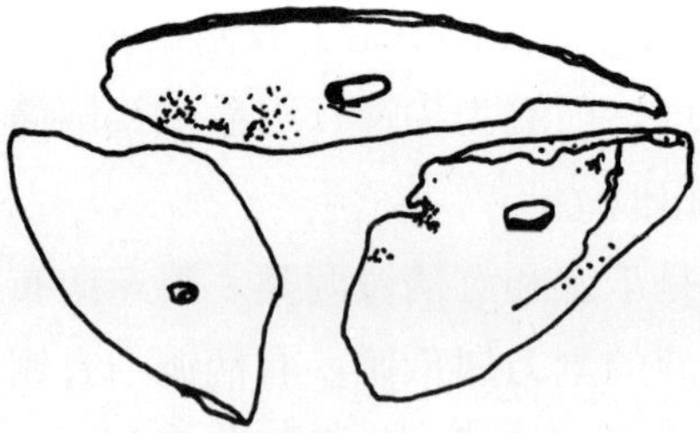

图893　广西南宁豹子头遗址出土的蚌刀

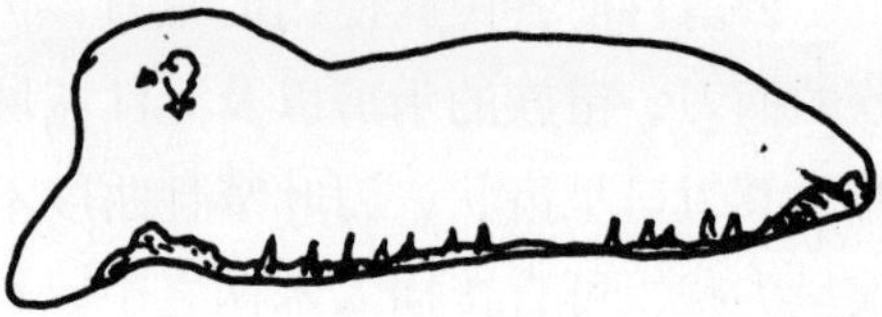

图894　河南洛阳遗址出土的陶刀

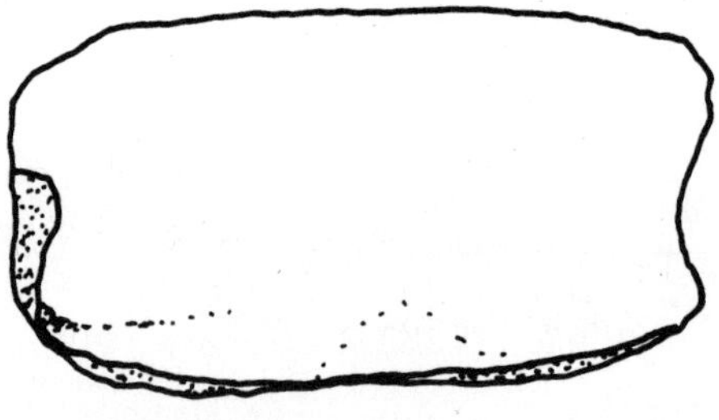

图895　河南密县峨沟遗址出土的石镰[①]

① 图891—图895采自中国农业博物馆农史研究室：《中国古代农业科技史图说》，农业出版社1989年版，第15页。

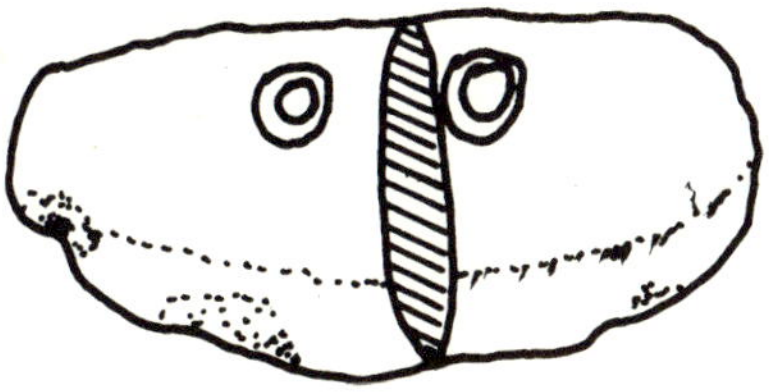

图896　云南祥云清华洞出土的石刀

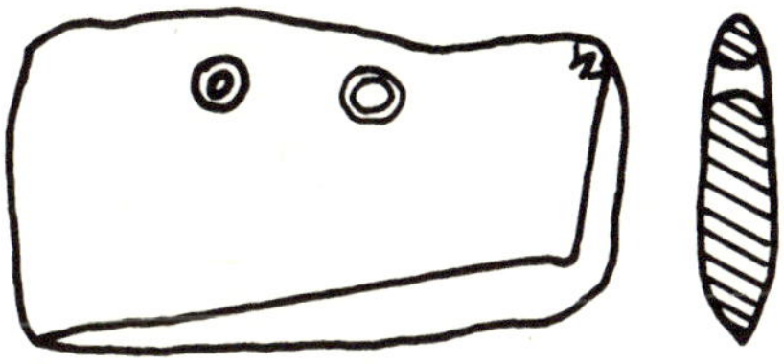

图897　云南鲁甸马厂出土的石刀

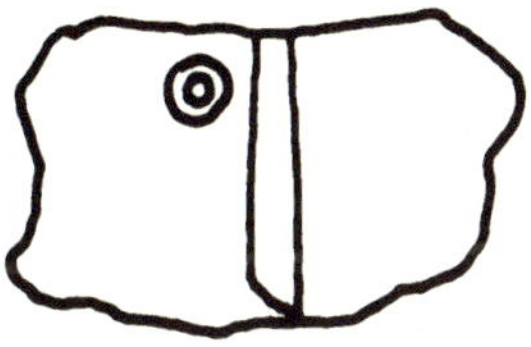

图898　云南维两戈登出土的石刀①

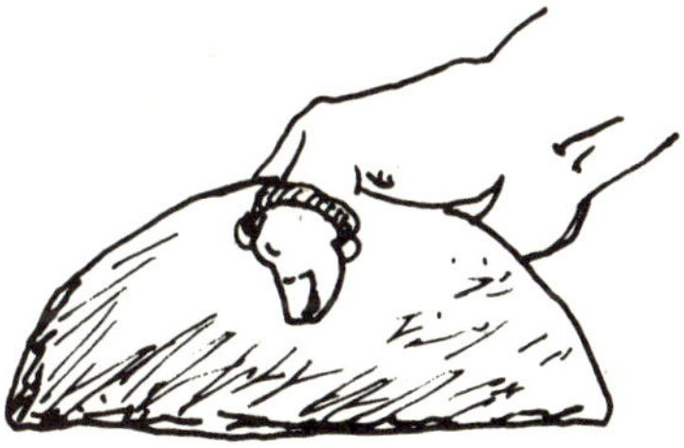

图899　双孔石刀使用示意图

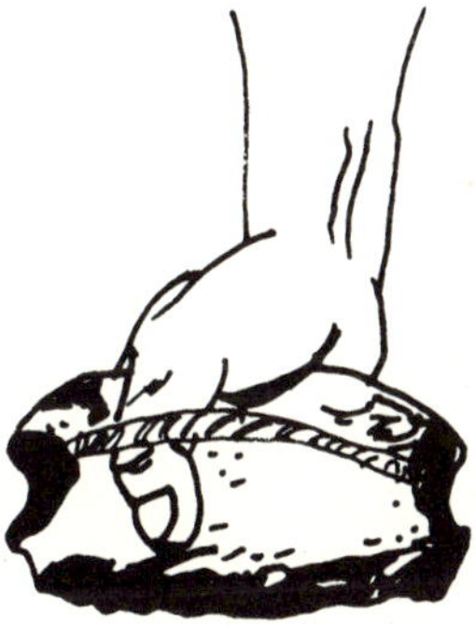

图900　有缺口的石刀、陶刀使用示意图②

① 图896—图898采自阚勇：《试论云南新石器文化》，《云南省博物馆30周年纪念文集》，1981年，第62、65、66页。

② 图899—图900采自中国农业博物馆农史研究室：《中国古代农业科技史图说》，农业出版社1989年版．第48页。

图901　裴李岗出土的石镰及装柄示意图

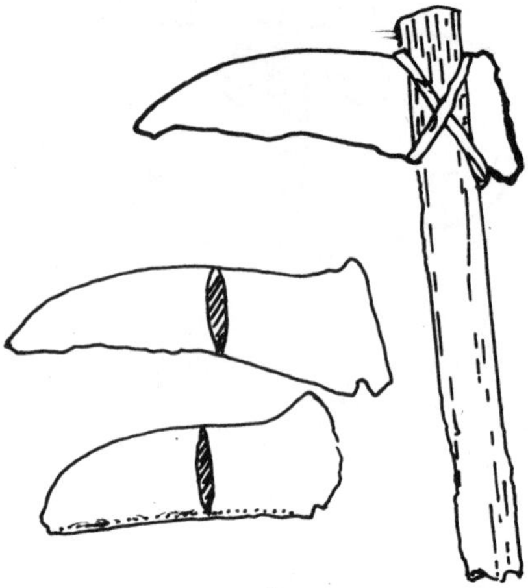

图902　安阳大司空村出土的蚌镰及装柄示意图①

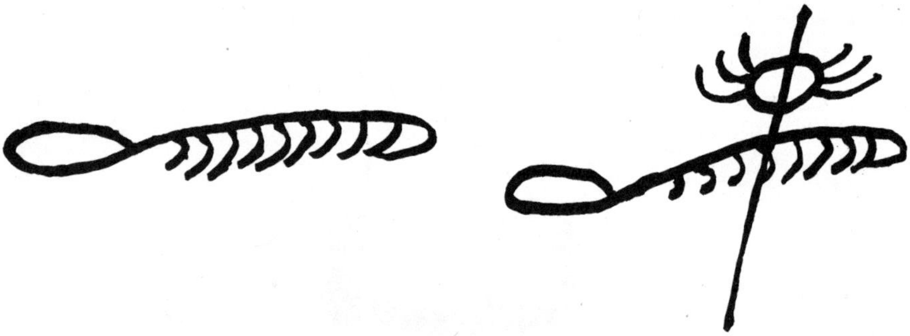

图903、904　纳西族象形文字中的“镰刀”和“割麦”（方国瑜、和志武图，1981年）

① 图901—图902采自云翔：《锯镰辨析》，《文物》1984年第10期，第66、68页。

图905　王祯《农书》中的“粟鉴”
（爪镰）

图906　王祯《农书》中的“铚”

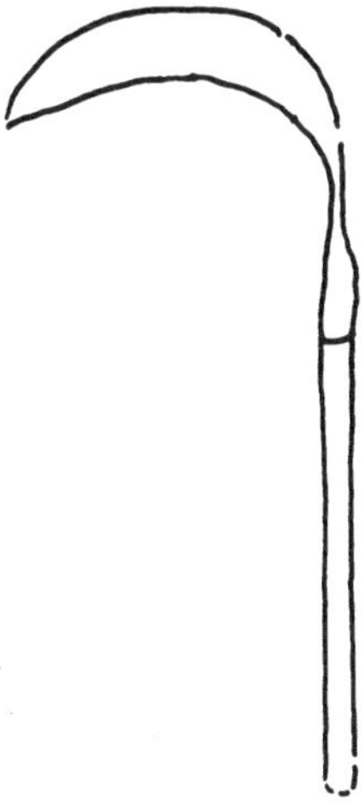

图907　王祯《农书》中的“艾”
（有銎镰）

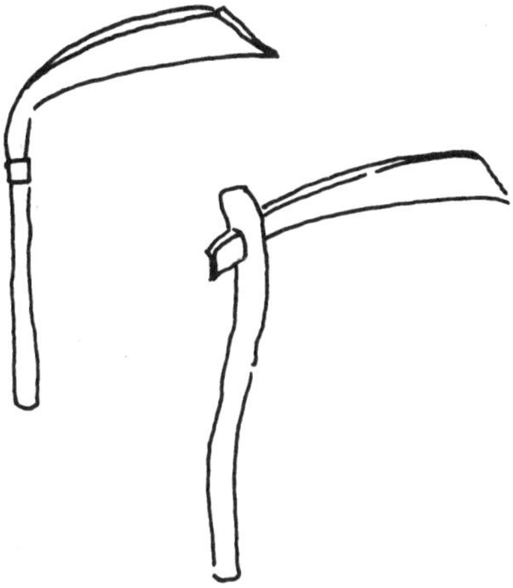

图908　王祯《农书》中的“镰”

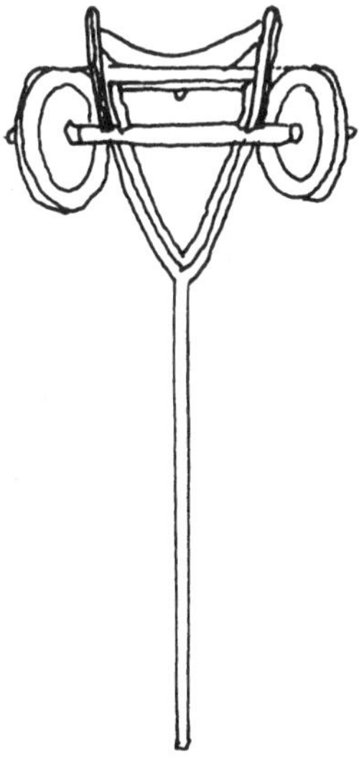

图909　王祯《农书》中的“推镰”

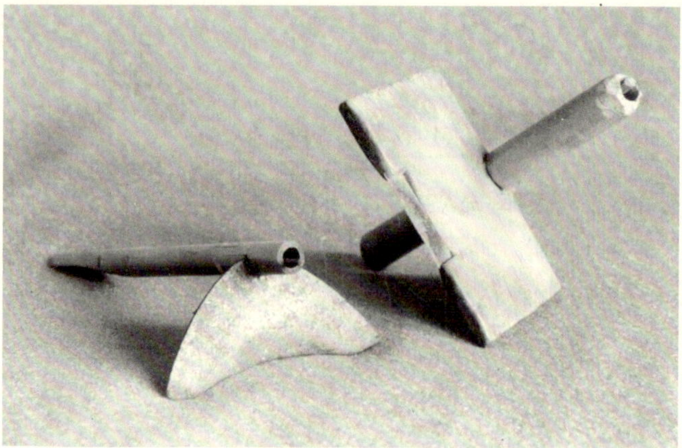

图910
图中左为元江县大水平村傣族的爪镰，右为广南县者兔村壮族的爪镰（云南民族博物馆藏品，刘龙源摄）

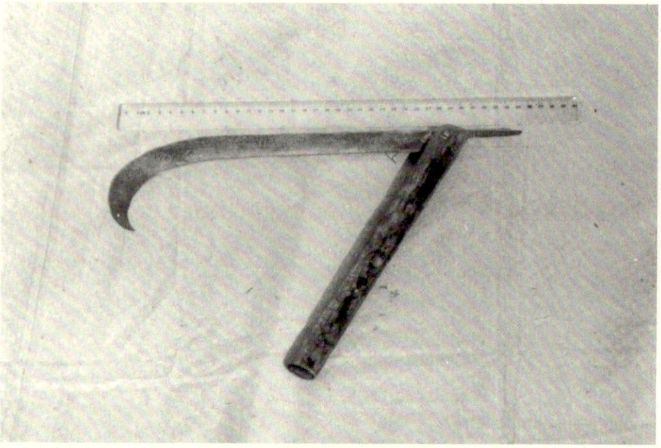

图911
广南县壮族的折叠式镰刀

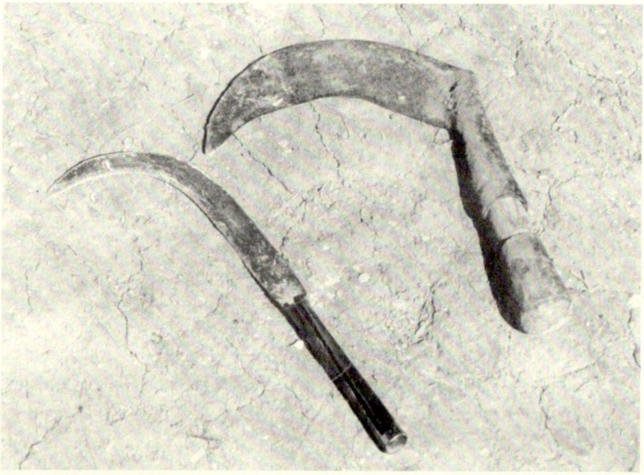

图912
广南县小广南村的两种镰刀

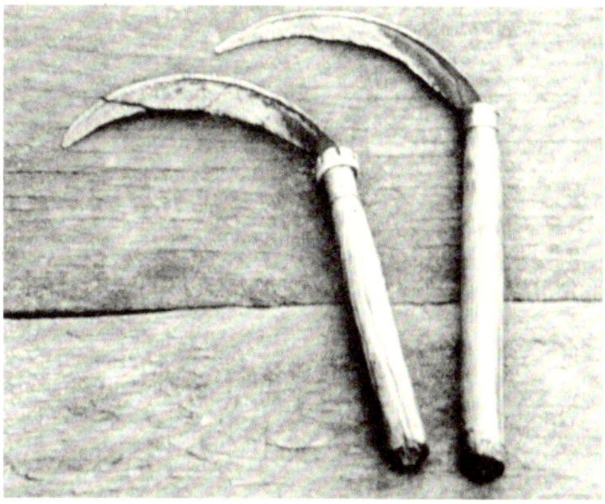

图913　孟连县班帅寨佤族的锯齿镰

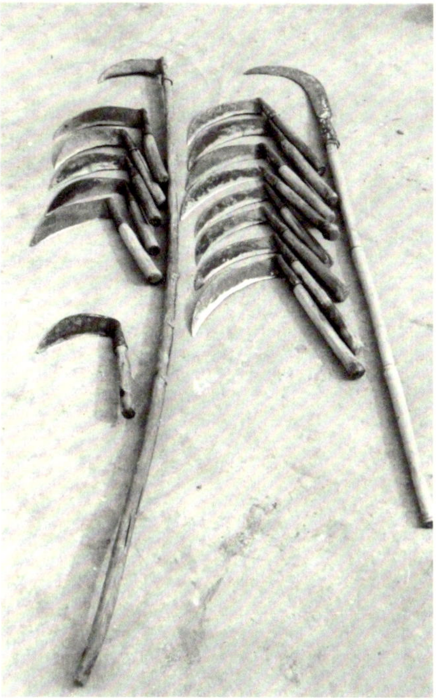

图914　大理市沙村白族一个农户所有的各式镰刀

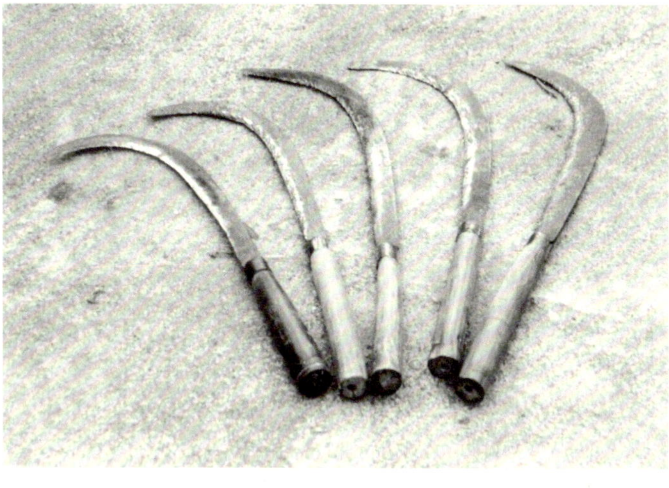

图915
景洪市曼档寨傣族的锯齿镰

图916　中甸县三坝乡5月麦田一片金黄

图917　德钦县巨水村成熟待割的青稞

图 918（上）、919（中）、920（下）

德钦县巨水村藏族收割青稞和收集、拣地的情景

图921
昆明市五松包村苗族的麦田成熟了，村民在田边树上悬挂穿有竹箭的死鸟，以恐吓来犯之雀

图922
西盟县打洛寨佤族姑娘使用小巧的锯齿镰收割小红米（龙爪稷）穗

图923
耿马县孟定允冒
寨傣族的锯齿镰

图924　允冒寨傣族妇女割稻的情景

图925　收获时节，骄阳似火，孟定傣族在田中插竹夹草遮挡阳光

图926　景洪市安麻老寨妇女割茅草

图927
广南县峰岩洞村妇女用镰刀清除地中的玉米茎

图928
昆明市卧龙岗村苗族割下麦子之后，使其交叉叠置，穗头抬起，以免受潮

图929　西盟县打洛寨佤族收割旱谷之后，将其堆成谷垛暂时保存。此法存在于云南很多地方

图930　雍正《耕织图》中的“登场”①

① 采自中国农业博物馆：《中国古代耕织图选集》，1986年。

图931
纳西族象形文字中的“粮架”
（方国瑜、和志武图，1981年）

图932　工祯《农书》所绘湖湘一带的“麦笐”（粮架）

图933 中甸县大中甸藏族的青稞架。其结构类似王祯《农书》中的麦笐

图934 高大的成排成行的青稞架，构成了中甸藏族村落独特的景观

图935（上）、936（下）
丽江和中甸三坝纳西族的麦架。王祯《农书》所记麦笐，是将稻麦“倒其穗控于其上”，而纳西族、藏族等置麦稻于粮架，则必须使穗头朝上，这样上面的茎秆便可掩住下面的穗头。如果使穗头朝下，是不可能做到“久雨之际，比于积垛，不致郁浥”的

图937　中甸县道安村彝族的挂荞粮架（李晓斌摄）

图938　道安村彝族的村落景观——低矮的木楞房和高耸的粮架（李晓斌摄）

第二节 打谷棍和连枷

谷物脱粒，最早是用手摘脚搓和牛踩，这在云南的一些少数民族中曾有实例。而当脱粒技术发展到使用工具的阶段之后，便分化成两种基本的形式：一种是以棍棒等工具敲打谷物穗头，另一种则是以谷物穗头去摔掼板槽等工具。本节先介绍第一种形式。

敲打谷物穗头脱粒的农具，有打谷棍和连枷，它们在云南的分布是泾渭分明的。前者主要分布在从滇西的德宏经临沧、思茅到滇南的西双版纳这一地带；后者则分布于昆明、大理、怒江、丽江、迪庆，即滇中和滇西北地区。

打谷棍根据形状的不同，可以分为三式。一式为“7”形打谷棍，亦称弯棍。此式棍以竹制作，取竹茎为柄，竹枝为弯头。也可用树木制作，取未干燥之小树，在火上烘烤，使头部弯曲而成，亦可利用天然弯曲树木削制。二式为“丁”形打谷棍。此式棍有竹制、木制和竹木合制三种。脱粒可单手持棍，亦可双手持棍轮番打击。三式为掌状打谷棍。此式棍以竹片制作，经火烘烤，使其齿分离并弯曲成掌状。

连枷结构比打谷棍复杂，在中原的历史也比较悠久。《管子·小匡》和《国语·齐语》都有“枷芟”的记载，说明春秋时期中原已经使用连枷。我国古代农书如《齐民要术》《农书》《便民图纂》《农政全书》等对连枷均有记述。王祯《农书》图说如下：“连枷，击禾器……其制用木条四五茎，以生草编之，长可三尺，阔可四寸。又有以独梃为之者，皆于长木柄头造为擐轴，举而转之，以扑禾也。”王祯《农书》所绘之连枷，现仍为滇池地区的汉族和洱海地区的白族等使用。其制手柄长而打杆短，打杆由三根以上细木并列组成，以木栓使其与手柄端头相连。除了这种多杆式打杆连枷之外，云南尚有单杆式打杆的连枷，或可称作单棒枷，即《农书》所言“以独木梃为之者”，但单棒枷的手柄与打杆的结合并非为“擐轴”，而是以绳相连。使用单棒枷的民族有藏族、纳西族、傈僳族、怒族和苗族等。

作用力量于穗头，靠碾压使谷物脱粒的农具还有碌碡。牛拉碌碡的脱粒场面，目前已不多见，只是在昆明郊区的汉族农村还偶尔可以看到。碌碡和连枷，都是古代由汉族移民带到云南来的。

图939
福贡县赤恒底村傈傈族妇女以手摘稻谷。这也许是一种十分古老的脱粒方式（和永祥摄）

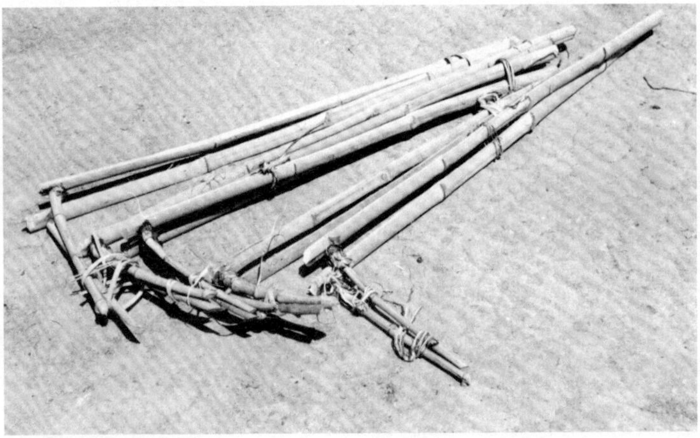

图940
景洪县曼浓干寨傣族新制作而尚未使用的“7”形打谷棍。人们选择竹枝较粗的竹子，用火烘烤，使之弯曲，并缚以竹篾使其定形。

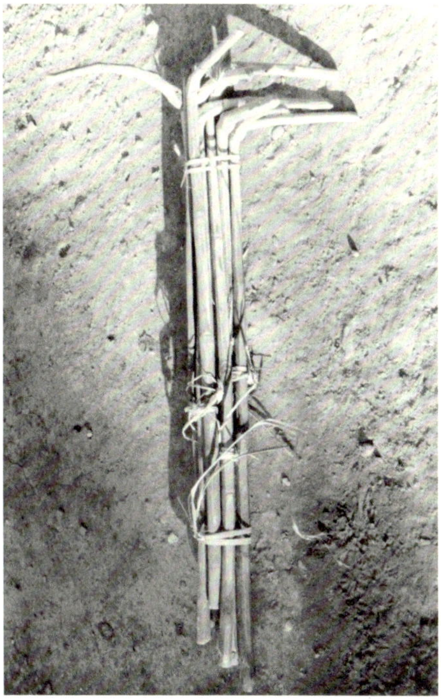

图941　景洪市曼景发村花腰傣的竹制“7”形打谷棍

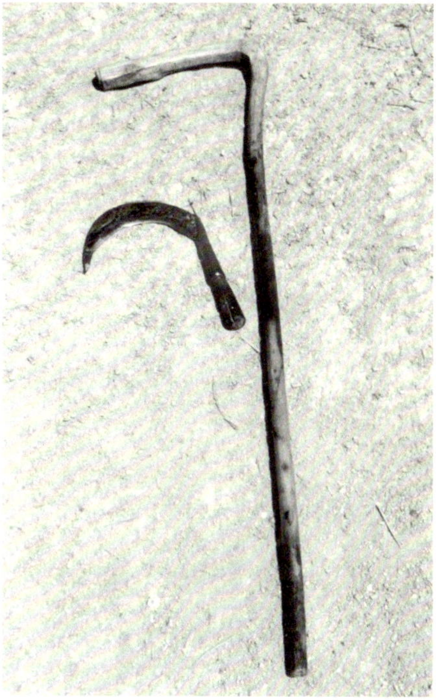

图942　绿春县大水沟村哈尼族的木制“7”形打谷棍

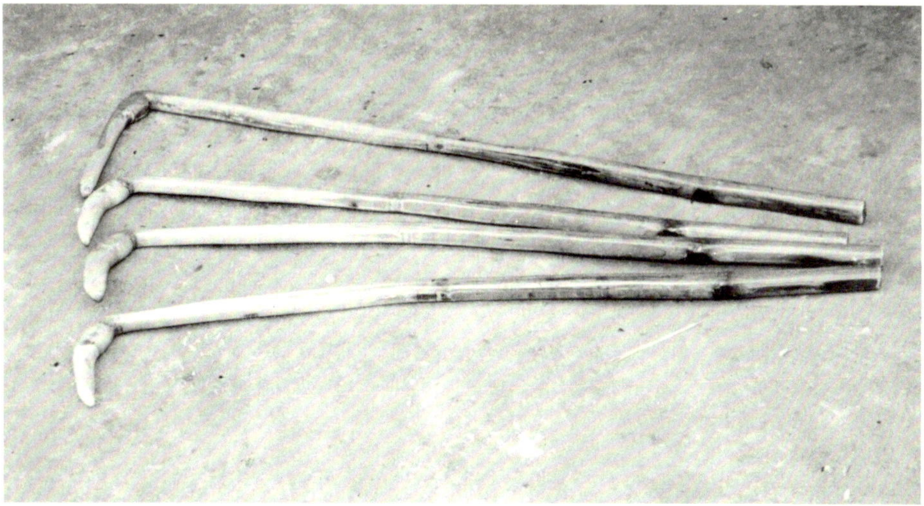

图943　孟连县芒掌寨傣族的竹制“7”形打谷棍，其弯头非竹枝，而是竹根

图944 西盟县打洛寨佤族姑娘使用木制“7”形打谷棍打旱谷

图945 景洪市曼贺冬寨哈尼族妇女使用木制“7”形打谷棍打玉米棒

图946
景洪市勐罕傣族夫妇使用木制“7”形打谷棍打谷子

图947
笔者在耿马县孟定镇和傣族一起打谷子

图948
景洪市勐罕傣族的脱粒农具。其中的“7”形打谷棍，头部制作成板状，可增加打击面积

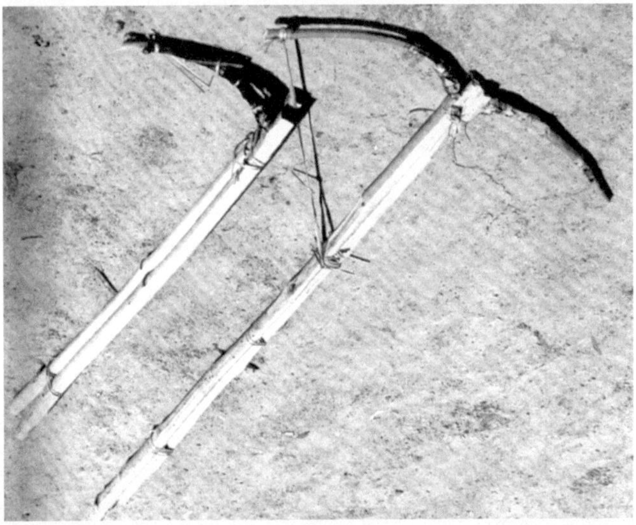

图949
景洪市曼浓干寨傣族新制作的“7”形打谷棍和利用双枝制作的“丁”形打谷棍

图950
景洪市曼迈寨傣族的木梁竹柄“丁”形打谷棍

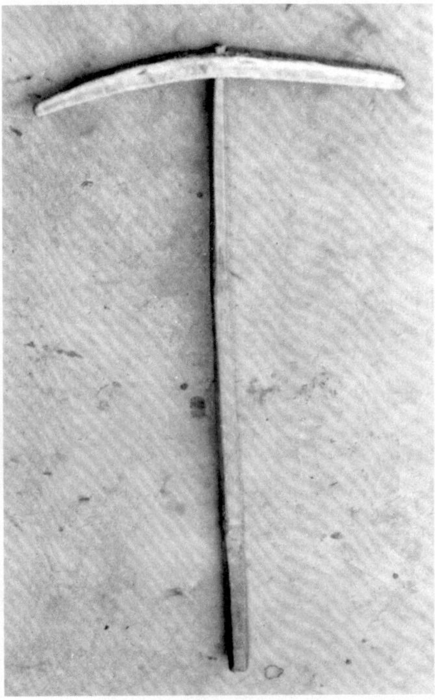

图951
景洪市曼斗寨傣族的小木梁竹柄“丁”形打谷棍

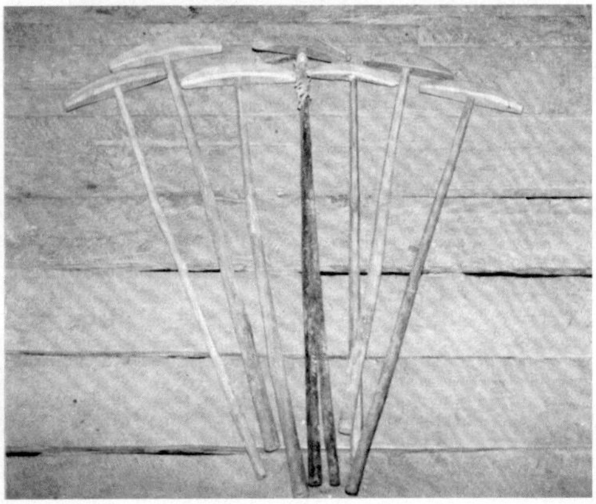

图952　景洪市曼贺冬寨哈尼族的木梁木柄“丁”形打谷棍和笋壳扇。在脱粒时采用扇子扇除草屑，是傣族的发明，哈尼族等民族受傣族的影响，也使用扇子扬草。扇子以竹子为柄，以笋壳或竹篾作扇叶，扇叶多为圆形，也有方形的

图953　曼贺冬寨哈尼族的竹篾编制的打谷扇。扇面宽440毫米、柄长145毫米

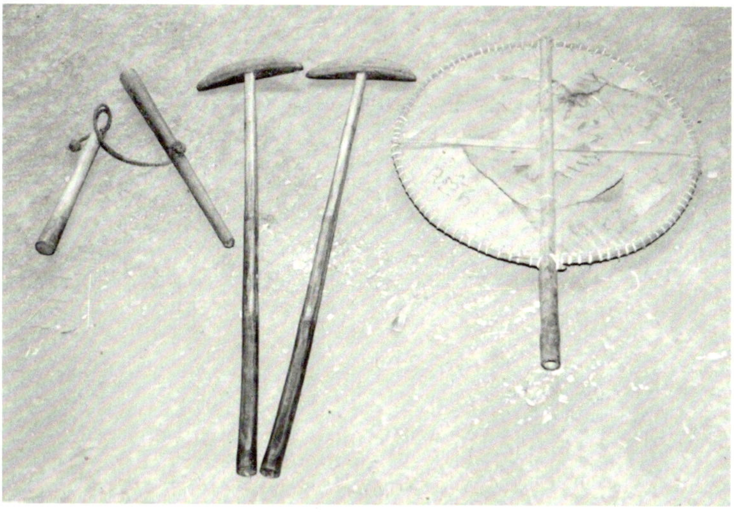

图954
景洪市曼斗寨傣族的笋壳扇、“丁”形打谷棍和夹谷脱粒的“拢棍”

图955 梁河县勐宋寨傣族的木制“7”形打谷棍和竹制掌形打谷棍。掌形打谷棍使用竹片制作，先分齿，而后经火烘烤定形。

图956 勐宋寨傣族妇女使用掌形打谷棍打小麦

图957
勐宋寨傣族男女打麦场面

图958　盈江县小平原傣族扬场情景

图959
小平原傣族的扬场木锨

图960　甘肃嘉峪关魏晋砖壁画中的扬场图[1]

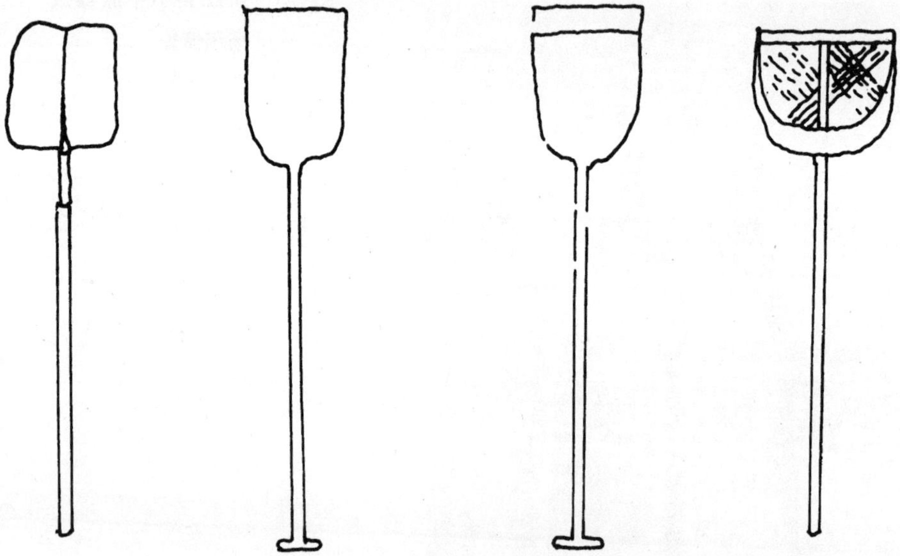

图961　王祯《农书》所绘铁锨、木锨、铁刃木锨和竹扬锨

① 采自中国农业博物馆：《中国古代耕织图选集》，1986年。

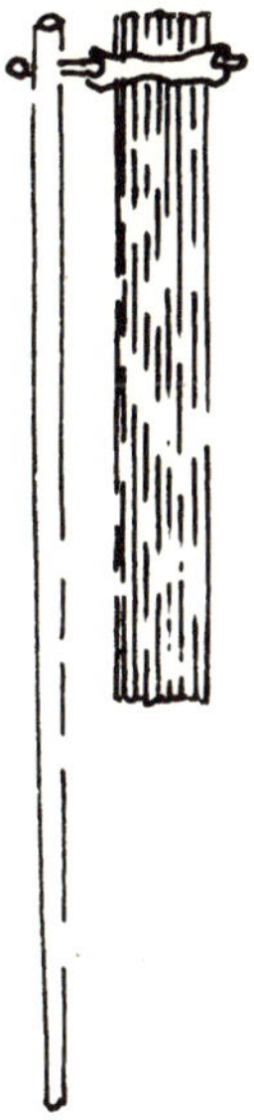

图962
王祯《农书》
所绘连枷

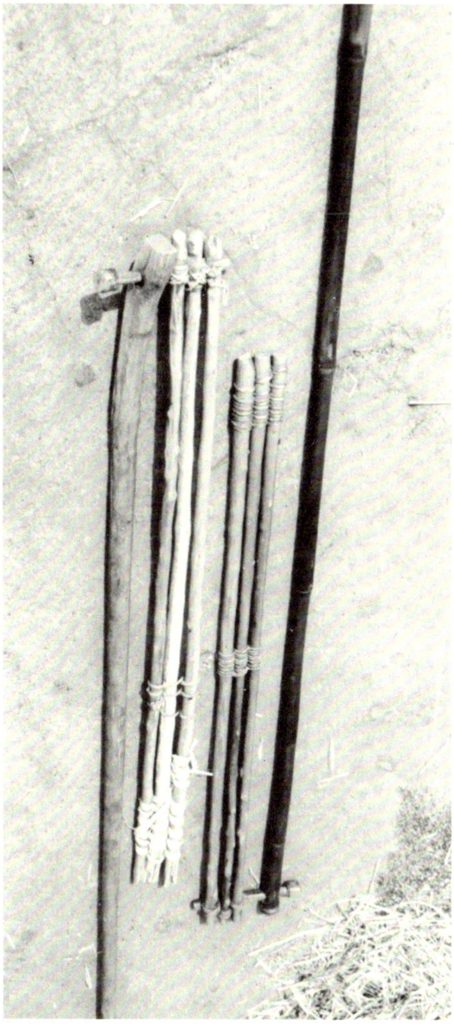

图963　昆明市余家花园村汉族的连枷，其柄长约1650毫米、打杆长约1100毫米

图964
大理市沙村白族的连枷（渡部武图，1993年）

图965
昆明市余家花园村
汉族打麦情景

图966
明代《便民图纂》
耕织图“打稻”

图967　甘肃嘉峪关魏晋墓砖壁画中的“打连耞图”。其连耞好像是单棒耞，即连杆。[1]

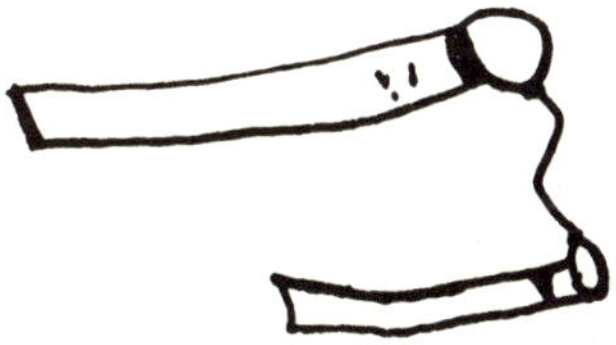

图968　纳西族象形文字中的“连杆”（方国瑜、和志武图，1981年）

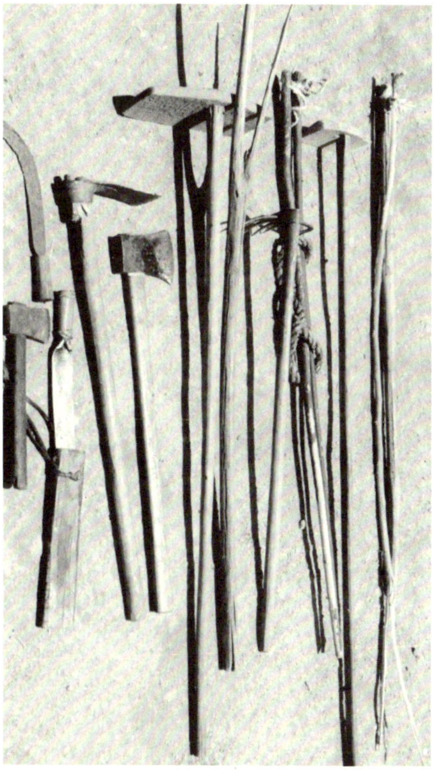

图969
中甸县大中甸藏族的连杆和木杈等农具

① 采自中国农业博物馆：《中国古代耕织图选集》，1986年。

图970（左）、971（右）　昆明市五松包村苗族的连杆

图972　中甸县三坝乡纳西族的打麦情景

图973　德钦县巨水村藏族用连杆打青稞

图974　福贡县一块比村傈僳族近年来以钢筋做打杆的连杆（和永祥摄）

图975
一块比村傈僳族用连杆打谷的场面（和永祥摄）

图976　福贡县一块比村傈僳族打场簸谷（和永祥摄）

图977
王祯《农书》所绘扬谷筛谷场景

图978　纳西族象形文字中的“草杈”（方国瑜、和志武图，1981年）

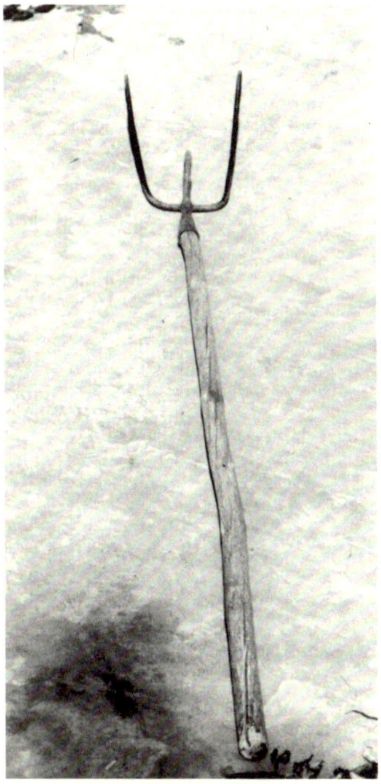

图979　呈贡县新草房村汉族的草杈

图980　呈贡县龙街汉族的草杈

图981
路南县豆黑村撒尼人
（彝族）的草杈

图982　德钦县巨水村藏族使用木草杈打青稞（李晓斌摄）

第三节　掼谷架、掼斗、打谷船

前一节说的是打谷棍和连枷，那是将稻麦置于地上敲打使之脱粒的农具。本节说的掼谷架和掼斗，则是承受稻麦摔打的脱粒农具。

在乡村我们所见到的最简单的“掼谷架”是石头。在石头上摔掼谷穗，很容易使人联想到这种技术的起源。而通常的掼谷架则是以木材制造，由承力板和支撑杆两部分组成。根据形状的不同，掼谷架又有平板状的掼谷板、木梯状的掼谷架以及半圆状和方槽状的掼谷槽等。使用掼谷架脱粒，首先要铺垫篾席，然后站于架后，以双手执谷束用力往架板上摔打穗头。谷粒大致脱落之后，可再用打谷棍细打一遍，使之脱净。掼谷架主要见于孟定、思茅地区和西双版纳的傣族村寨之中。

云南的掼斗有三种。其一是木掼斗，呈正方形或长方形，底小口大，所以叫“斗”。斗口边长一般在1.5米以上，脱粒者沿斗边而立，将穗头摔掼于边板之上，谷粒便落入斗内。木造掼斗多为汉族使用，滇中滇西等地均有分布。从滇中的昆明至滇西的楚雄一带，又有一种掼箩。箩以竹篾编制，呈翻帽状，底小口大，底径1米余，口径1.5米以上。掼箩的优点是重量轻，便于移动。其三名为打谷船，所谓船即其形如槽。由于槽浅谷粒容易溅出，所以船边设有篾笆挡护。脱粒时两人各据一头，相向摔打谷把，未净之穗头，则辅之以打谷棍。摔掼脱粒的农具尚有一种木爪，这种特殊的农具仅见于德钦县藏族农村。木爪以坚硬木材制作，上部为齿，齿数10至20不等，齿尖锋利，形如手掌；下部为柄，固定于一横木之上。脱粒时将稻麦穗头掼入爪中，往后拖拽其茎，穗头即纷纷脱落，然后再对穗头施以连枷。如此脱粒，要比单独使用连枷脱粒的效率高出好多。

最后还应说说玉米的脱粒。用手剥籽，是传统的也是最为普遍的玉米脱粒方式。说到器具，则有木槽玉米脱粒器。这种工具结构并不复杂，但使用效果甚佳。其主体是一段半圆槽状的短木，槽底中部凿有方孔，其上安装一个铁齿，使用时将玉米棒沿木槽向铁齿推下，玉米粒受铁齿阻挡而脱落，并从方孔流出。最近，内地工厂制造的小型蜗轮手摇玉米脱粒机开始在玉米产区流行，由于其使用方便省力，而且脱粒效率更高，故而颇受农民欢迎。

图983
昆明市西山区彝族把石块置于麦田之中，手持麦束掼穗脱粒。使用石块脱粒，方便易行，也许是比较古老的方式

图984　昆明市卧龙岗村苗族妇女使用水泥板掼麦脱粒

图985　王祯《农书》所绘“掼稻簟”图

图986 耿马县孟定允冒寨傣族的梯形掼谷架

图987 勐海县勐混寨傣族的方槽形掼谷架

图988 景洪市曼迈寨傣族的半圆形掼谷架

图989　景洪市曼播新寨克木人的方槽形掼谷架、打谷棍、笋壳扇、木杋和镰刀

图990　景洪市曼斗寨的夹棍。夹棍用于搬运稻谷，亦可夹持稻束掼打穗头脱粒

图991　耿马县孟定镇傣族的梯形掼谷架、掼谷板、打谷棍和笋壳扇

图992 孟定镇傣族三口之家打谷场景

图993 脱粒之后，用扇子扇去草屑

图994　孟定允冒寨傣族扬场情景。扇谷可谓傣族脱粒的绝唱，可一人操作，亦可两人配合。一人扇时，或以左脚拨谷右手舞扇，或双手执扇交叉翻舞；两人操作，则以男女配合，相向运作，犹如优美的舞蹈

图995　滇中汉族的脱粒方法与滇西南傣族的相去甚远。图为呈贡县新草房村汉族打谷场景，他们使用的工具是长方形掼斗

图996　新草房村汉族使用方形掼斗脱粒情景。掼斗边长约1200毫米、高约800毫米

图997
呈贡县城郊汉族的掼谷箩

图998　楚雄市的汉族也使用掼谷箩脱粒

图999　楚雄市汉族使用掼谷箩脱粒情景

图1000
元阳县全福庄哈尼族的打谷船

图1001 脱粒时。需于船两边插篾笆，以防谷粒溅出

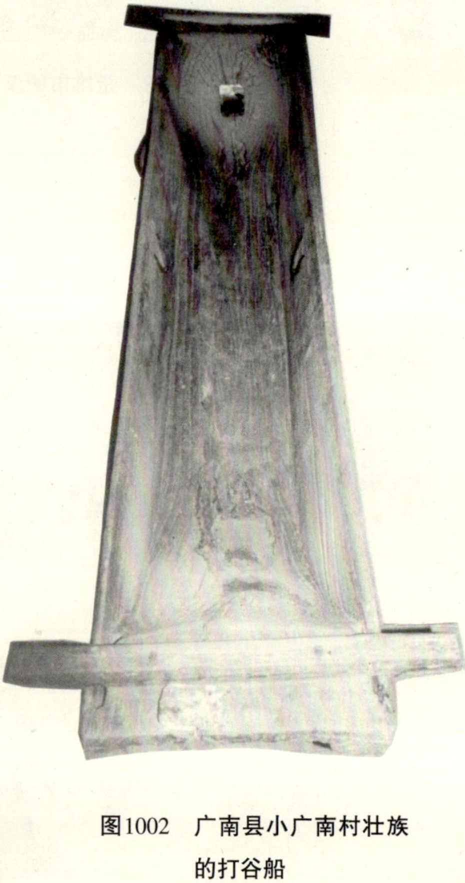

图1002 广南县小广南村壮族的打谷船

图1003（左）、1004（右）　元江县新北泽村哈尼族的打谷船。船长2500毫米、宽380毫米，槽深250毫米，篾笆长2200毫米、宽700毫米

图1005
元阳县全福庄哈尼族使用
方形的竹篾扇扇草净谷

图1006
全福庄哈尼族住宅为该区独
特的蘑菇房，房上的露台，
是晒粮和风扬谷粒的场所

图1007
全福庄哈尼族妇女在
露台上簸筛谷子

图1008　雍正《耕织图》中的扬场图[1]

图1009　沧源县勐来寨傣族在田间搭设木架风扬谷粒的情景

① 采自中国农业博物馆：《中国古代耕织图选集》，1986年。

图1010　寻甸县多姑村彝族使用马拉碌碡脱粒

图1011
多姑村彝族妇女风扬谷粒情景

图1012　德钦县巨水村藏族的脱粒木爪、木杈、木杁和镰刀。此类木爪在云南仅见于德钦，是比较特殊的脱粒农具

图1013
景洪市曼贺冬寨哈尼族妇女以手剥玉米棒。这是最为普遍的玉米脱粒方式

图1014　广南县峰岩洞村汉族玉米脱粒所使用的撮箕和簸箕（李晓斌摄）

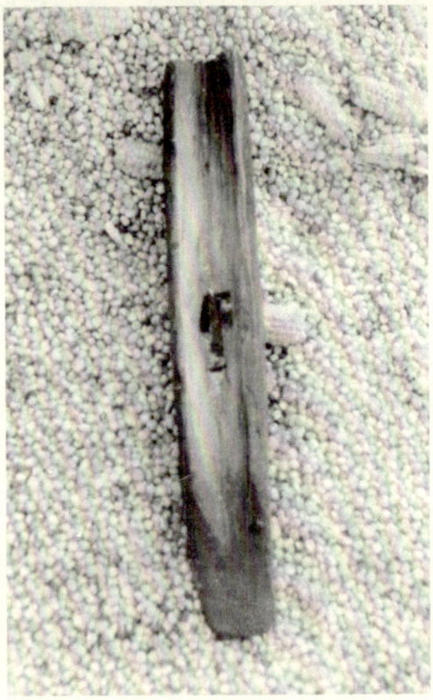

图1015

哈尼族、基诺族等使用的木槽玉米脱粒器。木槽长460毫米、宽67毫米、厚45毫米；槽中的漏粒孔呈喇叭口，上为27×23毫米，下为41×34毫米；口上置铁齿，齿长51毫米

图1016

景洪市曼贺冬寨哈尼族妇女使用木槽玉米脱粒器脱粒

图1017　景洪市曼贺冬寨哈尼族妇女使用从市场买来的手摇式蜗轮玉米脱粒机脱粒

图1018　曼贺冬寨哈尼族妇女簸扬玉米

图1019　勐海县曼打火寨傣族的筛子
（云南民族博物馆藏品）

图1020
王祯《农书》
所绘筛谷图

图1021　中甸县变龙村彝族妇女簸洗小麦

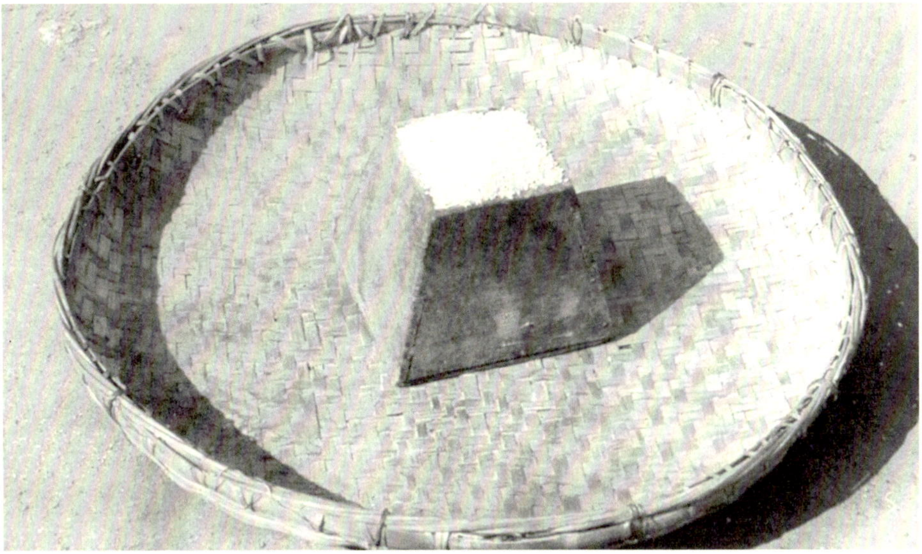

图1022　大理市沙村白族的簸箕和量米木斗

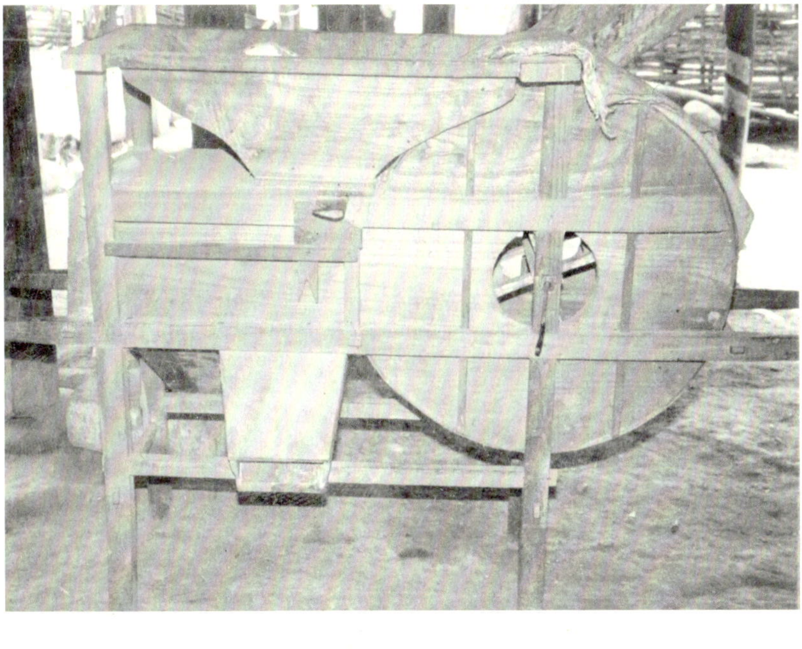

图1023　景洪市曼么寨哈尼族的风车

第八章　粮仓和磨房

晋宁石寨山出土的滇国贮贝器M12:1上，刻画着一幅上仓图，图中有圆木井栏式构造的粮仓，亦有竹篾编制的粮囤。这两种粮仓，正是云南北部和南部粮仓的典型代表。自然，除了这两类粮仓之外，云南尚有玉米楼、玉米垛、竹木造干栏式粮仓、竹囤干栏式粮仓以及木柜、皮囊、竹筒等等贮粮仓具。

粮食入仓贮存，必先使其干燥；入仓之后，亦应时时翻晒。这时派用的工具，便是木耙、簸箕、篾席等。秋收之后，在农村不仅可见“上仓图”，犹如油画般的金色的晒粮景象更是随处可见。

谷物收割、扬场、清晒、上仓之后，农事活动算是告了一个段落。然而，欲使粮食成为盘中之餐，尚需进一步劳作，使稻谷脱除谷壳，去掉糠秕，让玉米、荞麦碾碎成粉，或磨制成浆。于是，粮食的加工又引出一族工具，它们是木臼和石臼、脚碓、水碓、水磨、水碾、砻等等。

古诗有云：“锄禾日当午，汗滴禾下土，谁知盘中餐，粒粒皆辛苦!”人类为了生存，为了生产食粮，从备耕到收获再到粮食加工，需要付出多少辛劳、多少汗水，需要制造和使用多少农具! 而这些农具，却是人类经过了几千年甚至上万年的探索、实验、修改才使之成熟和定型的。随着时代的进步，传统农具将逐渐发生演变，有的将要消亡，有的将会改良，这是历史发展的必然趋势。事实正是如此，例如本节将要介绍的水碓、水磨、水碾和砻等，已经日渐稀少，而由电机带动的碾米机等，却越来越流行了。

第一节　粮　仓

云南一些少数民族有“叫谷魂”的习俗，那是谷物收获之后主要在粮仓举行的仪式。人们杀牲祭祀，希望把谷魂从田地里请到粮仓之中。魂在则谷存，谷魂保佑，来年也便可望丰收。粮仓是神圣的。

粮仓有囤仓和房仓之分。粮囤以竹篾编制，多呈圆筒状，为了防鼠、防虫和防潮，人们常用掺拌牛粪的泥巴将其外表涂抹严实。粮囤有大有小，有深有浅，浅小者不必设门，深大者装取不便，需设囤门。有门的大囤，其实已近于房仓。滇南傣族贮粮，主要利用粮囤，他们通常将囤设置于所居竹木楼的下层，上有人住，不虑雨水，下垫支架，可避潮湿，而且取用也十分方便。滇南山地民族亦使用粮囤，但更多的则是建造以竹笆或木板装围的干栏式房仓。为了防范火灾，他们非常忌讳将粮仓设于房屋之内或紧邻住所，而是将其建造在远离住房的村子之外。云南北部的粮仓，其结构、造型和风格均与滇南不同。丽江纳西族以擅长建造井栏式木楞房而著名，其粮仓也是同样的构造。除了上述粮囤和房仓之外，以木柜贮粮亦是比较常见的。最后值得一提的是西盟县佤族的贮粮方式。如果读者有机会去那里的佤族家中做客，抬头便会看到房梁之上并列着一根根又粗又长的龙竹，那并非是房屋的建材，而是捣通了竹节、装满了稻谷的“贮粮竹”。以龙竹贮粮并架于屋梁之上，不用担心潮湿发霉，更可避免令人头痛的鼠害之苦；然而如果房屋发生火灾，那就很难留存了。

图1024　晋宁石寨山出土的滇国贮贝器M12：1上所刻“上仓图”。图中有井栏式木造粮仓，亦有竹篾编制的粮囤

图1025
广南县沙湾村汉族妇女编制粮囤

图1026　沙湾村汉族用于晒粮的大簸箕

图1027　梁河县孟连村汉族的粮囤，囤表面糊抹的是掺拌了牛粪的泥巴

图1028　呈贡县新草房村汉族妇女晒稻谷

图1029　呈贡县龙街汉族妇女用木耙翻晒蚕豆

图1030　广南县峰岩洞村建于山洞中的房屋。屋顶既是晒粮的“晒场”，亦是贮粮的“粮仓”

图1031
峰岩洞村汉族的粮囤和簸箕等

图1032
堆满白、黄、红、紫各色玉米和大大小小粮囤和簸箕等的峰岩洞村的屋顶景观

图1033　峰岩洞村男子在编制簸箕

图1034　广南县安王村的玉米晒场

图1035
景洪市曼播新寨克木人的糊抹了牛粪拌泥的粮囤和晒粮木机。因粪泥尚未干燥，放置于庭院中让阳光照晒

图1036
克木人妇女筛簸稻谷

图1037（上）、1038（下）　景洪市安麻老寨拉祜族晒粮的篾席和簸箕

图1039　景洪市龙帕寨基诺族编簸箕

图1040
耿马县允冒寨
傣族的大粮囤

图1041
景洪市勐罕乡傣族妇女上仓

图1042
景洪市曼档寨傣族的囤仓

图1043　景洪市曼播新寨克木人的大囤仓

图1044　景洪市勐罕乡傣族的糊着厚厚泥巴的囤仓

图1045　景洪市曼斗寨傣族晒粮的篾席

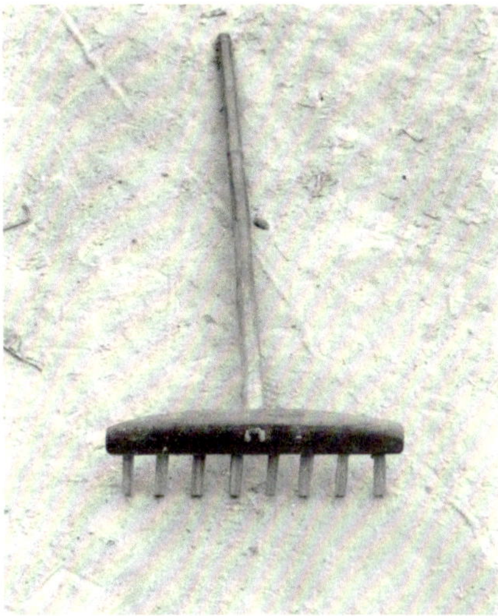

图1046（中）、1047（下）
景洪市曼浓干寨傣族的晒粮木耙

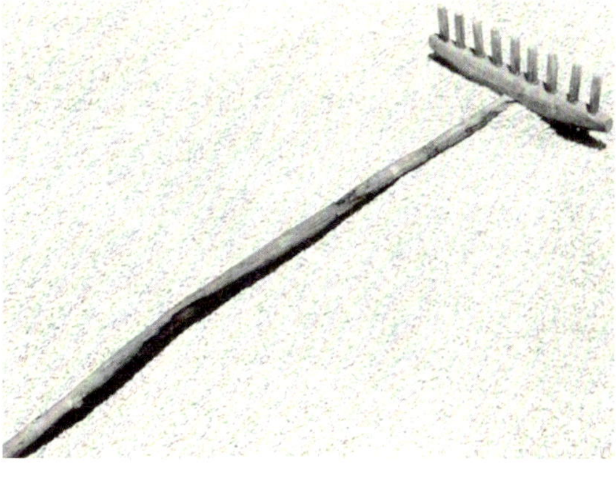

图1048　沧源县糯良寨佤族修补篾席以备晒粮

图1049　沧源县永和寨佤族的晒粮架

图1050
沧源县勐来寨佤族的粮仓。佤族粮仓的仓门以牛头或牛角图案装饰，具有守护和吉祥的意义

图1051
西盟县岳宋寨佤族架于梁上的贮粮竹

图1052
勐腊县芒果树乡瑶族的粮仓

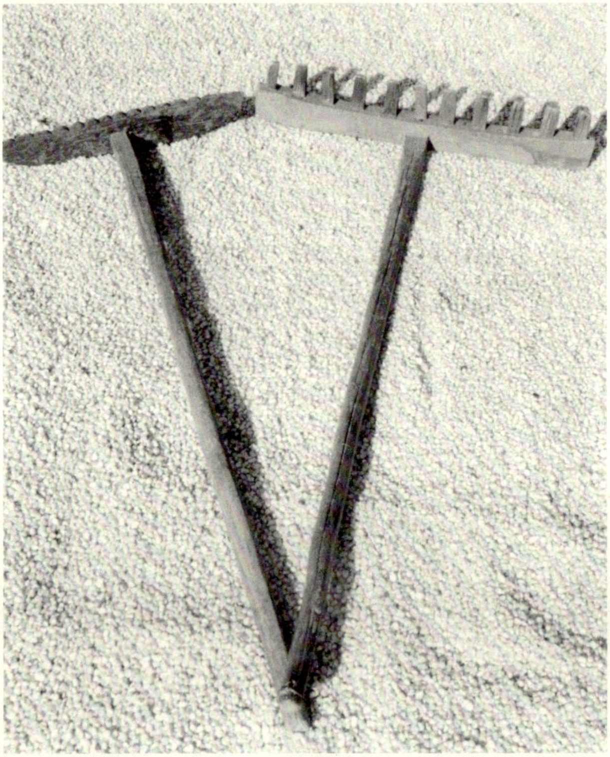

图1053
景洪市曼贺冬寨哈尼族的
晒粮木耙

图1054　曼贺冬寨哈尼族在晒台上铺篾席晒玉米

图1055　曼贺冬寨哈尼族的玉米晒场

图1056　哈尼族妇女用木耙翻晒玉米

图1057（上）、1058（中）、1059（下）
曼贺冬寨哈尼族的各式粮仓及建于村外的粮仓群

图 1060（上）、1061（中）、1062（下）
景洪市巴拉寨和大卡寨哈尼族的三种粮仓

图1063　中甸县安南村藏族的井栏式木造粮仓

图1064　中甸县三坝乡纳西族的粮仓

图1065 福贡县木古甲村怒族的千脚落地房屋。其屋2/3住人，1/3以篾笆围作粮仓

图1066 福贡县布来村怒族的粮仓和玉米架（和永祥摄）

图1067
福贡县赤恒底村傈僳族晾晒玉米的情景。屋梁上挂存的是高粱种子（和永祥摄）

图1068
中甸县变龙村彝族的贮粮架（李晓斌摄）

图1069
建水县普古鲊村哈尼族的玉米垛

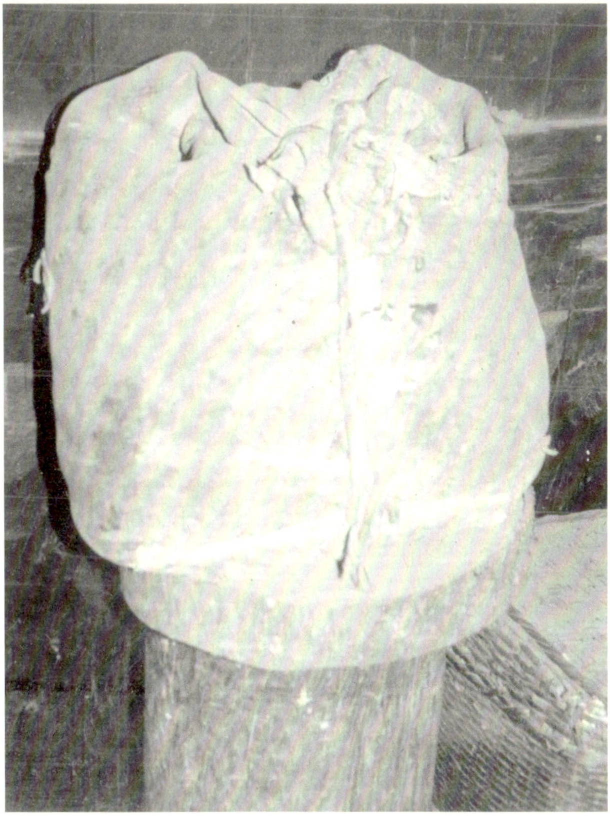

图1070
德钦县巨水村藏族
贮存面粉的皮囊

图1071　南瓜收获之后也要晾晒，以便保存

图1072
勐海县勐混寨傣族收获后准备贮存的冬瓜和木瓜

图1073
景洪市曼景法寨花腰傣的贮草架

图1074
景洪市曼迈寨傣族的贮草楼

图1075
元江县东峨村花腰傣依大树而搭的贮草架。

图1076 宁蒗县永宁摩梭人利用大树堆放玉米秆（向跃平摄）

图1077 滇南普洱一带利用树木贮存稻草

图1078（上）、1079（下）景洪市曼播新寨克木人的粮仓。仓内插着打谷棍和谷扇，又用瓶供着一束稻穗和纸花，意即祭谷祈丰

第二节 臼、碓、磨、碾

迄今为止，我们所知的最早的木杵是在浙江河姆渡遗址出土的公元前5000年的木杵。而从西安半坡遗址发现的生产工具来看，大约在公元前4000年时，黄河中游也已经大量使用石杵等谷物加工工具了。[①]云南多杵臼，目前使用杵臼的民族有独龙族、怒族、傈僳族、景颇族、德昂族、佤族、拉祜族、哈尼族、布朗族、基诺族、苗族、瑶族、白族、傣族等。杵臼在这些民族中的使用率是很高的，它不仅被大量用于稻谷的脱壳，而且大凡需要粉碎之物都可用其舂捣。杵臼以臼的材质而分，有木、石两种；以杵棒的形状来看，则有直杵和弯杵（“7字形杵”）两类。在云南的杵臼中，直杵木臼占绝大多数。

杵臼系用双手执杵舂捣，故而亦称手臼。与之相对应，则有另一类用脚做功的杵臼，即脚碓。脚碓舂头粗大沉重，使用效率自然高于手臼。脚碓不仅存在于山地民族之中，而且亦广泛为坝区民族所使用。为了节省人力，人们在脚碓的基础上创造了水碓。我国最早的水碓产生于世纪初，水力被利用为生产工具的动力，就始于水碓。[②]水碓虽然是无人操作的自动化工具，然而因受水源条件的限制，不可能像脚碓那样可随意就便安装于屋内或檐下，因而它的利用远不如脚碓普遍。

根据考古学资料可知，石磨是比杵臼产生更早的谷物加工工具。河南新郑裴李岗新石器时代遗址出土的石磨盘和石磨棒，放射性碳素测定年代为公元前5935年。[③]石磨和杵臼虽然同属粮食加工工具，然而加工原理和用途却有较大的区别。杵臼是靠舂捣加工，而石磨则是靠上下磨盘摩擦挤压进行加工；杵臼的加工效率主要取决于杵棒上下运动的频率和力度，而

① 闵宗殿：《中国农史系年要录》（科技篇），农业出版社1989年版，第3、4页。

② 闵宗殿：《中国农史系年要录》（科技篇），农业出版社1989年版，第57页。

③ 闵宗殿：《中国农史系年要录》（科技篇），农业出版社1989年版，第2页。

石磨的加工效率则取决于磨盘的自重及其转速；杵臼的功能是使谷物脱壳和使食物细碎，而石磨的主要功能则是磨粉碾浆。石磨按驱动方式分，大致有四类：一是单手推柄小石磨，二是长推柄大石磨，三是水磨，四是电动石磨。前两类石磨使用普遍，分布地域广；后两类石磨比较少见，主要分布在迪庆的中甸一带。

在传统的谷物加工工具中，加工量最大、效率最高的当推水碾。水碾由石碾槽、石碾盘、滚动轴、转动梁、水伞或水轮和传动齿轮构成。云南水碾有侧面水轮驱动式和下水伞驱动式两种类型，前者主要分布在元江流域，后者目前多见于滇西的保山、德宏一带。水碾碾槽容积大，一次可加工数百斤稻谷。谷子从脱壳到精白，需碾2—3次。初碾可加大水流量，提高碾盘转速，待谷壳大致碾碎，便取出用风车吹除糠秕，然后再次精碾。近年来，随着电动碾米机的普及，水碾越来越少了。毫无疑问，数年之后，这一传统科技的杰作必将消失于历史的舞台。

图1080　勐海县曼打火村傣族的小型杵臼（云南民族博物馆藏品）

图1081　景洪市曼嘎上寨傣族的小杵臼和小石磨

图1082
景洪市曼景法寨花
腰傣的杵臼

图1083
景洪市曼浓干寨傣族制作杵臼的木材和新造的杵臼。木臼的做法，系先用火烧烙树心，再用刀具进行修整

图1084
景洪市曼贺冬寨哈尼族的双体木臼

图1085　曼贺冬寨哈尼族的普通杵臼

图1086
勐腊县大卡老寨哈尼族的大杵臼。舂捣或1人，或2—3人

图 1087　王祯《农书》所绘“杵臼”

图1088
景洪市巴卡小寨基
诺族妇女春米

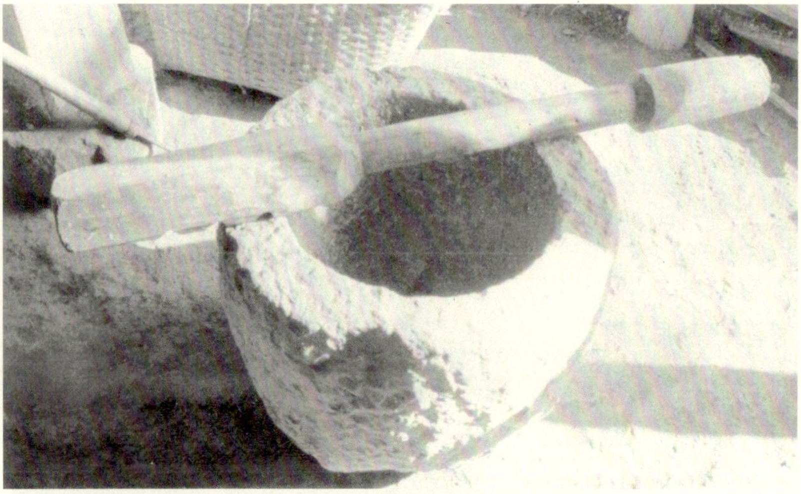

图1089　景洪市巴坡寨基诺族的石臼

图1090
景洪市安麻老寨拉祜族的小石杵臼和大木杵臼

图1091　澜沧县南段寨拉祜族姑娘舂猪饲料

图1092　澜沧县糯福乡拉祜族舂糯米粑粑

图1093　西盟县打洛寨佤族舂米情景

图1094　打洛寨佤族三人舂米情景

图1095
贡山县独龙江独龙族舂臼场面（木基元摄）

图1096
大理市山区白族使用的杵臼
(尹绍亭摄于大理博物馆)

图1097
洱源县双廊村白族的木杵石臼。其木杵为“丁”形杵，这种杵在滇东南亦有分布，但不是太多

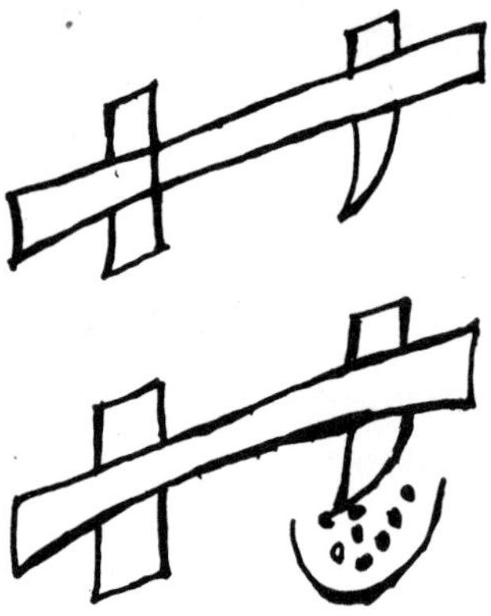

图1098　纳西族象形文字中的“脚碓”
（方国瑜、和志武图，1981年）

图1099（中）、1100（下）
维西县傈僳族的脚碓
（李晓斌摄）

图1101
澜沧县南段寨拉祜族
的脚碓

图1102
景洪市勐混寨傣族妇女
舂碓场面

图1103　福贡县木古甲村怒族的脚碓

图1104　福贡县一块比村傈僳族舂米情景

图1105　勐腊县南呢村汉族的水碓（唐立摄）

图1106　水碓需设于有水源之处，故不如脚碓方便（罗钰摄）

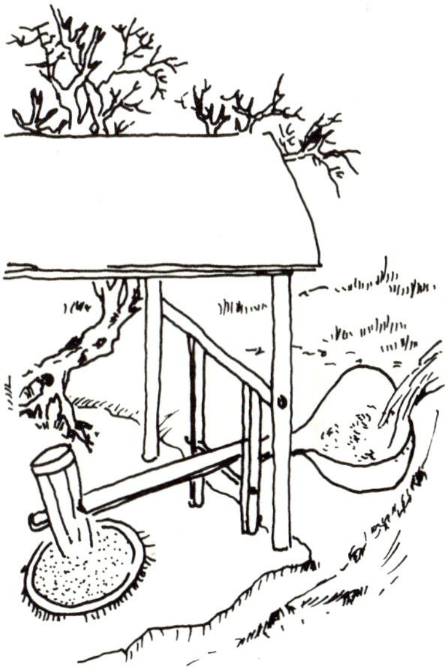

图1107　王祯《农书》所绘“槽碓”（即水碓）

图1108（左）、1109（右）　王祯《农书》中的“踏碓”

图1110　景洪市曼档寨傣族的小石磨。由于磨小，所以其磨齿的打制十分随意

图1111
曼档寨傣族妇女
磨米浆做米线

图1112（左）、1113（右）　景洪市曼播新寨克木人的小石磨

图1114
景洪市安麻老寨拉祜族的小石磨和木槽支架

图1115
广南县安王村彝族的小石磨和木盘

图1116 中甸县三坝乡纳西族的小石磨和木槽

图1117 广南县峰岩洞村汉族在打制石磨

图1118
广南县沙村汉族的大石磨，其磨上磨盘厚重，适于碾磨干玉米

图1119　广南县董那孟村壮族新打制的石磨，其下磨盘和磨槽为一整体

图1120
广南县董那孟村壮族妇女推磨情景

图1121
丘北县壮族的砻。砻和石磨一样，都是历史悠久的谷物加工工具，我国最早的砻大约产生于公元前1世纪。目前砻的使用已远不如石磨普遍，在云南，只有滇东南和滇西的少数地区才有砻

图1122

砻与石磨功能不完全相同，它是谷物脱壳的工具。砻有木砻和木竹砻之分，图中的砻为木竹砻。其齿非石，而是以竹条镶嵌而成。此砻直径为570毫米，全高850毫米，上盘高430毫米，下盘高290毫米，脚架高130毫米；推杆长1360毫米，弯头长520毫米，横柄长1200毫米

图1123　王祯《农书》所绘推砻图

图1124　元阳县全福庄哈尼族的水磨房

图1125
中甸县安南村藏族的水磨。上吊的漏斗用于装玉米或麦子，漏斗下部有一打杆触及上磨盘，下水伞带动上磨盘转动，打杆将震动传递到漏斗，玉米粒或麦粒即自动落入磨盘中部的圆孔之中

图1126　安南村藏族的水磨房

图1127
中甸县三坝乡纳西族的水磨房

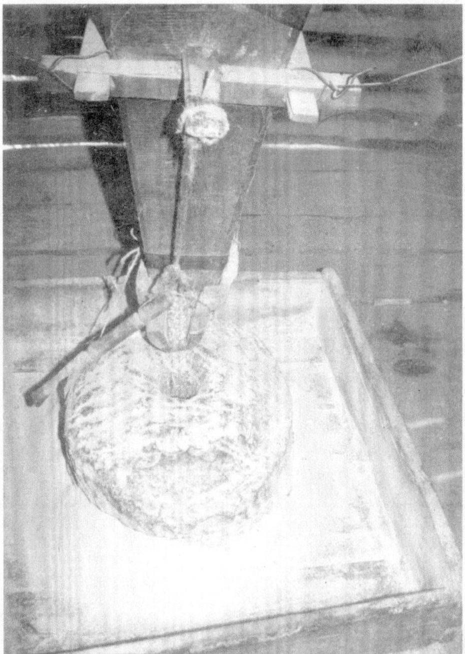

图1128　三坝乡纳西族的水磨

图1129　水磨下部的水伞。水伞端头以一带浅窝的圆石支垫，水流冲击水伞叶片使其转动，水伞中轴即带动上磨盘旋转

图1130（上）、1131（下）　中甸县一、二村藏族的石磨盘。其直径为1050毫米、中心孔直径150毫米，上盘厚85毫米，下盘厚200毫米。最近在电力充足的地方，传统的水磨又有所改进，人们不再使用水力做动力，而是使用电机驱动了

图1132
中甸县一、二村藏族的电动石磨

图1133
中甸县安南村新造的磨盘，形状类似于中甸草原藏族的电动石磨

图1134
路南县豆黑村撒尼人（彝族）也有类似藏族和纳西族的大型石磨盘

图1135　梁河县勐宋寨傣族的下水伞式水碾，此式水碾驱动原理与水磨大致相同。开渠引急流冲击水伞，水伞轴带动上部的传动梁，传动梁又推动安装于其上的滚动梁，固定于滚动梁端头的石碾盘即滚动自转，同时又随传动梁沿碾槽作公转，从而达到碾压谷粒的目的

图1136

元阳县全福庄哈尼族的水碾与上述水碾不同，为侧面水轮驱动式水碾。图片所摄即驱动水轮，它安装于磨房外部，使用时开闸放水，水流从上部冲击水轮使之转动，其中轴即将动力传递到磨房内

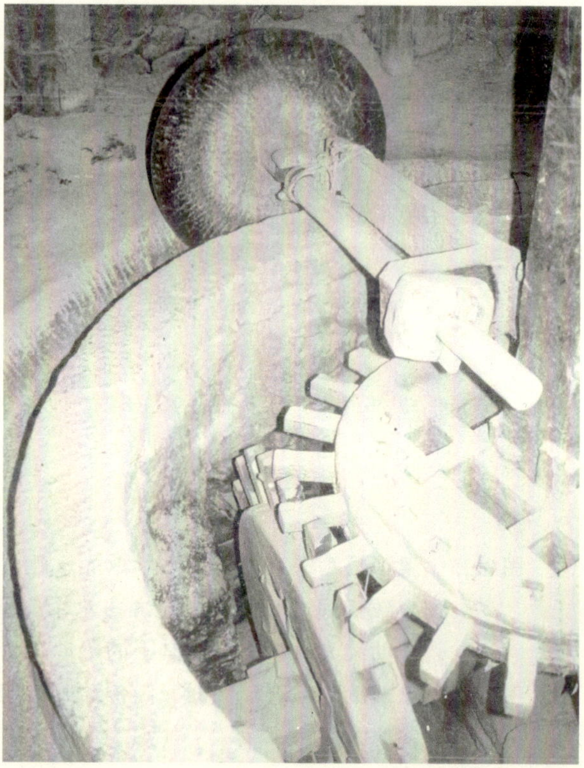

图1137（上）、1138（下）

磨房内水轮轴之端头安装有木制齿轮盘，其木齿与平面安装的主轴齿轮相啮合，经两个齿轮盘的作用，水轮的纵向转动便被转换为传动梁的水平旋转运动，此后的结构和传动方式即与下水伞式水碾相同

参考文献

[1] 云南省编辑委员会：《独龙族社会历史调查》（一）、（二），云南民族出版社 1981 年版、1985 年版。

[2] 云南省编辑组：《云南少数民族社会历史调查资料汇编》（一）、（二），云南人民出版社 1987 年版。

[3] 贵州省编辑组：《苗族社会历史调查》（一）、（二）、（三），贵州人民出版社 1987 年版。

[4] 云南省编辑组：《景颇族社会历史调查》（一）、（二）、（三），云南人民出版社 1983 年版。

[5] 云南省编辑委员会：《佤族社会历史调查》（一）、（二）、（三），云南人民出版社 1983 年版。

[6] 云南省编辑组：《布朗族社会历史调查》（一）、（二）、（三），云南人民出版社 1982 年版、1986 年版。

[7] 云南省编辑委员会：《怒族社会历史调查》，云南人民出版社 1981 年版。

[8] 中国科学院民族研究所云南民族调查组、云南省民族研究所：《云南省崩龙族社会历史调查报告》（内部资料），1963 年。

[9] 云南省编辑组：《云南方志民族、民俗资料琐编》，云南民族出版社 1986 年版。

[10] 云南省编辑委员会：《崩龙族社会历史调查》，云南民族出版社 1981 年版。

[11] 云南大学历史研究所民族组：《拉祜族佤族崩龙族傣族社会与家庭形态调查》（内部资料），1975 年。

[12] 云南省编辑委员会：《拉祜族社会历史调查》（一）、（二），云南人民出版社 1982 年版。

[13] 云南省编辑委员会：《云南小凉山彝族社会历史调查》，云南人民出版社 1984 年版。

[14] 云南省编辑组：《纳西族社会历史调查》（一）、（二）、（三），云南民族出版社 1983 年版、1986 年版、1988 年版。

[15] 云南省编辑委员会：《阿昌族社会历史调查》，云南民族出版社 1983 年版。

[16] 云南省民族研究所：《独龙族社会历史综合考察报告》专刊，1983 年。

[17] 思茅行署民族事务委员会编：《布朗族研究》，云南人民出版社 1991 年版。

[18]《独龙族简史》编写组：《独龙族简史》，云南人民出版社 1986 年版。

[19] 尹绍亭：《一个充满争议的文化生态体系——云南刀耕火种研究》，云南人民出版社 1991 年版。

[20] 尹绍亭：《森林孕育的农耕文化——云南刀耕火种志》，云南人民出版社 1994 年版。

[21] 尹绍亭：《云南农业低湿地水稻起源考》，载《中国农史》1987 年第 2 期。

[22] 尹绍亭：《基诺族刀耕火种的民族生态学研究》，载《农业考古》1988 年第 1 期、第 2 期。

[23] 尹绍亭：《云南山地民族的刀耕火种类型及人类生态学比较》，载《民族社会学》1988 年第 1 期、第 2 期。

[24] 尹绍亭：《基诺族的刀耕火种——兼与云南其它刀耕火种民族的比较》，载日本《国立民族学博物馆研究报告》1992 年 17 卷 2 号。

[25] 尹绍亭：《雲南刀耕火種民族の8 種生存策略》，载日本《東南アジア研究》雲南特集，1997 年。

[26] 山田勇、尹绍亭：《石灰岩地帶生活的人們——雲南東南部生態文化的變遷過程》（日文），载日本《東南アジア研究》雲南特集，

1997 年。
[27] 尹绍亭:《雲南刀耕火種農業的變遷》,载日本《國立民族學博物館調查報告》,1998 年第 8 期。
[28] 宋恩常:《云南少数民族的刀耕火种农业》,载《史前研究》,1985 年第 4 期。
[29] 王均:《独龙族的穴居和巢居时代》,载《民族调查研究》,1983 年第 1 期。
[30] 许本汉:《盈江山区刀耕火种问题研究》,载《民族调查研究》1986 年第 3 期。
[31] 罗钰:《云南景颇族旱地农业及其农具》,载《农业考古》1984 年第 2 期。
[32] 宋兆麟:《泸沽湖畔摩梭人的农业》,载《农业考古》1982 年第 1 期。
[33] 李根蟠、卢勋:《我国原始农业起源于山地考》,载《农业考古》1981 年第 1 期。
[34] 卢勋、李根蟠:《独龙族的刀耕火种农业——附论原始农业的早期阶段及其命名》,载《农业考古》1981 年第 2 期。
[35] 李根蟠、卢勋:《苦聪人早期原始农业的生产和生活》,载《中国农史》1982 年第 1 期。
[36] 李根蟠、卢勋:《从景颇族看原始农业的起源与发展》,载《农业考古》1982 年第 1 期。
[37] 李根蟠:《我国少数民族对农业科技的伟大贡献》(上篇),载《农业考古》1984 年第 2 期;中篇载 1985 年第 2 期;续篇载 1988 年第 1 期。
[38] 李根蟠等:《刀耕农业与锄耕农业并存的西盟佤族农业》,载《农业考古》1985 年第 1 期。
[39] 李根蟠、卢勋:《中国南方少数民族原始农业形态》,农业出版社 1987 年版。
[40] 卢勋、李根蟠:《民族与物质文化史考略》,民族出版社 1991 年版。
[41] 云南省历史研究所:《云南少数民族》,云南人民出版社 1983 年版。

[42] 云南省博物馆:《云南人类起源与史前文化》,云南人民出版社 1991 年版。
[43] 云南省博物馆:《云南青铜文化论集》,云南人民出版社 1991 年版。
[44] 云南省博物馆:《云南省博物馆学术论文集》,云南人民出版社 1989 年版。
[45] 汪宁生:《云南考古》,云南人民出版社 1980 年版。
[46] 方国瑜撰、和志武参订:《纳西象形文字谱》,云南人民出版社 1981 年版。
[47] 云南省博物馆:《云南晋宁石寨山古墓群发掘报告》,文物出版社 1957 年版。
[48] 马曜:《云南简史》,云南人民出版社 1983 年版。
[49] 尤中:《云南民族史》,云南人民出版社 1985 年版。
[50] 云南各族古代史略编写组:《云南古代史略》,云南人民出版社 1977 年版。
[51] 江应樑:《傣族史》,四川民族出版社 1983 年版。
[52] 王祯:《农书》,载《四库全书》。
[53] 徐光启:《农政全书》,载《四库全书》。
[54] 缪啟愉:《齐民要术校释》,农业出版社 1982 年版。
[55] 石汉声:《氾胜之书今释》,科学出版社 1956 年版。
[56] 万国鼎:《陈旉农书校注》,农业出版社 1965 年版。
[57] 游修龄:《中国稻作史》,中国农业出版社 1995 年版。
[58] 游修龄:《农史研究文集》,中国农业出版社 1999 年版。
[59] 杜石然等:《中国科学技术史稿》,科学出版社 1985 年版。
[60] 曹贯一:《中国农业经济史》,中国社会科学出版社 1989 年版。
[61] 中国农业遗产研究室:《中国农学史(初稿)》(上、下册),科学出版社 1959 年版。
[62] 中国农业博物馆农史研究室:《中国古代农业科技史图说》,农业出版社 1989 年版。
[63] 中国农业博物馆:《中国农业文明史话》,中国广播电视出版社 1991 年版。

[64] 犁播：《中国古农具发展史简编》，农业出版社 1981 年版。

[65] 闵宗殿：《中国农史系年要录》（科技篇），农业出版社 1989 年版。

[66] 中国农业遗产研究室：《中国农学史（初稿）》（上、下册），科学出版社 1959 年版。

[67] 杜石然等：《中国科学技术史稿》（上、下册），科学出版社 1985 年版。

[68] 中国农业博物馆：《中国古代耕织图选集》，1986 年。

[69] 家永泰光：《犁と農耕の文化》，古今书院 1980 年版。

[70] 应地利明：《犁の系譜と稲作》，《稲のアジア史 1——アジア稲作文化の生態基盤——》，小学馆 1987 年版。

[71] 天野元之助：《中國農業史研究》（增补版），御茶の水书房 1989 年版。

[72] 渡部武：《中國古代の繪畫資料に見元る犁耕》，日本观光文化研究所纪要第 6 号，1985 年版。

[73] 渡部武：《唐陸龟蒙の〈耒耜經〉と曲轅犁の成立》，東洋史研究第四十八卷第三号油印本，1989 年版。

[74] 陈文华主编：《农业考古》。

[75] 云南省博物馆：《云南文物》。

[76] 中国社会科学院考古研究所：《考古》。

[77] 中国社会科学院考古研究所：《考古学报》。

[78] 文物编辑委员会：《文物》。

后　记

我对农耕工具发生兴趣，是从20世纪80年代初研究刀耕火种开始的。随着时光的流逝，资料积累渐多。然而真正产生写书的愿望，却源于一段往事。

1993年，我去了日本京都大学。在京都的前一段时间，东海大学的渡部武教授每个月要到相距数百公里之遥的京都大学人文科学研究所参加两次研讨会。每次清晨出发，先后辗转乘坐巴士、普通电车和新干线高速列车，可于中午到达京都。到后买个便当（盒饭），即乘地铁到京都大学我的研究室来，利用短暂的吃饭时间聊上一阵，然后前往参加研讨会。会议结束，又急匆匆赶回遥远的神奈川，到达寓所，早已是万家灯火了。这个研讨会历时数月，有10余人参加，其中不乏著名学者，多数成员也像渡部武一样，来自京都以外的地方。他们数月间不辞长途往返奔波之辛苦，研讨的对象并非是什么“世界新潮流”之类，却是我国元代王祯所著的《农书》，这不禁使我深深为之感动！国外学者对我国农具著作如此珍视，而我国自王祯《农书》之后，便很少有全面系统的农具专著问世；纵观当代传统农具的研究，也言必古人，难以脱出抄袭史书的窠臼，这不能不说是中国学术界的一件憾事！有感于此，自然想到了我那些调查资料。于是从京都樱花如潮、春深似海的时节，到枫叶烂漫、万山红遍的深秋，挤时间整理资料，写出了初稿。

1994年初夏回到昆明，有幸遇到云南教育出版社的何学惠社长。何氏深谙学道，敏锐练达，对专题研究成果极感兴趣。经其策划，云南教育出版社决定推出包括拙著在内的《云南物质文化》丛书。于是重阅原稿，认真修改。后到日本东京外国语大学亚非语言文化研究所工作，又曾几易图片和文字。尽管如此，但由于水平所限，仍然感到还有许多不足之处，出版之后，相信是会得到专家学者的批评和指教的。

在拙著即将付印之际，对于众多师友和单位的惠助，不能不感铭于心。在长期的调查过程中，州县有关单位提供过很多宝贵的帮助，云南民族博物馆的同事们曾给予了大力的支持。几年来，热忱关心和鼓励我的外国学者，除渡部武和唐立之外，还有佐佐木高明、高谷好一、古川久雄、山田勇、野本宽一等教授。如前所述，本书写作开始于京都大学东南亚研究中心，定稿于东京外国语大学亚非语言文化研究所，如果没有这两个研究所提供的优越的研究条件，是不可能这么快便完成著述的。而本书的编辑和审定，则仰赖了何学惠编审和郭蓓、高伟先生，他们为拙稿付出了辛勤的劳动。此外，在查寻考古学资料和文献资料方面，笔者还得到过云南省博物馆的李昆声馆长和罗钰先生、大理州博物馆的田怀清先生、西双版纳州文物管理所的罗廷振先生以及云南省图书馆的杨红和萧霁虹馆员的慷慨帮助。借此机会，谨向以上师友和单位表示诚挚的谢意！最后，还应该提到我的妻子张铁梅，多年来她一直默默地奉献。记得在京都寒冷的冬天，我们在寓所相对而坐誊改书稿，窗外纷纷扬扬地飘着雪花，那情景就像昨日发生一样，令人难以忘怀。

作　者

1996年盛夏识于东京外国语大学AA研究所

第三版说明

拙著《云南物质文化——农耕卷》1996 年出版，2000 年再版。此次收入《云南文库·学术名家文丛》出版，书名改为《农耕文化——云南农具的源流及多样性研究》，增加了作者“学术年表”，“绪论”稍有修改，个别照片有所变更，其余遵循原著原貌未作改变。

作　者

2015 年春于昆明

学术年表

1982 年

《稻米之路》（〔日〕渡部忠世著，原书名《稲の道》，尹绍亭等译、程侃声校），云南人民出版社出版。

《始于云南的道路——探寻倭族之源》（〔日〕鸟越宪三郎、若林弘子著，尹绍亭、金少萍、樊少骥译，尹绍亭校），载云南省民族研究所编《民族研究译丛》第 6 期。

1983 年

《印度支那的民族》（〔日〕松本信廣著，尹绍亭译），载云南民族研究所编《民族考古译丛》第三辑第 6 期。

1984 年

《日本与云南》，载《云南社科动态》第 2 期。

1985 年

《云南与日本的寻根热》（〔日〕佐佐木高明等著，尹绍亭译），载云南社会科学院编印《云南社会科学论丛之二》。

《云南少数民族在日本文化源流研究中的地位》，载《民族学与现代化》第 1 期，获云南省哲学社会科学优秀论文三等奖。

《西双版纳——日本人心中的“故乡”》，载《版纳》第 4 期。

《寻求照叶树林文化和稻作文化之源——中国西南部少数民族文化学术调查之行》（〔日〕佐佐木高明著，尹绍亭译），载《民族译丛》第 1

期，中国社会科学出版社出版。

1986 年

《云南青铜文化地理初论》，载《云南社会科学》第 6 期。

《说“瘴”》，载《云南地方志通讯》第 4 期。

《西双版纳傣族的酸食文化》，载《民族学与现代化》第 4 期。

《民族地理学的学派及学说》（〔日〕石川荣吉、佐佐木高明著，尹绍亭译），载《民族译丛》第 5 期，中国社会科学出版社出版。

《云南山地的烧垦农业地带》（〔日〕佐佐木高明著，尹绍亭译），载《版纳》第 2 期。

1987 年

任云南省社会科学院助理研究员，负责筹建云南省社会科学院社会学研究所。

《云南农耕低湿地水稻起源考》，载《中国农史》第 2 期。

《基诺族传统刀耕火种经济文化的变迁》，载《民族工作》第 9 期。

《云南山地民族农耕的产生和发展》，载《云南文史丛刊》第 1 期。

《基诺族的社会制度及农耕礼仪》，载《云南省社会科学院研究生论文选》，云南人民出版社出版。

《基诺族传统刀耕火种经济文化的变迁》，载《民族工作》第 9 期。

1988 年

《基诺族刀耕火种的民族生态学研究》，载《农业考古》第 1 期、第 2 期；又载《云南国土》第 11 期。

《云南山地民族的刀耕火种类型及人类生态学比较》，载《民族社会学》第 1 期。

《地理环境与云南社会发展》，载《民族工作》第 8 期。获该刊优秀文章奖。

《对〈鹤庆县志（稿）·社会志〉的几点看法》，载《云南方志》第 6 期。

《社会学与方志学刍议》，载《方志编纂研究》第11期。

《云南的酸食文化及酸食文化圈》，载《民族学与现代化》第2期；又被澳大利亚《太平洋文化》（英文刊）转载。

1989年

《试论云南民族地理》，载《地理研究》第8卷第1期。

《试论当代的刀耕火种》，载《农业考古》第1期。

《云南山地民族刀耕火种的变革及其问题》，载《民族工作》第10期、第11期。

《日本水田稻作的形成——绳文水田和稻作》（〔日〕佐佐木高明著，尹绍亭译），载《农业考古》第2期。

调云南省民族事务委员会筹建"云南民族博物馆"。

8月，参加中日梅里雪山登山科考队赴怒江、迪庆考察，担任中方副队长。

1990年

任云南民族博物馆筹备组副组长。

《傣族的木机榨糖技术》，载《民族调查研究》第1期；又载《农业考古》1991年第2期。

《云南刀耕火种研究》，载《思想战线》第2期。

《滇南傣族的传统榨糖技术》，载《民俗画刊》第6期。

9月，赴日本东京举办"云南少数民族服饰展"，历时两个月余。

1991年

10月至翌年4月，受聘为日本国立民族学博物馆客员研究员，参与周达生教授主持的《中國諸民族文化變遷和民族關係動態》合作研究项目。

《一个充满争议的文化生态体系——云南刀耕火种研究》，云南人民出版社出版。

1992 年

受聘为日本京都大学东南亚研究中心任客员教授，赴日工作 1 年。

《基诺族的刀耕火种——兼与云南其他刀耕火种民族的比较》，载日本国立民族学博物馆研究报告 17 卷 2 号。

与日本东海大学渡部武教授领导的研究团队合作进行农耕文化调查研究，历时 3 年。

1993 年

《森林孕育的农耕文化——云南刀耕火种志》，云南人民出版社出版。

任云南民族博物馆副馆长、副研究员。

1994 年

在日本京都大学东南亚研究中心作“中心客员教授特别报告”:《雲南的刀耕火種——其傳統形態及其變遷》。

《森林孕育的农耕文化——云南刀耕火种志》（第二版），云南人民出版社出版。

《西雙版納少數民族的刀耕火種》（日文），载渡部武主编《雲南的生活和技術》，日本庆友社出版。

参与策划、设计云南民族博物馆展示方案，并负责“云南民族生计”展厅的策划设计。

1995 年

受聘为日本东京外国语大学亚洲非洲语言文化研究所客员教授，赴日本工作 1 年。

《云南民族博物馆藏品选》（高宗裕、尹绍亭主编），云南美术出版社出版。

1996 年

在日本东京外国语大学亚非语言文化研究所作“客员教授特别报告”:《雲南山地的地域生態》。

受日本丽泽大学邀请，作《雲南的民族和生態》学术报告。

在日本东京外国语大学亚非语言文化研究所作“客员教授特别报告”：《雲南犁的類型和源流》。

《云南物质文化·农耕卷》（上下），云南教育出版社出版。

《云南的山地和民族生业》，载《思想战线》第4期。

A Contemporary Village in a Karst Care: The Case of Feng'ai Dong, *Chinese Environmental History Newsletter*.

参与日本秋筱宫殿下主持的关于鸡的起源和文化研究课题，与项目负责人之一的日本国立民族学博物馆秋道智弥教授等进行田野考察，历时3年。

《云南物质文化》丛书（与云南教育出版社社长、编审何学惠策划、主编），云南教育出版社出版。

1997年

主持云南文化大省重点项目“云南文化生态村建设”，美国福特基金会资助，历时10年。

《雲南刀耕火種民族的8種生存策略》（日文），载日本京都大学东南亚研究中心《東南亞研究》35卷3號。

《石灰岩地帶生活的人們——雲南東南部生態文化變遷的過程》（日文）（山田勇、尹绍亭），载日本《東南亞研究》第6期。

《峰岩洞的生态和生活》，载《云南民族博物馆论文集》（二），云南人民出版社出版。

受聘云南工业大学客座教授。

1998年

获文博专业研究馆员职称。

《云南物质文化·农耕卷》（上下）荣获第十一届中国图书奖。

《文化人类学概要》，载裴盛基主编《应用民族植物学》，云南民族出版社出版。

《雲南刀耕火種農業的變遷》，收入周达生、塚田诚之编《中國諸民族文化變遷和民族關係動態》专辑，载《國立民族學博物館調查報告》第8期。

受法国自然历史博物馆馆长德穆累尔（Henry de Muley）邀请，访问考察法国巴黎及南部地区10余座博物馆和历史文化遗址等，历时两月余。

日本秋筱宫殿下和皇妃赴西双版纳进行关于鸡的起源和文化的调查研究，与佐佐木高明、赤木攻、秋道智弥等一批著名教授陪同考察。

1999年

任云南大学人类学系主任。

《云南物质文化·农耕卷》（上下）日文版《雲南農耕文化の起源》出版，李湲译，上江洲均监译、解题，東京第一書房。

《云南物质文化·农耕卷》（上下）荣获第六届云南图书奖荣誉奖。

《建设云南民族文化大省的战略设想》，载中共云南省委宣传部、云南省社会科学院编《走向21世纪的云南民族文化》，云南人民出版社出版。

《中国少数民族的原始农业》，载《中国农业史》，农业出版社出版。

发表农耕摄影照片212幅，载《中国农具图谱》，中国农业出版社出版。

2000年

荣获国务院政府特殊津贴专家称号。

主持申报“民族生态”博士学位授予点获得批准。

荣获“云南大学伍达观教育基金第五届优秀教师杰出奖”。

担任云南大学民族学专业博士生导师。

《人与森林——生态人类学视野中的刀耕火种》，云南教育出版社出版。获第三届国际彝学研讨会颁发“中国民族文化优秀著作奖”。

《雲南の焼田——人類生態學的研究》（日文版，白坂蕃、林红译），日本农林统计学会出版。

主编《中、老、泰、越苗族/蒙人服饰制作传统技艺国际研习班论文集》，完成《中、老、泰、越苗族/蒙人服饰制作传统技艺国际研习班田野调查报告》。

《日本博物馆考察报告》，载《民族文物探索》（云南民族博物馆文库），云南民族出版社出版。

《边地文化丛书》（尹绍亭主编），云南教育出版社出版。

赴缅甸仰光、曼德勒、密支那等地访问考察，历时一个半月。

承办联合国教科文组织（UNESCO）举办的“中、老、泰、越苗族/蒙人服饰制作传统技艺传承”国际研习班。

秋季赴泰国清迈、清莱和金三角等地区考察。

2001 年

PEOPLE AND FORESTS-Yunnan Swidden Agriculture in Human-ecological Perspective（translated by Magnus Fiskesjo），云南教育出版社出版。

《民族文化生态村——一个生态人类学的课题》，载林超民主编《民族学通报》第一辑第 7 期。

《遷徙——雲南山田燒墾民族的考察》，载台湾“中央研究院”民族学研究所主办《社會、民族與文化展演國際研討會论文集》，汉学研究中心印行。

《21 世纪人类学文库》（尹绍亭、施惟达、周大明、瞿明安主编），云南大学出版社出版。

受聘湖北省增列博士学位授予权省级评估专家。

任中国民族学会第五届理事会常务理事。

受聘云南省文物博物馆协会专家组成员。

2002 年

《云南物质文化・农耕卷》（上下）及主编的《云南物质文化》丛书荣获第五届国家图书奖提名奖。

《中国德宏傣族古籍编目》（尹绍亭、唐立主编，日本丰田基金会资助项目），云南民族出版社出版。

《中国犁的类型和源流》，载龙东林、谢沫华主编《东亚民族造型文化——中韩民族造型文化国际学术研讨会论文集》，云南科技出版社出版。

《民族文化的保护与发展》，载《铸锻发展的魂魄》，云南人民出版社出版。

《基诺族文化生态的变迁》，载《人与自然》第6期。

《民族文化生态村：云南试点报告》（尹绍亭主编），云南民族出版社出版。

参与日本地球环境科学研究所秋道智弥教授主持的日本文部省重大项目“亞洲季風區生態環境史的研究（1945—2005）”，负责子课题“雲南季風區生態環境史的研究”，为期6年，组织30余人研究团队对云南进行调查研究，并6次在中日两国举行学术研讨会。

任中国民族学会第六届理事会常务理事。

2003年

《人与森林——生态人类学视野中的刀耕火种》荣获云南省社会科学优秀成果二等奖。

《民族生态——从金沙江到红河》（古川久雄、尹绍亭主编），云南教育出版社出版。

《雨林啊胶林——西双版纳橡胶种植与文化环境相互关系的生态史研究》（尹绍亭、深尾叶子主编），云南教育出版社出版。

《民族文化生态村——一个应用人类学的课题》，载周大鸣主编《21世纪人类学》，民族出版社出版。

《人类学生态研究的历史与现状》，载中央民族大学民族学与社会学学院、中国少数民族研究中心编《中国民族学纵横》，民族出版社出版。

《艺术与学术：感悟丁绍光》，载《云南民族大学学报》第4期。

《云南民族文化生态村暨地域文化建设论坛》文集（内部资料）（尹绍亭主编），云南民族印刷厂印。

组织承办第三届国际影视人类学大会。

参与联合国大学组织实施的“中老泰东南亚山地土地资源利用与管理”项目，作为中方云南方面负责人，历时5年，并应邀访问泰国清迈大学。

12月至翌年1月应邀访问澳大利亚国立大学。

2004 年

任云南大学伍马瑶人类学博物馆馆长，主持筹建工作，2005 年建成开馆。

受聘为中国民族民间文化保护工程云南省综合试点专家委员会委员。

受聘为云南省文物局专家组成员。

《中日稻作起源研究回顾》，载《思想战线》第 2 期。

《生态·环境人类学通讯》（尹绍亭主编，崔延虎、杨庭硕副主编）发刊，至 2012 年共出 12 期。

赴日本神奈川大学参加“無文字資料歷史文化研究”国际研讨会。

11 月，赴老挝万象参加“中老泰东南亚山地土地资源利用与管理”合作研讨会。

2005 年

主持教育部重大课题“云南边疆地区生态环境与健康的多学科研究”，为期 3 年。

《中国云南耿马傣文古籍编目》（尹绍亭、唐立主编，日本丰田基金会资助项目），云南民族出版社出版。

《少数民族生态研究》，载郑晓云主编《云南哲学社会科学发展与研究前沿报告》，云南大学出版社出版。

《云南的水和农业灌溉》，载《水文化与水环境保护研究文集》，中国书籍出版社。

SHIRASAKA, Shigeru, Yin Shaoting: Changing Swidden and Subsistence: Mountain Tribes in Xishuangbanna Located in the Southwestern Part of China, ST. PAUL'S UNIVERSITY International Symposium on "Human Migration and Acculturation Studies" Sunday 22nd, May 2005.

《韩行记事——一次“亲环境”之旅》，载《人与自然》第 11 期。

4 月，赴日本名古屋世界博览会参加联合国教科文组织（UNSECO）主办的“文化多樣性保護國際研討會”，作《文化遺產保護——雲南民族文化生態村建設》学术报告。

5 月，应邀赴韩国汉阳大学、传统文化大学、汉城大学等进行学术交流，作《文化遗产与博物馆》多场学术报告。

赴日本神奈川大学参加“無文字資料歴史文化研究”国际研讨会。

2006 年

受聘日本东京立教大学客员研究员，赴日访问讲学（10—11 月）。

受聘为高黎贡山国家级自然保护区文化顾问。

《人类学生态环境史研究初探》，载尹绍亭、秋道智弥主编《人类学生态环境史研究》，中国社会科学出版社出版。

《旅遊生境于文化調適——丘北縣仙人洞村的調查研究》，尹绍亭、李继群，载冢田诚之编《在中國、東南亞大陸架國境地域諸民族文化的動態》，《國立民族學博物館調查報告》第 63 期。

《人类学生态环境史研究》（尹绍亭、秋道智弥主编），中国社会科学出版社出版。

《遵守环保道德——天池毁容的思考》，载《人与自然》第 8 期。

《生态人类学》（〔日〕秋道智弥、市川光雄、大冢柳太郎等著，尹绍亭、范广融译），云南大学出版社出版。获“中国西南高校优秀图书奖”。

《云南大学伍马瑶人类学博物馆藏品图集》（主编），云南大学出版社出版。

《和顺》丛书（担任策划），云南大学出版社出版。

赴日本神奈川大学参加“無文字資料歴史文化研究”国际研讨会。

2007 年

受聘为日本东京外国语大学亚洲非洲语言文化研究客员教授，赴日工作 1 年。

《文化生态与物质文化》两册（“论文篇”、“杂文篇”），云南大学出版社出版。

《广西民族大学学报》（第 5 期）发表杜薇文章《人类学家尹绍亭教授》和接受陆萍之采访录《阅尽山林求学问》。

《人类学生态环境史研究的理论和方法》，载《广西民族大学学报》第 5 期。

《焼田》，载秋道智弥编《湄公的世界——歷史和生態》，日本弘文堂。

《生态与历史——人类学的视角》（秋道智弥、尹绍亭主编），云南大学出版社出版。

"Swidden Agriculture and Its Evolution in Yunnan, China", Written by Yin Shaoting and Zhao wenjuan, in K. G. Saxena, Luohui Liang, Kanok Rerkasem eds. *Shifting Agriculture in Asia: Implications for Environmental Conservation and Sustainable Livelihood*, United Nation University, Bishen Singh Mahendra Pal Singh Press.

8月，承办并主持由联合国大学召开的"东南亚大陆山区土地可持续管理网络国际研讨会"。

2008年

任中国影视人类学学会第三届学会副会长。

受聘中央民族大学"985工程"中国当代民族问题战略研究基地特聘教授。

《远去的山火——人类学视野中的刀耕火种》（《人与森林——生态人类学视野中的刀耕火种》修订本），云南人民出版社出版。

《民族文化生态村——当代中国应用人类学的开拓：理论与方法》，云南大学出版社出版。

《当代中国人类学民族学文库》（主编），云南人民出版社出版。

《民族文化生态村——当代中国应用人类学的开拓》丛书（主编），云南大学出版社出版。

《文化多样性与生态环境保护——云南民族文化生态村建设》，载《云南省首届非物质文化遗产学术研讨会论文集》，云南科技出版社出版。

《云南城乡老年疾病的比较研究》（吴锦屏、尹绍亭、张实合著），载《中国民康医学》第20卷上半月第13期。

赴越南河内参加博物馆国际研讨会，发表论文《人类学与博物馆》。

2009 年

受聘贵州民族学院贵州省候鸟型教授。

受聘中国科学院地理资源研究所“全球重要农业文化遗产（GIAHS）”中国项目专家委员会成员。

《田野中国丛书》（主编），云南教育出版社出版。

《云南山地民族文化生态的变迁》（《一个充满争议的文化生态体系——云南刀耕火种研究》修订本），云南教育出版社出版。

《雲南の燒田とその變遷》，载日本《ヒマラヤ學志》第十号。

《生态博物馆与民族文化生态村》，载《中南民族大学学报》第 5 期。

《全球化现代化背景下的民族文化保护剖析——以民族文化生态村建设为例》，载《原生态民族文化学刊》第 1 卷。

《文化的保护、创造和发展——民族文化生态村的理论总结》，载《云南社会科学》第 3 期。

“Rubber Planting and Eco-environmental/Sociocultural Transition in Xishuangbanna” in Abe Ken-Ichi and Jim Nickum eds, *Good Earths*: *Regional and Historical Insights into China's Environment*, Australia, Kyoto University Press and Trans Pacific Press.

《昆明红嘴鸥的故事——其生态人类学的解读》，载《云南文史》4 期。

3 月 6 日，《探索全球化现代化背景下的民族文化保护之路》（上），载《中国民族报》。

3 月 13 日，《探索全球化现代化背景下的民族文化保护之路》（下），载《中国民族报》。

3 月 20 日，《全社会行动，共同建设民族文化生态村》，载《中国民族报》。

4 月 10 日，《从四方面入手，建设民族文化生态村》，载《中国民族报》。

4 月 17 日，《谁是文化传承的主导》，载《中国民族报》。

5 月 29 日，《生态博物馆刍议》，载《中国民族报》。

5 月 8 日，《当代中国人类学民族学发展成果集成》，载《中国民族报》。

6月19日，《哈尼梯田距离“最美、最快乐”的境界还有多远》，载《中国民族报》。

《生态人类学》（尹绍亭、范广融译），荣获第一届西南地区大学出版社优秀图书奖。

促成联合国大学与云南大学、三峡大学、贵州民族学院、广西民族大学、云南省社会科学院合作建立“联合国大学文化与环境研究中国网”。

2010年

获二级研究员职称。

《民族文化生态村——当代中国应用人类学的开拓：理论与方法》专著及《民族文化生态村——当代中国应用人类学的开拓》丛书（担任主编）获国家民委社会科学优秀成果奖一等奖。

《远去的山火——生态人类学视野中的刀耕火种》专著及《当代中国人类学民族学文库》（尹绍亭、夏代忠主编，12种5册）获第三届中华优秀出版物图书提名奖。

《中国文化与环境》（窪田顺平、尹绍亭主编），云南人民出版社出版。

《生态与历史——从滇国青铜器动物图像看“滇人”对动物的认知与利用》，载《云南民族大学学报》第5期。

云南省德宏州梁河县政府建立尹明德先生纪念馆，协助尹绍源、尹绍平进行策划、设计方案及布展等工作。

《中国云南孟连傣文古籍编目》（担任策划），云南民族出版社出版。

11月，与日本综合地球环境研究所合作举办“中国西南的开发与环境、生计、健康”国际研讨会，并主持召开“中国生态人类学高级论坛”。

2011年

《云南山地民族文化生态的变迁》专著、《田野中国》丛书（担任主编）获第三届“三个一百”原创图书出版工程奖。

5月，应法国高等社会科学院邀请到法国巴黎、诺曼底进行学术交流，参与修改法、英、中、日文农耕词典，作《文化遗产保护》和《生态与历史》学术报告，并访问意大利等地。

8月，参加内蒙古大学“生态智慧：草原文明与山地文明的对话学术研讨会”，作《文明的生态视角》学术报告。

11月，应邀访问台湾中央研究院民族学研究所和清华大学等机构进行学术交流，作《雲南山地民族文化生態的變遷》和《生態與歷史》学术报告。

2012年

《中国大陆的民族生态研究（1950—2010）》，载《思想战线》第2期，后被《高校社会科学》全文转载。

《生态人类学丛书》（担任策划、主编），北京知识产权出版社出版。

参与瞿明安教授主编《中国西部民族文化丛书》写作组，负责《农耕卷》写作。

2013年

受聘为云南省文史馆馆员。

《人类学的生态文明观》，载《中南民族大学学报》第2期。

5月31日，《从人类学看生态文明》，载《中国社会科学报》。

4月，应邀赴湖北省宜昌市作《美丽乡村建设》学术报告，并在三峡大学作《我的生态人类学研究》学术报告。

6月，参加国家环保部“传统知识数据库建设”评议会，并应邀在中央民族大学作《翡翠与普洱茶——民族生态学的文化构建》学术报告。

6月，应加拿大渥太华大学邀请参加“国际母系民族学术研讨会”，并考察加拿大北部印第安人部落的环境和文化。

10月，赴重庆参加“第十一届中国人类学高级论坛”，作《云南江河与文明》《美丽乡村建设》学术报告。

11月，赴香港树仁大学参加中日文化生态遗产保护研讨会，作《文化生態遺產保護與可持續發展——中國西南生態博物館與民族文化生態村建設的理論與實踐》学术报告。

2014 年

《文化的保护、传承、创造和发展——民族文化生态村建设的理论探索》，载袁晓文《泸沽湖摩梭母系文化》，上海世纪出版集团、香港联合出版集团出版。

《探索全球化现代化背景下的民族文化保护之路——尹绍亭谈民族文化生态村建设》，载袁晓文《泸沽湖摩梭母系文化》，上海世纪出版集团、香港联合出版集团出版。

《云南的稻作与水》，载《原生态民族文化学刊》第 2 期。

《人类学与健康老龄化》（附短文《从昆明翠湖看健康与老龄化》），载张开宁、邓启耀等编《健康老龄化的挑战与思考》，中国社会科学出版社出版。

《生態文化遺產之保護可持續發展——中國西南生態博物館與民族文化生態村建設的理念與實踐》，载陈倩等主编《生態與文化遺產——中日及港台的经验与研究》，香港中華書局。

徐杰舜：《大器晚成——云南大学尹绍亭教授访谈录》，载《民族评论》第 1 期。

《登大雅之堂，著传世之作——“明式经典家具文化研究”序》，载《云南文史》第 1 期。

《先生远行　余响不绝》，载《云南文史》第 2 期。

《“女性主义与人类学”序》，载《云南文史》第 3 期。

4 月，在云南文史馆作《美丽乡村建设——国内外四个文化生态村建设的事例》学术报告。

10 月，赴乌鲁木齐参加“首届西北—中亚民族学（文化人类学）研究高级研讨班”讲授生态人类学的理论与发展。

图书在版编目（CIP）数据

农耕文化：云南农具的源流及多样性研究 / 尹绍亭著. —2版. —昆明：云南人民出版社，2015.4

（云南文库·学术名家文丛）

ISBN 978-7-222-08945-7

Ⅰ.①农… Ⅱ.①尹… Ⅲ.①农业生产-研究-云南省 Ⅳ.①F327.74

中国版本图书馆CIP数据核字（2012）第038829号

出 品 人：刘大伟

统筹编辑：马维聪

责任编辑：郭木玉　王　昱

装帧设计：郑　治

责任校对：王　昱　陈传勇

责任印制：洪中丽

书名　**农耕文化——云南农具的源流及多样性研究**

作者　尹绍亭　著

出版　云南人民出版社　云南大学出版社

发行　云南人民出版社　云南大学出版社

社址　昆明市环城西路609号

邮编　650034

网址　www.ynpph.com.cn

E-mail　ynrms@sina.com

开本　787mm×1092mm　1/16

印张　37.5

字数　575千

版次　2015年5月第1版第1次印刷

印刷　云南商奥印务有限公司

书号　ISBN 978-7-222-08945-7

定价　99.00元